Colección Relaciones entre España y América

LA CRISTIANIZACIÓN DE AMÉRICA

Selección de testimonios y textos

Director coordinador: José Andrés-Gallego
Diseño de cubierta: José Crespo

Paseo de Recoletos, 25 - 28004 Madrid
ISBN: 84-7100-351-1 (rústica)
ISBN: 84-7100-352-X (cartoné)
Depósito legal: M. 12754-1992
Impreso en los talleres de Mateu Cromo Artes Gráficas, S. A.
Carretera de Pinto a Fuenlabrada, s/n, Km. 20,800 (Madrid)
Impreso en España-Printed in Spain

RAFAEL GAMBRA

LA CRISTIANIZACIÓN DE AMÉRICA

Selección de testimonios y textos

EDITORIAL
MAPFRE

ÍNDICE

INTRODUCCIÓN

Durante el milenio que abarca lo que hoy llamamos Edad Media, tres civilizaciones confluyen en el Mediterráneo y se reparten sus costas: el Imperio Bizantino, la Cristiandad Occidental y, a partir del siglo VII, el Islam. En sus orígenes, la más culta y poderosa fue Bizancio, que era la parte del antiguo Imperio Romano que se libró de las invasiones bárbaras. Imperio de raíz pagana pero cristianizado, en él se mantiene el brillo cultural de los antiguos romanos, por más que su historia medieval sea la historia de una larga decadencia.

El Occidente cristiano es inicialmente la más humilde e inculta de estas civilizaciones: comunidad de pueblos cristianos desde su ingreso en la civilización que habrán de elevarse lentamente, desde el gran naufragio cultural que supusieron las invasiones nórdicas, a través de sucesivos renacimientos. Estas dos civilizaciones —la cristiana y la cristianizada— conviven durante siglos pero con levísimas relaciones entre sí, casi ignorándose mutuamente. El Islam, que irrumpe en la ribera meridional del Mediterráneo en el siglo VII y que llega a ocupar España y Sicilia, será la tercera de estas civilizaciones, la más agresiva, cuya edad dorada se situará entre los siglos XI y XII. Sus relaciones con las cristiandades serán de guerra, de lucha religiosa por el predominio total: guerras de sucesivas invasiones y de reconquista en España, cruzadas en Oriente por la posesión de los Santos Lugares.

A lo largo de este milenio, los pueblos se irán invirtiendo. La Cristiandad Occidental crecerá lentamente y asimilará las otras culturas hasta predominar ya en el siglo XV. Va a ser éste un siglo estelar en la historia de la civilización humana. La lenta maduración de la Cristiandad, tras la incorporación de la cultura greco-latina y de las ciencias árabes a través del apogeo del siglo XIII, desemboca en esa gran eclosión de las artes y las ciencias que fue el siglo XV. Grandes descubrimientos como la imprenta o la brújula, la introducción de la pólvora, revolucionarán respectivamente el ámbito cultural, la navegación y el arte de la guerra, con inmensas repercusiones políticas y ambientales. Por otra parte, el Islam mediterráneo entra en decadencia a partir del siglo XIII, y el Imperio Bizantino, inmovilizado y decadente, conocerá un dramático final en ese mismo siglo XV.

Pero el esplendor del Renacimiento se verá acompañado de nuevas y graves inquietudes para la civilización cristiana. Al propio tiempo que el Islam daba en España muestras de agotamiento y se anunciaba ya la completa recuperación del suelo peninsular, aparecía en Oriente una nueva y devastadora irrupción de islamismo: el avance turco sobre Europa. La fecha símbolo del comienzo de la Modernidad —1453— señala un suceso temeroso para la supervivencia de la Cristiandad: la caída de Bizancio, cabeza del Imperio de Oriente, plaza considerada como inexpugnable. A ella seguirá la invasión de todo el territorio imperial hasta el centro mismo de Europa.

Para los hombres del siglo XV el panorama que ofrecía su mundo hacia oriente era ignoto y amenazador. Un cerrado telón de pueblos islámicos constituía para ellos el horizonte visual, desde los confines de Rusia hasta Granada. Mundo inmenso cuya profundidad y extensión se desconocía, así como su peligrosidad, es decir, su capacidad de lanzar nuevas invasiones. La de los turcos, realidad amenazadora en la época, podría ser la última, pero también la vanguardia de otras más poderosas. Por supuesto, el viejo comercio con el Oriente lejano, la ruta de la especiería, había caído para esta época en manos musulmanas.

Desde tiempos de Marco Polo existía la sospecha de que la expansión islámica del siglo VII había dejado más allá, al otro lado de la misma, una parte de la antigua Cristiandad, que viviría así totalmente desconectada de la cristiandad europea. Concretamente, se tenían vagas noticias del fabuloso reino del preste Juan de las Indias, de cuya existencia se sabía a través de misioneros y comerciantes que, por vía terrestre, habían alcanzado aquellos lejanos confines. Alentaba ello la esperanza de trabar contacto con esa hipotética cristiandad viajando hacia Occidente, y la de concertar con ella una operación en tenaza para atacar al Islam por sus dos vertientes y acabar así con ese peligro siempre latente.

Esta finalidad religioso-militar fue una de las que movieron al sabio y santo infante portugués Enrique, *el Navegante* a dedicar su vida al proyecto y patrocinio de viajes y descubrimientos marítimos. Otros motivos eran el deseo de alcanzar la especiería por Occidente y beneficiar a Portugal de tan lucrativo comercio, y, sobre todo, el de convertir infieles, ampliando así los límites de la Cristiandad. La expedición de Pérez Covilha hasta alcanzar Abisinia había afirmado por su parte la creencia en una cristiandad al otro lado del Islam.

Al morir el glorioso infante en 1460 —ha escrito Carlos Etayo—

> el temido *Mar Tenebroso*, que para algunos se extendía hasta el infinito por el oeste, había perdido buena parte de su siniestro prestigio. Por noticias de agentes suyos que acompañaron a los tuaregs a través del desierto del Sahara y de sus capitanes que habían alcanzado con sus carabelas la costa de Sierra Leona, don Enrique supo la falsedad de que existiera una zona tórrida junto a un ecuador en llamas y de cómo las naves portuguesas regresaban describiendo una amplia curva que *mordía* en cientos de millas hacia el oeste al tenebroso mar, y cómo, haciéndolo así, aprovechaban los vientos alisios del nordeste hasta alcanzar la altura de las Azores y encontrar los ponientes favorables para regresar con facilidad a Portugal. Con todo lo cual era cada vez menor el temor a intentar alcanzar los límites occidentales de ese mar.

En estas condiciones resulta evidente que el océano sería atravesado y alcanzados sus límites occidentales porque el hombre, en materia de descubrimientos, realiza siempre aquello para lo que posee medios. Sin embargo, en la realización histórica de la gran travesía y el descubrimiento no actuaron sólo el atractivo de lo desconocido y el ansia de aventuras. En el ánimo de los príncipes que patrocinaron las grandes expediciones y en el de sus propios capitanes pesaban eminentemente aquellas motivaciones estratégico-religiosas y evangelizadoras.

Esta impronta religiosa fue la causa de que la actitud de los conquistadores españoles en las Indias occidentales fuera radicalmente distinta a la adoptada en sus luchas e incursiones en África o en el Oriente próximo. En estos casos se luchaba (o se suponía que se luchaba) contra enemigos declarados de la fe y de la Cristiandad: el mundo musulmán tan a menudo ofensivo, y, por extensión, el África negra cuyos límites con el Islam eran inciertos. Hacia Occidente, en cambio, se esperaba enlazar con viejas cristiandades o, al menos, con pueblos y civilizaciones extrañas a la pugna Cristiandad-Islam y más fácilmente evangelizables. De aquí las leyes protectoras del indio que comienzan con las recomendaciones de la propia Isabel la Católica; de aquí que los españoles fueran los primeros —y quizá los únicos— conquistadores que hicieron problema de la legitimidad de sus conquistas.

La realidad de los descubrimientos no confirmó, ciertamente, las expectativas político-religiosas hacia Occidente. Tras el telón islámico no existía otra cristiandad que el reino de Abisinia, del todo irrelevante para el ataque al Islam por su otra cara. La batalla definitiva contra la Media Luna habría de darse en la vieja Europa, en el sitio de Viena y en Lepanto.

Pero el esquema político-religioso permanecería válido y eficacísimo. América fue un imprevisto alto en el camino hacia las verdaderas Indias. Pero el que fuera la Corona de Castilla la patrocinadora del descubrimiento, y el que éste se hiciera bajo ese designio religioso, evitó ante todo que aquellos extensísimos territorios quedaran a merced de corsos y filibusteros, presa fácil para la ambición de aventureros y piratas. Sólo con una retaguardia tan fuerte como el Imperio español pudo realizarse la colonización bajo una normativa legal. Sean cuales fueren los claroscuros que una conquista a tan gran distancia tendría que comportar, lo cierto es que, en poco más de medio siglo, la América hispana se incorpora —civilizada y cristianizada— al mundo occidental, que, con este refuerzo, alcanzará a ser la civilización predominante en el mundo. Cuando los emigrantes del *Mayflower* llegan a las costas de Norteamérica existía ya toda una civilización católica, con catedrales y universidades, desde el norte de California hasta la Patagonia, casi de polo a polo. América no se incorpora como un sistema de factorías o centros de colonización sobre un indigenismo ajeno, al modo de la penetración inglesa en la India, sino como una civilización plenamente integrada, con la misma fe, la misma lengua y la misma estructura mental que la España cristiana. Lo que ha llamado Toynbee «el modelo mundial de la fusión afortunada de dos civilizaciones».

Al propio tiempo se alcanza para Castilla la nueva ruta marítimo-terrestre de la especiería, para lo cual fueron necesarios esfuerzos sobrehumanos como el viaje de Magallanes y Elcano atravesando Atlántico y Pacífico hasta tornar a España por occidente, y el de Urdaneta que descubrió las Filipinas e hizo así posible el establecimiento de la ruta de regreso Manila-Acapulco-Veracruz-Sevilla. Desaparece de este modo el monopolio del Islam sobre el riquísimo comercio con Oriente, y España se convirtió en la primera potencia mundial, que poco después lograría la gran victoria naval sobre el Imperio Turco.

Era el otoño de 1519. Los pueblos tlaxcaltecas, sometidos al gran Imperio Azteca, venían sufriendo una creciente sangría de seres humanos que debían ser sacrificados a los ídolos. A la sazón docenas de jóvenes esperaban en las mazmorras de esos poblados el momento de ser conducidos para su sacrificio a los altares de Cholula o de Méjico por exigencia del gran Moctezuma. Su destino consistiría en ser serrado su tórax para extraer el corazón que sería ofrendado, todavía palpitante, a Huichilobos o a las otras divinidades sanguinarias de aquella religión. Sus extremidades servirían de festines antropofágicos y las entrañas serían pasto de las fieras y serpientes cautivas. Este tributo de vidas jóvenes era en tal y tan creciente número que amenazaba ya a aquellos pueblos con un lento exterminio de su población.

Pero precisamente aquellos prisioneros, los que al declinar el año de 1519 esperaban ese destino aterrador, se vieron de pronto liberados por unos hombres barbudos y de rostro pálido que, con metálicas armaduras y desconocidos caballos, irrumpían como venidos de otro mundo. Hombres que no sólo los libertaban sino que les hablarían de un Dios único que es padre y es misericordioso.

Un grupo de españoles —menos de cuatrocientos— han desembarcado en un continente casi desconocido, e inutilizado sus embarcaciones para evitar la tentación de una retirada. Y, sin otra ayuda que la del Cielo, logran a fuerza de arrojo, ingenio y constancia, apoderarse de un inmenso imperio de gentes aguerridas y crueles —lo que Menéndez Pelayo llamaría «las más bárbaras gentilidades»—, imperio dotado además de un cierto grado de técnica y civilización. Aquellos hombres, que, en frase del mismo autor, «diríase protegidos de triple lámina de bronce», oían fervorosamente misa ante cada jornada o expedición, y llevaban a todas partes el nombre de Dios y de María Santísima. Los mismos guerreros, por delante de los misioneros, procuraban mostrar a los nativos la verdadera religión, y les brindaban la paz y el sosiego antes de hacer uso de las armas, que sólo empleaban cuando los indios «les daban guerra».

La fundación de un poblado iba precedida por el derrocamiento de aquellos ídolos a los que se venían sacrificando vidas humanas en número y crueldad crecientes, y por la construcción de un altar bajo la Santa Cruz y la imagen de María. Y en honor de esa fe era por lo común el nombre que otorgaban a los poblados, tal como aún ahora subsisten. De esa implantación de la fe y de ese altar brotarían las creencias arraigadísimas, las costumbres, las leyes y las justicias de esos pueblos, sede de un mestizaje profundamente cristiano y español. Epopeyas similares a la mejicana se dieron simultáneamente en todo el ámbito de lo que nuestros mayores conocieron por Indias Occidentales. No fueron menores las de Pizarro frente al impacto de los incas ni la que iniciaron Almagro y Valdivia en Chile, cantada en _La Araucana_ por Alonso de Ercilla. En territorios menos poblados se fundaban ciudades, hoy florecientes, enteramente españolas de sangre y origen, y siempre bajo los mismos ritos y creencias. Aquellos hombres —soldados y misioneros— no dudaban de que su religión era la única verdadera, ni de que nada humano se puede fundar sin asiento en la fe, ni de que llevando esas creencias a aquellos pueblos les llevaban la salvación de sus almas y la auténtica libertad. De aquí la patente ayuda de Dios en la más extraordinaria de las gestas históricas.

La cristianización de América fue rápida y vigorosa, indestructible en el fondo de los corazones. Sólo puede compararse a la cristianización de los pueblos bárbaros en la Alta Edad Media, en cuyo suceso, casi milagroso, tanto intervinieron los monjes irlandeses. De la fe y el temple de aquellos españoles brotaría la colonización más humana e integradora que se ha dado en la Historia, amparada por la legislación más cristiana y protectora que se conoce.

Es frecuente apelar al futuro y definitivo juicio de la Historia cuando se espera que ésta reivindique la fama o el honor mancillados o esclarezca hechos que se vieron ignorados o tergiversados en su propio tiempo. Y, en efecto, sucede a menudo que en el decurso de las generaciones la crítica reconstruye la realidad del pasado, restaura la verdad de los hechos y hace justicia a las personas.

No ha sucedido así con la obra de España en América: al cabo de casi cinco siglos la versión calumniosa y oscurecida de aquella epopeya continúa más o menos vigente en lo que podríamos llamar la historiografía oficial de Occidente. No vale que un mestizaje plenamente cristianizado y españolizado en la mayor parte de América contraste con la clara extirpación de las razas aborígenes en los países de colonización anglosajona; no basta contemplar cómo fueron las leyes protectoras del indio en la Corona española lo que provocó algo tan notorio y triste como la importación de negros africanos, de cuyo tráfico se benefició sobre todo la América no hispana. No ha bastado la evidencia, ni, menos, un gran número de monografías históricas poniendo en claro la sinrazón de aquella odiosa leyenda.

La génesis y la persistencia de esa visión difamatoria ha sido la acompañante puntual del proceso de descristianización que ha sufrido Europa. Proceso que se inició con el Renacimiento y ha transitado a través de la Reforma y la Revolución hasta la actual penetración «progresista» de un humanismo laicista en el seno de la propia Iglesia Católica. De modo tal que la ejecutoria de los españoles en su Siglo de Oro ha venido a ser para el europeo como la conciencia moral que nunca deja de remorder a quien deserta o apostata. A nada profesará éste tanto rencor como al testimonio vivo, permanente, de su propia mala conciencia.

Sin embargo y curiosamente, fue el descubrimiento de América uno de los motores psicológicos de ese desligamiento de la Europa moderna respecto de su tradición religiosa y su ejecutoria histórica. Se trata del «impacto» que sobre ella ejerció el descubrimiento de nuevas e insospechadas civilizaciones. Impacto que, lejos de atenuarse con el tiempo, ha ido acrecentándose al calor del espíritu racionalista. Si existen otras civilizaciones y otras creencias de las que esos pueblos se muestran tan seguros como nosotros de las nuestras, ¿en qué basamos nuestra convicción? Si otros afirman y creen, ¿por qué afirmaremos y creeremos nosotros? ¿No será todo —lo de ellos y lo nuestro— un producto cultural, puramente humano y perecedero? Ciertamente, la civilización cristiana conoció de siempre la existencia de otras civilizaciones —paganismos y remotas gentilidades—, y tuvo que disputar su existencia con la grande y agresiva civilización islámica. Pero en los siglos medievales fue la fe tan viva y arraigada que tal pluralidad no produjo vacilación alguna. Tampoco la existencia de los pueblos nuevos la produjeron sobre la fe de los descubridores y conquistadores españoles en América: ellos jamás dudaron de la superioridad de su propia civilización ni del carácter salvífico de su fe sobre las almas de aquellos ignotos pobladores. Por ello precisamente conquistaron, civilizaron, salvaron almas y triunfaron.

Otra fue, en una profundidad subconsciente, la reacción de aquella Europa que contemplaba los hechos. Una Europa renacentista cuyo debilitamiento en la fe iba a hacer muy pronto posibles el protestantismo y el replanteamiento cartesiano. Este trauma de vacilación primero, de descreimiento más tarde, no ha dejado de crecer en el ámbito europeo, y llega hoy a formar parte de la mentalidad común —incluso oficializada en la enseñanza— de la juventud y la infancia actuales. ¿Por qué creer en la propia fe como única verdadera o en los valores propios de nuestra civilización al modo como otros creen en los suyos, con idéntica convicción subjetiva? Éste es el tratamiento educativo que se da hoy, incluso en España, a la enseñanza de la religión: historia de las religiones, fenomenología del hecho (psicológico) religioso, etcétera.

Los españoles del siglo XVI no experimentaron ese impacto de descreimiento. Cumplieron ante el descubrimiento y la conquista con la fe entera de un cristiano medieval. Con todas las sombras que una gran empresa histórica ofrece siempre, ellos supieron asimilar a los nuevos pueblos, y asimilarlos precisamente por la fe.

No han faltado autores —sin contar los clásicos españoles: Menéndez Pelayo, Juderías, Maeztu, etc.— que han reivindicado la obra de España en América y el sentido de la Hispanidad. Pensemos en el libro de Silvio Zabala sobre las encomiendas y la propiedad territorial en América (1940) y en una larga serie de hispanistas extranjeros que culminan en la obra actual de Jean Dumont, apología entusiasta de la cristianización de América por los españoles. Destaca este autor el carácter clamoroso, liberador y casi milagroso del advenimiento en masa de los indios hacia las aguas bautismales. Ya durante la conquista de Méjico, el propio Cortés había comunicado en múltiples cartas a Carlos V «la tendencia de los indios a convertirse». Y la creencia profética que entre ellos existía de que esa liberación habría de venirles de «hombres llegados de donde nace el sol».

Dije que los primeros evangelizadores fueron los propios conquistadores, que, como relata Bernal Díaz del Castillo, hablaban a los indios de Dios y de la salvación después de destruir sus ídolos y oratorios. Muy especialmente Cortés fundió la conquista con la evangelización dándose cuenta de que eran inseparables, y ello aun a riesgo de crearse una dificultad suplementaria con la ofensa a las creencias de los indígenas. Aquellos hombres, cualesquiera fueran los fines que les llevaban a la empresa americana y aun su comportamiento en la conquista, llevaban consigo una fe arraigadísima —generalmente sin fisura—

y también una moral, unas costumbres y un modo de vivir y de relacionarse nacidos de la civilización cristiana.

Sin embargo, los autores principales de esa evangelización fueron los religiosos que comenzaron a llegar al continente a petición de Cortés en 1524, al poco de comenzar la conquista de Méjico. Los primeros y principales de estos misioneros fueron los frailes franciscanos y dominicos, que llevarán a su epopeya misionera cada uno su impronta religiosa específica. Más tarde los jesuitas realizarían en sus célebres reducciones una como síntesis de ambos estilos de misionar.

La orden de predicadores o dominicos y los frailes menores de San Francisco fueron fundados a principios del siglo XIII por san Francisco de Asís y por el español santo Domingo de Guzmán, respectivamente. Una y otra orden nacieron de una misma coyuntura histórica y con fines en cierto modo complementarios. Se trataba de la defensa de la Iglesia frente a la turbulencia de movimientos heréticos y fanáticos que surgieron en Europa a fines del siglo XII. Herejías de la praxis o de la disciplina como los cátaros y los albigenses o valdenses; herejías doctrinales como la interpretación averroísta de Aristóteles conocida como averroísmo latino.

Los dominicos tuvieron desde su origen un carácter intelectual que inspiraría su apostolado. Su fin era el estudio de la teología y la filosofía para, mediante la predicación, combatir las herejías en su germen doctrinal. De ellos brotaría la gran luminaria de santo Tomás de Aquino, cumbre y síntesis del pensamiento cristiano medieval. Los franciscanos, por su parte, recibieron de su fundador, el Serafín de Asís, el carisma de difundir el amor de Dios, la caridad cristiana entre los hombres, lo que incluía en su tiempo procurar la paz en las terribles luchas brotadas de aquellas herejías, que ensangrentaban principalmente el sur de Francia. La santa pobreza, la humildad evangélica y el espíritu de caridad eran sus exigencias fundacionales.

Las sectas de cátaros y valdenses constituían una especie de retorno al gnosticismo de los primeros siglos cristianos con una interpretación esotérica de las Sagradas Escrituras que los constituía en iniciados, puros (o cátaros) frente al vulgo de los creyentes. Este llevar al extremo las exigencias de la perfección cristiana por amor de Dios les vedaba hasta las relaciones conyugales, lo que habría supuesto, de imponerse, la extinción de la especie humana. La venida del reino del amor bajo la égida de los *perfecti* entrañaba una ruptura con la Iglesia institucional, con su jerarquía sacerdotal y sus sacramentos. Todo juridicismo habría de cesar en la época futura traspasada de amor divino. Por este camino enlazarían, mucho más tarde, con los calvinistas. El alma, según ellos, es una criatura divina apresada en este mundo por las fuerzas del mal, por donde profesaban también un cierto maniqueísmo. En su actitud psicológica se enlazaba un anhelo perfeccionista de amor de Dios y de desasimiento de los bienes temporales con una soberbia de grupo escogido y mesiánico. El Concilio de Letrán en 1215 condenó estas sectas a la vez que autorizaba las nuevas órdenes mendicantes —franciscanos y dominicos—, y establecía la Inquisición para investigar y combatir las variadísimas formas de ocultismo y aun de nigromancia en que se refugiaban los herejes.

Los franciscanos supieron luchar contra el perfectismo desviado de los cátaros con su propio espíritu de amor de Dios y de santa pobreza, y oponer al propio tiempo al secreto orgullo de los *perfecti* la humildad extrema de los frailes menores o *mínimos* de San Francisco.

Pero entre aquel hervidero de doctrinas proféticas y escatológicas de finales del siglo XII destaca una cuyas características la sitúan más cercana a la ortodoxia: me refiero a la del monje calabrés Joaquín de Fiore, que habría de ejercer una dilatada influencia sobre los «espirituales» del siglo XIV e, incluso, dentro del propio franciscanismo en las sucesivas reformas «de estricta observancia» que se dieron en esta orden.

Joaquín de Fiore desarrolló una especie de filosofía de la historia profética según la cual la permanencia humana sobre la tierra constaría de tres etapas o tiempos: la era de la ley mosaica o período del Padre, la de la Iglesia (período del Hijo), y una tercera espiritualizada bajo una efusión de amor fraterno (período del Espíritu Santo). Esta época habría de inaugurar el postrer milenio anunciado en el Apocalipsis de San Juan, en el que las normas y estructuras de la Iglesia se harían innecesarias. Este último período —que juzgaba muy cercano— vendría anunciado por la aparición de una figura profética, apóstol del amor, en quien los franciscanos creyeron reconocer a su fundador, el Serafín de Asís, *alter Christus*.

Cada una de estas épocas estaría anunciada por la anterior, de la que sería su cumplimiento o realización: tal es el título de su obra: *Concordia Novi ac Veteris Testamenti*. En este continuismo histórico se diferencia el profetismo del monje calabrés de las teorías cátaras y valdenses que postulaban una ruptura con la Iglesia sacerdotal y canónica. El profetismo de Fiore se ve libre, por lo demás, de los aspectos maniqueos y gnósticos de los *perfecti* tanto como de sus excesos antinaturales.

La influencia joaquinista de ese su milenarismo postrero —reino de la caridad pura— va a ser muy dilatada y alcanzará, entre otras, a la reforma franciscana de extrema austeridad y estricta observancia que había iniciado en Portugal el padre Juan de Guadalupe en los últimos años del siglo xv, recién descubiertas las nuevas Indias. Esta reforma guadalupana pasa a Castilla y se implanta en los conventos extremeños que formarían la custodia de San Gabriel, pronto convertida en provincia franciscana. Miembros de esta custodia y partícipes fervorosos del espíritu guadalupano serían fray Francisco de los Ángeles y fray Toribio de Benavente, que formarían parte de los doce primeros misioneros enviados a Méjico por petición de Hernán Cortés y que, a imagen de los doce apóstoles, iniciarían la evangelización del continente.

Las noticias que llegaban de ultramar sobre inmensos territorios y poblaciones —todo un mundo nuevo— que se mostraban proclives a una predicación de la Buena Nueva hubieron de ser interpretadas por esos franciscanos como una ocasión providencial y una puerta hacia el milenio espiritual, fase suprema de la humanidad. La Europa de la Iglesia sacerdotal engendraría de sí, de este modo, el reino de la caridad perfecta como cumplimiento de la interpretación joaquinista del Apocalipsis.

El espíritu de la reforma guadalupana viajaría a Méjico con los primeros doce misioneros franciscanos. Entre ellos figurarían los más directos discípulos del padre Juan de Guadalupe, fray Francisco de los Ángeles y fray Toribio de Benavente, el que sería eximio cronista de los indios de Nueva España, y con ellos el anhelo seráfico de extrema pobreza y la esperanza de instaurar allá el nuevo reino místico del amor fraterno. No tardarían mucho en recibir la visita de la propia Virgen Santísima bajo la advocación de Nuestra Señora de Guadalupe en la bella escena del indio Juan Diego ante el primer obispo de Méjico, el franciscano fray Juan de Zumárraga.

Desembarcados en San Juan de Ulúa, aquellos primeros apóstoles realizaron a pie el largo viaje hasta la ciudad de Méjico ya conquistada, y allí recibieron la recepción solemne y el homenaje de Cortés y de sus caballeros más notables que, apeándose de sus caballos, se postraban a besar el hábito de aquellos pobres y rotos peregrinos ante la admiración de los nativos que no acertaban a comprender la humillación de tanta grandeza ante tan humildes personajes. El nombre repetido admirativamente por éstos —*imotolinía!*—, que significaba el pobre o los pobres referido a aquellos frailes maltrechos y polvorientos, fue adoptado como nombre propio por fray Toribio de Benavente que ya siempre lo usaría. Con él escribió su famosa *Historia de los Indios de Nueva España*, monumento de la historia y etnografía de aquellos pueblos y de la conquista.

Las ideas escatológicas y espirituales de la reforma de san Gabriel habrían de influir en el estilo catequético de aquellos misioneros. Su fervor apostólico y su vida entrañada con los nativos lograrían pronto el fenómeno casi milagroso de una disposición generalizada a recibir el bautismo. Para la familia seráfica ese impulso de la gracia era suficiente y bautizaban por millares, sin cesar. La debida preparación y las condiciones que los cánones establecían para recibir el sacramento no se estimaban de aplicación en aquellas circunstancias prodigiosas. Ya se instruirían después en la fe quienes con tanto anhelo habían buscado recibirlo. La cristianización del Imperio Azteca, paralela a su conquista, fue así un hecho rápido y con fundamentos que se revelarían solidísimos.

La impronta o el estilo evangelizador de los dominicos era muy otro. Ellos no estaban poseídos del ímpetu misionero, de la urgencia en bautizar, que nacía en los primeros franciscanos de sus convicciones milenaristas y escatológicas. Eran partidarios de una evangelización más reposada y por convicción, de una preparación catequética que siguiera los trámites canónicos para culminar en un bautismo más consciente. Incluso la conquista como apoyo a la cristianización parecía a muchos como discutiblemente lícita. Desde el sermón de Montesinos esta tendencia que se perfilará contra la conquista y la institución de la encomienda se hace más visible y culminará con la requisitoria ardiente de fray Bartolomé de Las Casas contra la conquista española y contra los bautismos masivos. En cierto modo, a una utopía oponían otra. A la nueva cristiandad de la pobreza y el amor enfrentaban una cristianización pacífica y persuasiva. Ésta tuvo su realización en el ensayo de la *Vera Paz* de Las Casas, que pretendió una penetración evangélica en territorios aún no conquistados. La antítesis estalló en el enfrentamiento personal de Motolinía con Las Casas en su celo encontrado por defender a los indios, y en la carta que el franciscano dirigió al rey denunciando las violentas campañas del dominico contra la conquista y la encomienda españolas.

La experiencia lascasiana de la *Vera Paz* fracasó ruidosamente, al paso que la premura evangelizadora de los franciscanos creó, sobre todo en Méjico, una cristiandad profunda, indestructible en su fondo. Ello con independencia de la utopía que una y otra evangelización encerraban y de la profecía milenarista de los guadalupanos.

Simplemente, porque el celo proselitista de los franciscanos, unido al ímpetu conquistador de Cortés, alcanzaron a crear en seguida una sociedad cristiana, un ambiente social con costumbres y leyes cristianas que tuvo un efecto multiplicador para la pronta implantación y el afianzamiento de la fe. Porque la gracia no anula la naturaleza, sino que la eleva, y el hombre es social por naturaleza. La difusión de la fe y su arraigo siguen esa condición social del hombre. Al igual que la práctica del bien requiere de la virtud, y ésta de un ambiente adecuado para crecer y progresar, así también la fe y la práctica religiosa requieren de un medio social para que broten y produzcan sus frutos.

La fe católica fue así el fermento civilizador que penetró a los innúmeros pueblos de la América hispana para hacerlos pasar en menos de un siglo del tribalismo y la antropofagia al nivel cultural de la Europa cristiana con catedrales y universidades semejantes a las de la metrópoli. La religión y la lengua hicieron la unidad profunda de aquellos pueblos, su modo de creer y de reaccionar, su estructura mental y su actitud ante la vida. Si los españoles no hubieran antepuesto la evangelización a todo otro fin, si no hubieran identificado colonización con evangelización, la América hispana sería hoy un conglomerado de pueblos idólatras y animistas, sin nexo de unidad y penetrado por las religiones orientales y las sectas protestantes del norte. Su integración en la civilización occidental habría sufrido un retraso de siglos.

Con ocasión del V Centenario del Descubrimiento, he querido reunir aquí en una pequeña antología los testimonios y los textos que me han parecido más expresivos sobre la gran realidad de la cristianización de Hispanoamérica. Testimonios, ante todo, de los conquistadores y cronistas de las guerras. Testimonios asimismo de los misioneros que acompañaron a las expediciones, sin excluir la *vox clamantis* de un Montesinos o de un Las Casas que emanan, en un aspecto, de una generosidad sin límites y de una sensibilidad humana poco común en el seno de una empresa de conquista.

Textos, después, de quienes han escrito sobre la epopeya a lo largo de estos cinco siglos en los términos más documentados y convincentes. Resaltando en todos la religiosidad vivísima de reyes y conquistadores, así como el celo apostólico de los misioneros que asentaron en las almas la fe y el orden cristianos que los conquistadores lograban con la ocupación y con la espada.

TESTIMONIO DEL CONQUISTADOR

HERNÁN CORTÉS [1]

En demanda de misioneros

Todas las veces que a vuestra sacra majestad he escrito, he dicho el aparejo que hay en algunos de los naturales de estas partes para convertirse a nuestra santa fe católica y ser cristianos y he enviado a suplicar a vuestra cesárea majestad, para ello, mandase proveer de personas religiosas de buena vida y ejemplo. Y porque hasta ahora han venido muy pocos o casi ninguno y es cierto que harían grandísimo fruto, lo torno a la memoria a vuestra alteza y le suplico lo mande proveer con toda brevedad, porque de ello Dios Nuestro Señor será muy servido y se cumplirá el deseo que vuestra alteza en este caso, como católico, tiene. Y porque con los dichos procuradores Antonio de Quiñones y Alonso Dávila, los concejos de las villas de esta Nueva España y yo enviamos a suplicar a vuestra majestad mandase proveer de obispos u otros prelados para la administración de los oficios y culto divino y entonces pareciéndonos que así convenía; ahora, mirándolo bien hame parecido que vuestra sacra majestad los debe mandar proveer de otra

[1] Hernán Cortés es, sin duda, la figura más extraordinaria de la epopeya americana. Con no más de cuatrocientos hombres logra apoderarse del gran Imperio Azteca y convertirlo en lo que sería la Nueva España o Méjico. Destacan en su personalidad la audacia y el esfuerzo perseverante, su genio político y diplomático, su religiosidad y su constante lealtad a la Corona. Sus *Cartas de Relación* se dirigen a Carlos V con motivos y ocasiones diversos y en ellas brilla su formación universitaria, breve pero bien asimilada.

manera para que los naturales de estas partes más aínas se conviertan
y puedan ser instruidos en las cosas de nuestra fe católica. La manera
que a mí, en este caso me parece que se debe tener, es que vuestra
sacra majestad mande que vengan a estas partes muchas personas religiosas, como ya he dicho y muy celosas de este fin de la conversión
de estas gentes y que éstos se hagan casas y monasterios por las provincias que acá nos pareciere que convienen y que a éstas se les dé de los
diezmos para hacer sus casas y sostener sus vidas y lo demás que res-
tare de ellos sea para las iglesias y ornamentos de los pueblos donde
estuvieren los españoles y para clérigos que las sirvan. Y que estos
diezmos los cobren los oficiales de vuestra majestad y tengan cuenta y
razón de ellos y provean de ellos a los dichos monasterios e iglesias
que bastara para todo y aun sobra harto, de que vuestra majestad se
puede servir. Y que vuestra alteza suplique a Su Santidad conceda a
vuestra majestad los diezmos de estas partes para este efecto, hacién-
dole entender el servicio que a Dios Nuestro Señor se hace en que esta
gente se convierta y que esto no se podría hacer sino por esta vía. Porque habiendo obispos y otros prelados no dejarían de seguir la costumbre que, por nuestros pecados hoy tienen, en disponer de los bienes de la Iglesia, que es gastarlo en pompas y otros vicios, en dejar
mayorazgos a sus hijos o parientes y aun sería otro mayor mal que,
como los naturales de estas partes tenían en sus tiempos personas religiosas que entendían en sus ritos y ceremonias y que éstos eran tan
recogidos, así en su honestidad como en castidad, que si alguna cosa
fuera de esto a alguno se le sentía era punido con pena de muerte y si
ahora viesen las cosas de la Iglesia y servicio de Dios en poder de ca-
nónigos u otras dignidades y supiesen que aquéllos eran ministros de
Dios y los viesen usar de los vicios y profanidades que ahora en nuestros tiempos en esos reinos usan, sería menospreciar nuestra fe y tener-
la por cosa de burla y sería tan gran daño, que no creo aprovecharía
ninguna otra predicación que se les hiciese. Y pues que tanto en esto
va y la principal intención de vuestra majestad es y debe ser que estas
gentes se conviertan y los que acá en su real nombre residimos la debemos seguir y como cristianos tener de ellos especial cuidado, he querido en esto avisar a vuestra cesárea majestad y decir en ello mi parecer; el cual suplico a vuestra alteza reciba como de persona súbdita y
vasallo suyo, que así como con las fuerzas corporales, trabajo y trabajaré que los reinos y señoríos de vuestra majestad por estas partes se

ensanchen y su real fama y gran poder entre estas gentes se publique, que así deseo y trabajaré con el ánima para que vuestra alteza en ellas mande sembrar nuestra santa fe. Porque por ello merezco la bienaventuranza de la vida perpetua y porque para hacer órdenes y bendecir iglesias, ornamentos, óleo, crisma y otras cosas, no habiendo obispos, sería dificultoso ir a buscar el remedio de ellas a otras partes. Asimismo vuestra majestad debe suplicar a Su Santidad que conceda su poder y sean sus subdelegados en estas partes las dos personas principales de religiosos que a estas partes vinieren, uno de la Orden de San Francisco y otro de la Orden de Santo Domingo, los cuales tengan los más largos poderes que vuestra majestad pudiere; porque, por ser estas tierras tan apartadas de la Iglesia romana y los cristianos que en ellas residimos y residieren tan lejos de los remedios que nuestras conciencias, y como humanos, tan sujetos a pecado, hay necesidad que en esto Su Santidad con nosotros se extienda en dar a estas personas muy largos poderes y los tales poderes sucedan en las personas que siempre residan en estas partes, que sea en el general que fuere en estas tierras o en el provincial de cada una de estas órdenes [2].

....

Yo les recibí muy bien (a los emisarios de Taiza) y di algunas cosillas, y les dije que yo venía por aquellas tierras por mandato de vuestra majestad, a verlas y hablar a los señores y naturales de ellas algunas cosas cumplideras a su real servicio y bien de ellos; que dijesen a su señor que le rogaba que, pospuesto todo temor, viniese adonde yo estaba, y que para más seguridad yo les quería dar un español que fuese allá con ellos y se quedase en rehenes en tanto que él venía, y con esto se fueron, y otro día de mañana vino el señor, y hasta treinta hombres con él, con cinco o seis canoas, y consigo el español que había enviado para los rehenes, y mostró venir muy alegre. Fue de mí muy bien recibido, y porque cuando llegó era hora de misa, hice que se dijese cantada y con mucha solemnidad, con los ministriles de chirimías y sacabuches que conmigo iban; la oyó con mucha atención y las ceremonias de ella y acabada la misa vinieron allí aquellos religiosos que llevaba, y por ellos les fue hecho un sermón con la lengua, de manera que muy bien lo pudo entender, acerca de las cosas de nuestra

[2] «Cuarta Carta de Relación».

fe, y dándole a entender por muchas razones cómo no había más de un solo Dios, y el yerro de su secta, y según mostró y dijo, satisfízose mucho, y dijo que él quería luego destruir sus ídolos y creer en aquel Dios que nosotros le decíamos, y que quisiera mucho saber la manera que debía de tener para servirle y honrarle y que si yo quisiese ir a su pueblo, vería cómo en mi presencia los quemaba, y quería que le dejase en su pueblo aquella cruz que le decía que yo dejaba en todos los pueblos por donde yo había pasado[3].

FRANCISCO LÓPEZ DE GÓMARA[4]

Incitación a la fe

Entonces les dijo[5] que el señor en cuyo nombre iban él y aquellos compañeros suyos, era rey de España, emperador de cristianos, y el mayor príncipe del mundo, a quien más reinos y provincias servían y obedecían vasallos, que a otro, y cuyo mando y gobernación de justicia era de Dios, justo, santo, pacífico, suave y a quien le pertenecía la monarquía del universo; por lo cual ellos debían darse como vasallos y conocidos suyos; y que si lo hacían así les vendrían muchos y muy grandes provechos de leyes, policía y costumbres. Y en cuanto a lo que tocaba a la religión, les dijo la ceguedad y vanidad grandísima que tenían en adorar muchos dioses, en hacerles sacrificios de sangre

---

[3] «Quinta Carta de Relación».
[4] Francisco López de Gómara (1511-1559). Este cronista estudió en Roma y en Alcalá, en cuya universidad ocupó la cátedra de Retórica y se ordenó sacerdote. Conoció a Hernán Cortés probablemente en la expedición a Argel, y tras ella fue nombrado por éste su capellán y secretario. La *Conquista de Méjico* es la segunda parte de su obra *Hispania Victrix*. Humanista e historiador profesional, su obra no es un testimonio directo de los hechos sino una cuidada versión cuya fuente principal es el testimonio del propio Cortés. Como buen historiador comprueba hechos y fuentes, y su relato es a veces más veraz que el de los mismos protagonistas que sólo dispusieron de visiones parciales y localizadas. Aunque su obra es en elogio de Cortés, no faltan en ella sus críticas al héroe ni aun ciertas ironías sobre la acción de la Corona que le valieron una prohibición real que permaneció hasta el siglo XVIII. Su narración entra en pugna frecuentemente con la de Bernal Díaz del Castillo, quien por esta razón tituló su obra *Historia verdadera de la conquista de Nueva España*.
[5] A los indios de Tabasco.

humana, en pensar que aquellas estatuas les hacían el bien o el mal que les venía, siendo mudas, sin alma, y hechas con sus mismas manos. Les dio a entender un Dios, creador del cielo y de la tierra y de los hombres, que los cristianos adoraban y servían, y que todos lo debían adorar y servir. En fin, tanto les predicó, que rompieron sus ídolos y recibieron la cruz, habiéndole declarado primero los grandes misterios que en ella hizo y pasó el Hijo del mismo Dios. Y así, con gran devoción y concurso de indios, y con muchas lágrimas de españoles, se puso una cruz en el templo mayor de Potonchan, y de rodillas la besaron y adoraron los nuestros primero, y tras ellos los indios. Los despidió después, y se fueron todos a comer. Les rogó Cortés que viniesen dentro de dos días a ver la fiesta de ramos. Ellos, como hombres religiosos, y que podían venir con toda seguridad, no sólo vinieron los vecinos sino hasta los comarcanos del lugar, en tanta multitud, que causó admiración en dónde tan pronto se pudo juntar allí tantos miles de hombres y mujeres, los cuales todos juntos prestaron obediencia y vasallaje al rey de España en manos de Hernán Cortés, y se declararon como amigos de los españoles. Y ésos fueron los primeros vasallos que el emperador tuvo en la Nueva España. Así que fue hora el domingo, mandó Cortés cortar muchos ramos y ponerlos en un montón, como en mesa, mas en el campo, por la mucha gente, y decir el Oficio con los mejores ornamentos que había, al cual se hallaron los indios, y estuvieron atentos a las ceremonias y pompa con que se anduvo la procesión, y se celebró la misa y fiesta, con lo que los indios quedaron contentos, y los nuestros se embarcaron con los ramos en las manos. No menor alabanza mereció en esto Cortés que en la victoria, porque en todo se portó cuerda y esforzadamente. Dejó a aquellos indios a su devoción, y al pueblo libre y sin daño. No tomó esclavos ni saqueó, ni tampoco rescató, aunque estuvo allí más de veinte días. Al pueblo lo llaman los vecinos Potonchan, que quiere decir lugar que huele mal, y los nuestros, la Victoria.

....

Cuando Cortés llegó al campamento tan alegre como dije, halló a sus compañeros algo despavoridos por lo de los caballos que les enviara, pensando no le hubiese acontecido algún desastre. Pero como lo vieron venir bueno y victorioso, no cabían en sí de gozo; aunque bien es verdad que muchos de la compañía andaban mustios y de mala gana, y que deseaban volverse a la costa, como ya se lo habían rogado algunos muchas veces; pero mucho más querían irse de allí viendo tan gran tierra muy poblada, muy cuajada de gente, y toda con muchas armas y ánimo de no consentirlos en ella, y hallándose tan pocos, tan dentro de ella, y tan sin esperanza de socorro; cosas ciertamente para temer cualquiera, y por eso platicaban algunos entre ellos mismos que sería bueno y necesario hablar a Cortés. Y hasta requerírselo, y no pasar más adelante, sino que volviese a Veracruz, desde donde poco a poco se tendría inteligencia con los indios, y harían según el tiempo dijese, y podría llamar y recoger más españoles y caballos, que eran los que hacían la guerra. (...) Mucho sentía Cortés oír estas cosas, y hubiese querido reprender y aun castigar a los que las trataban; pero viendo que no era oportuno, acordó de llevarlos por las buenas y les habló a todos juntos de la manera siguiente:

Señores y amigos: Yo os escogí por compañeros míos, y vosotros a mí por vuestro capitán, y todo para servicio de Dios y acrecentamiento de su santa fe, y para servir también a nuestro rey, y aun pensando hacer en vuestro provecho. Yo, como habéis visto, no os he faltado ni enojado, ni por cierto vosotros a mí hasta aquí; mas, empero, ahora veo flaqueza en algunos, y poca gana de acabar la guerra que traemos entre manos; y si a Dios place, acabada está ya, o al menos sabido hasta dónde puede llegar el daño que nos puede hacer. El bien que de ella conseguiremos, en parte lo habéis visto, aunque lo que tenéis que ver y tener es sin comparación mucho más, y excede su grandeza a nuestro pensamiento y palabra. No temáis, compañeros míos, de ir y estar conmigo, pues ni los españoles jamás temieron en estas nuevas tierras, que por su propia virtud, esfuerzo y destreza han conquistado y descubierto, ni tal concepto tengo de vosotros. Nunca quiera Dios que ni yo piense, ni nadie diga que caiga miedo en mis españoles, ni desobediencia a su capitán. No hay volver la cara al enemigo, que no parezca huida; no hay huida, o si lo queréis suavizar, retirada, que no cause a quien la hace infinitos males: vergüenza, hambre, pérdida de amigos, de hacienda y armas, y la muerte, que es lo peor, aunque no lo último, porque para siempre queda la infamia. Si dejamos esta tierra, esta guerra, este camino comenzado, y nos volvemos, como alguno desea, ¿hemos por ventura de estar jugando, ociosos y perdidos? No por cierto, diréis: que vuestra nación española no es de esa condición cuando hay guerra y va la honra. Pues, ¿adónde irá el buey que no are? ¿Pensáis quizá que habéis de hallar en otra parte menos gente, peor armada, no tan lejos del mar? Yo os certifico que andáis buscando cinco pies al gato, y que no vamos a lado ninguno que no hallemos tres leguas de mal camino como dicen, peor que este que llevamos; porque a Dios gracias, nunca desde que entramos en esta tierra nos ha faltado el comer, ni amigos, ni dinero, ni honra; ya que veis que os tienen por más que hombres los de aquí, y por inmortales, y hasta por dioses, si decir se puede, pues siendo ellos tantos, que ellos mismos no se pueden contar, y tan armados como vosotros decís, no han podido matar siquiera uno de vosotros; y en cuanto a las armas, ¿qué mayor bien queréis de ellas que el que no lleven hierbas, como los de Cartagena, Veragua, los caribes, y otros que han matado con ellas muchos españoles rabiando? Pues aun por esto solo, no deberíais buscar otros con quien guerrear. El mar está lejos, yo lo reconozco, y ningún español hasta nosotros se alejó de él tanto en las Indias; porque le dejamos atrás cincuenta leguas; pero tampoco ninguno ha hecho ni merecido tanto como vosotros. Hasta México, donde reside Moctezuma, de quien tantas riquezas y mensajerías habéis oído, no hay más de veinte leguas: lo más ya está andado, como veis, para llegar allá. Si llegamos, como espero en Dios nuestro Señor, no sólo ganaremos para nuestro Emperador y rey natural rica tierra, grandes reinos, infinitos vasallos, sino también para nosotros mismos muchas riquezas, oro, plata, piedras, perlas y otros haberes y aparte esto, la mayor honra y prez que hasta nuestros tiempos, no digo nuestra nación, sino ninguna otra ganó: porque cuanto mayor rey es éste tras del que andamos, cuanta más ancha tierra, cuanto más enemigos, tanto es mayor nuestra gloria, y, ¿no habéis oído decir que cuanto más moros, más ganancias? Además de todo esto, estamos obligados a ensalzar y ensanchar nuestra santa fe católica como comenzamos y como buenos cristianos, desarraigando la idolatría, blasfemia tan grande de nuestro Dios; quitando los sacrificios y comida de carne de hombres, tan contra natura y tan usada, y excusando otros pecados que por su torpedad no los nombro. Así que, por tanto, ni temáis ni dudéis de la victoria; que lo más ya está hecho. Vencisteis a los de Tabasco, y ciento cincuenta mil el otro día de estos de Tlaxcallan, que tienen fama de descarrilla-leones; venceréis también, con ayuda de Dios y con vuestro esfuerzo, los que de éstos quedan, que no pueden ser muchos, y los de Culúa, que no son mejores, si no desmayáis y si me seguís.

Todos quedaron contentos del razonamiento de Cortés. Los que flaqueaban, se animaron; los valientes, cobraron doble ánimo; los que algún mal le querían, comenzaron a honrarle; en conclusión, él fue de allí en adelante muy amado de todos aquellos españoles de su compañía [6]. Fueron, pues, Cortés y los españoles con Moctezuma la primera vez que después de preso salió del templo; y él por una parte y ellos por otra, comenzaron al entrar a derrocar los ídolos de las sillas y altares en que estaban, y se azoraron los suyos muchísimo, hasta el punto de querer tomar las armas y matarlos allí. Mas, sin embargo, Moctezuma les mandó estarse quietos y rogó a Cortés que se dejase de aquel atrevimiento. Él lo dejó, pues le pareció que aún no era sazón ni tenía el aparejo necesario para salir con bien del intento; pero les dijo así con los intérpretes:

> Todos los hombres del mundo, muy soberano Rey, y nobles caballeros y religiosos, ora vosotros aquí, ora nosotros allá en España, ora en cualquier otra parte, que vivan de él, tienen un mismo principio y fin de vida, y traen su comienzo y linaje de Dios, casi con el mismo Dios. Todos somos hechos de una forma de cuerpo, de una igualdad de alma y de sentidos; y así todos sin duda ninguna somos, no sólo semejantes en cuerpo y alma, sino aun también parientes de sangre. Sin embargo, acontece, por la providencia de aquel mismo Dios: que unos nazcan hermosos y otros feos; unos sean sabios y discretos, otros necios, sin entendimiento, sin juicio ni virtud; por donde es justo, santo y muy conforme a razón y a la voluntad de Dios, que los prudentes y virtuosos enseñen y adoctrinen a los ignorantes, y guíen a ciegos y a los que andan errados, y los pongan en el camino de salvación por la vereda de la verdadera religión. Yo, pues, y mis compañeros, os deseamos y procuramos tanto bien y mejoría, cuanto más el parentesco, amistad y el ser vuestros huéspedes, cosa que a quienquiera y dondequiera, obligan, nos fuerzan y constriñen. En tres cosas, como ya sabréis, consiste el hombre y su vida: en cuerpo, alma y bienes. De vuestra hacienda, que es lo menos, ni queremos nada, ni hemos tomado sino lo que nos habéis dado. A vuestras personas ni a las de vuestros hijos ni mujeres, no hemos tocado, ni aun queremos; el alma solamente buscamos para su salvación; a la cual ahora pretendemos aquí mostrar y dar noticia entera del verdadero Dios. Nadie que tenga juicio natural negará que hay Dios; mas, sin embargo, por ignorancia dirá que hay muchos dioses, y no atinará al que verdaderamente es Dios. Mas yo digo y certifico que no hay

---

[6] *La conquista de Méjico* § 50-51.

otro Dios sino el nuestro de cristianos, el cual es uno, eterno, sin principio, sin fin, creador y gobernador de lo creado. Él solo hizo el cielo, el Sol, la Luna y las estrellas, que vosotros adoráis; Él mismo creó el mar con los peces y la tierra con animales, aves, plantas, piedras, metales, y cosas semejantes, que ciegamente vosotros tenéis por dioses. Él asimismo, con sus propias manos, ya después de todas las cosas creadas, formó un hombre y una mujer y una vez formado, le puso el alma con el soplo y le entregó el mundo, y le mostró el paraíso, la gloria y a Sí mismo. De aquel hombre, pues, y de aquella mujer venimos todos, como al principio dije; y así, somos parientes. Y hechura de Dios y hasta hijos suyos; y si queremos volver al Padre, es menester que seamos buenos, humanos, piadosos, inocentes y corregibles, lo que no podéis ser vosotros si adoráis estatuas y matáis a los hombres. ¿Hay hombre de vosotros que querría le matasen? No por cierto. Pues, ¿por qué matáis a otros tan cruelmente? Donde no podéis meter el alma, ¿para qué la sacáis? Nadie hay de vosotros que pueda hacer almas ni sepa forjar cuerpos de carne y hueso; que si puediese no habría nadie sin hijos, y todos tendrían cuantos quisiesen y como los quisiesen, grandes, hermosos, buenos y virtuosos; empero, como los da este nuestro Dios del cielo que digo, los da como quiere y a quien quiere, que por eso es Dios, y por eso le habéis de tomar, tener y adorar por tal, y porque llueve, serena y hace sol, con que la tierra produzca pan, fruta, hierbas, animales y aves para vuestro mantenimiento. No os dan estas cosas las duras piedras, ni los secos maderos, ni los fríos metales ni las menudas semillas de que vuestros mozos y esclavos hacen con sus manos sucias estas imágenes y estatuas feas y espantosas, que vanamente adoráis. ¡Oh, qué gentiles dioses, y qué donosos religiosos! Adoráis lo que hacen manos que no coméis lo que guisan o tocan. ¿Creéis que son dioses lo que pudre, carcome, envejece y no tiene ningún sentido? ¿Lo que ni sana ni mata? Así que no hay por qué tener aquí más estos ídolos, ni se hagan más muertes ni oraciones delante de ellos, pues son sordos, mudos y ciegos. ¿Queréis saber quién es Dios y dónde está? Alzad los ojos al cielo, y en seguida veréis que allá arriba hay alguna deidad que mueve el cielo, que rige el curso del Sol, que gobierna la Tierra, que abastece el mar, que provee al hombre y aun a los animales de agua y pan. A este Dios, pues, que ahora imagináis dentro en vuestros corazones, a Ése servid y adorad, no con muerte de hombres, ni con sacrificios abominables, sino sólo con devoción y palabras, como los cristianos hacemos; y sabed que para enseñaros esto vinimos aquí.

Con este razonamiento aplacó Cortés la ira de los sacerdotes y ciudadanos; y como había ya derribado los ídolos para adelantar acabó con ellos, otorgando Moctezuma que no volviesen a ponerlos, y que barriesen y limpiasen la sangre hedionda de las capillas, y que no sacrificasen más hombres, y que le consintiesen poner un crucifijo y una imagen de santa María en los altares de la capilla mayor, a donde suben por las ciento catorce gradas que dije. Moctezuma y los suyos prometieron no matar a nadie en sacrificio y tener la cruz e imagen de nuestra Señora, si les dejaban los ídolos de sus dioses que aún no estaban derribados, en pie; y así lo hizo él, y lo cumplieron ellos, porque nunca más, después, sacrificaron hombre alguno, al menos en público ni de manera que los españoles lo supiesen; y pusieron cruces e imágenes de nuestra Señora y de otros santos entre sus ídolos [7].

Siempre que Cortés entraba en algún pueblo, derrocaba los ídolos y prohibía el sacrificio de hombres, por quitar la ofensa de Dios e injuria del prójimo, y con las primeras cartas y dinero que envió al Emperador después que ganó a México, pidió obispos, clérigos y frailes para predicar y convertir a los indios a su majestad y Consejo de Indias. Después escribió a fray Francisco de los Ángeles, del linaje de Quiñones, general de los franciscanos, que le enviase frailes para la conversión y que les haría dar los diezmos de aquella tierra; y él le envió doce frailes con fray Martín de Valencia de Don Juan, provincial de San Gabriel, varón muy santo y que hizo milagros. Escribió lo mismo a fray García de Loaisa, general de los dominicos, el cual no se los envió hasta el año 26, que fue fray Tomás Ortiz con doce compañeros. Tardaban en ir los obispos, e iban pocos clérigos; por lo cual, y porque le parecía lo más procedente, volvió a suplicar al Emperador le enviase muchos frailes, que hiciesen monasterios y atendiesen a la conversión y llevasen los diezmos; empero su majestad no quiso, siendo mejor aconsejado, pedirlo al Papa, que ni lo hiciera ni convenía hacerlo. Llegó a México en el año 24 fray Martín de Valencia con doce compañeros, como vicario del Papa. Les hizo Cortés grandes regalos, servicios y acatamiento. No les hablaba una vez siquiera sino con la gorra en la mano y la rodilla en el suelo, y les besaba el hábito, para dar ejemplo a los indios que se habían de volver cristianos, y porque

[7] *Ibidem* § 84-85.

de suyo les era devoto y humilde. Maravilláronse mucho los indios de que se humillase tanto el que ellos adoraban; y así, le tuvieron siempre en gran reverencia. Dijo a los españoles que honrasen mucho a los frailes, especialmente los que tenían indios de cristianar, lo cual hicieron con grandes limosnas, para redimir sus pecados; aunque algunos le dijeron cómo hacía por quien los destruyese cuando se viesen en su reino; palabras que después recordó muchas veces. Llegados, pues, que fueron aquellos frailes, se avivió la conversión, derribando los ídolos; y como había muchos clérigos y otros frailes en los pueblos encomendados, según Cortés mandara, se hacía grandísimo fruto en predicar, bautizar y casar. Hubo dificultad en saber con cuál de las mujeres que cada uno tenía se debían de velar los que, bautizados, se casaban a puertas de iglesia, según tiene por costumbre la santa madre Iglesia; pues, o no lo sabían ellos decir, o los nuestros entender; y así, juntó Cortés aquel mismo año 24 un sínodo, que fue el primero de Indias, para tratar de aquel y otros casos. Hubo en él treinta hombres: seis de ellos eran letrados, mas legos, y entre ellos Cortés; cinco clérigos y diecinueve frailes. Presidió fray Martín como vicario del Papa. Declararon que por entonces casasen con la que quisiesen, pues no se sabían los ritos de sus matrimonios[8].

¡Oh, cuántas gracias deben dar estos hombres a nuestro buen Dios, que tuvo por bien alumbrarlos para salir de tanta ceguedad y pecados, y darles gracia para que conociendo y dejando su error y crueldades se volviesen cristianos! ¡Oh, qué gloria la de los españoles haber arrancado tamaños males e implantado la fe de Cristo! ¡Dichosos los conquistadores y dichosísimos los predicadores; aquéllos en allanar la tierra, éstos en cristianar a la gente! ¡Felicidad grandísima la de nuestros reyes, en cuyo nombre tanto bien se hizo! ¡Qué fama, qué alabanza será la de Cortés! Él quitó los ídolos, él predicó, él prohibió los sacrificios y tragazón de hombres. Quiero callar, no me achaquen de afición a lisonja. Empero si yo no fuera español, loara a los españoles, no cuanto ellos merecen, sino cuanto mi ruda lengua e ingenio supieran. Tanto en fin han convertido cuanto conquistado. Unos dicen que se han bautizado en la Nueva España seis millones de personas, otros ocho, y algunos diez. Mejor acertarían diciendo que no hay

---

[8] *Ibidem* § 166-167, 237.

por cristianar persona alguna en cuatrocientas leguas de tierra, muy poblada de gente: loado nuestro Señor, en cuyo nombre se bautizan; así que son españoles dignísimos de alabar, o mejor dicho, alaben ellos a Jesucristo, que los puso en ello. Se comenzó la conversión con la conquista, pero se convertían pocos, por atender los nuestros a la guerra y al despojo, y porque había pocos clérigos. El año 24 se comenzó de veras con la ida de fray Martín de Valencia y sus compañeros; y el 27, que fueron allá fray Julián Garcés, dominico, por obispo de Tlaxcallan, y fray Juan Zumárraga, franciscano, por obispo de México, se llevó a hecho; pues hubo muchos frailes y clérigos. Fue trabajosa la conversión al principio, por no entender ni ser entendidos; y así, procuraron de enseñar en castellano a los más nobles muchachos de cada ciudad, y de aprender el mexicano para predicar. Se tuvo asimismo dificultad grandísima en quitar del todo los ídolos, porque muchos no los querían dejar habiéndolos tenido por dioses tanto tiempo, y diciendo que bien bastaba poner en ellos la cruz y a María, que así llamaban entonces a todos los santos y aun a Dios; y que también podían tener ellos muchos ídolos, como los cristianos muchas imágenes; por lo cual los escondían y soterraban, y para encubrirlos ponían una cruz encima, para que si los cogiesen orando pareciese que adoraban la cruz; mas como eran por esto aperreados y perseguidos, y porque habiéndoles roto los ídolos y destruido los templos les hacían ir a las iglesias, dejaron la idolatría. Los sostenía mucho el diablo en aquello, diciéndoles que si le dejaban no llovería, y que se levantasen contra los cristianos que él les ayudaría a matarlos. Algunos hubo que siguieron su consejo, y escaparon del mal. Dejar las muchas mujeres fue lo que más sintieron, diciendo que tendrían pocos hijos en sendas, y así habría menos gente, y que hacían injuria a las que tenían, pues se amaban mucho, y que no querían atarse con una para siempre si fuese fea o estéril, y que les mandaban lo que ellos no hacían, pues cada cristiano tenía cuantas quería, y que fuese lo de las mujeres como lo de los ídolos, que ya que les quitaban unas imágenes, les daban otras. Hablaban finalmente como carnalísimos hombres; y así dispensó con ellos el Papa Pablo en tercer grado para siempre. Fácilmente, a lo que se alcanza, dejaron la sodomía, aunque fue con grandes amenazas de castigo. Dejaron asimismo de comer hombres, aunque pudiendo no lo dejan, según dicen algunos; mas como anda sobre ellos la justicia con mucho rigor y cuidado, no cometen ya tales pecados, y Dios alumbra y ayuda a vivir cristianamente. Hay en esta tierra que Hernán Cortés conquistó, ocho obispados. México fue obispado veinte años, y el año 47 lo hizo arzobispado el Papa Pablo tercero; Cuahutemallan y Tlaxcallan tienen obispos. Huaxacac es obispado, y lo tuvo Juan López de Zárate; Michuacan, que posee el licenciado Vasco Quiroga; Jalisco, que tuvo Pedro Gómez Malaber; Honduras, donde está el licenciado Pedraza; Chiapas, que resignó fray Bartolomé de Las Casas con cierta pensión. Tienen los reyes de Castilla, por bula del Papa, el patronazgo de todos los obispados y beneficios de las Indias, que engrandece mucho el señorío; y así, los dan ellos y sus consejeros de Indias. Hay también muchos monasterios de frailes mendicantes, mayormente franciscanos, aunque no hay carmelitas; los cuales pueden en aquella tierra cuanto quieren, y quieren mucho. No hay lugar, a lo menos no puede estar, sin clérigo o fraile que administre los Sacramentos, predique y convierta.

Fue principal causa y medio para que los indios se convirtiesen, deshacer los ídolos y los templos en cada pueblo. Dicen que les dolía mucho la destrucción de sus templos grandes, perdiendo la esperanza de poderlos rehacer, y como eran religiosísimos y oraban mucho en el templo, no se hallaban sin casa de oración y sacrificios; y así, visitaban las iglesias a menudo. Oían de buena gana a los predicadores, miraban las ceremonias de la misa, deseando saber sus misterios, como novedad grandísima; de manera que, con la gracia del Espíritu Santo, y con la solicitud de los predicadores, y con su mansedumbre, cargaban tantos a bautizarse, que ni cabían en las iglesias ni bastaban a bautizarlos; y así, bautizaron dos sacerdotes en Xochmilco quince mil personas en un día; y fraile francisco hubo, que bautizó él solo, aunque en muchos años, cuatrocientos mil hombres; y en verdad los frailes franciscanos han bautizado, según dicen ellos mismos, más que nadie. También aconteció en muchas ciudades velarse mil novios en un solo día; prisa grandísima. Dicen que un tal Calisto, de Huexocinco, criado en la doctrina, fue el primero que se veló a puerta de iglesia. La confesión, como cosa más entretenida, tuvo más quehacer. Aun así la procuraron muchos; y así, cuentan como cosa grande que hubo en Toeuacan, el año 40, doce diferencias de naciones y lenguajes a oír los oficios de la Semana Santa y a confesarse, y algunos vinieron de sesenta leguas. Quien primero se comulgó fue Juan de Cuauhquecholla, caballero, y le comulgaron con gran recelo. La disciplina y penitencia de azotes la tomaron pronto y mucho, con la costumbre que tenían de sangrarse a menudo por devoción, para ofrecer su sangre a los ídolos; y así, acontece ir en una procesión diez mil, cincuenta mil, y hasta cien mil disciplinantes. Todos, en fin, se disciplinan de buena gana, y mueren por ello, porque les corre y crece la sangre cada año por el mismo tiempo que se suelen azotar en las espaldas, cosa muy natural; bueno está que se disciplinen en remembranza de los muchos azotes que dieron a nuestro buen Jesús, pero que no que parezcan recaer en sus viejas sangrías, y por eso algunos se lo querrían quitar, o al menos templar [9].

BERNAL DÍAZ DEL CASTILLO [10]

Recepción de los frailes y sus primeras predicaciones

Como ya he dicho en los capítulos pasados que sobre ello hablan, habíamos escrito a su majestad suplicándole nos enviase religiosos franciscos de buena y santa vida para que nos ayudasen a la conversión y santa doctrina de los naturales desta tierra para que se volviesen cristianos, y les predicasen nuestra santa fe, como se la dábamos a entender desde que entramos en la Nueva España, y sobre ello había escrito Cortés, juntamente con todos nosotros los conquistadores que ganamos la Nueva-España, a don fray Francisco de los Ángeles, que era general de los franciscos, que después fue cardenal, para que nos hiciese mercedes que fuesen los religiosos que enviase de santa vida, para que nuestra santa fe fuese siempre ensalzada; y los naturales destas tierras conociesen lo que les decíamos cuando estábamos batallando con ellos y les decíamos que Su Majestad enviaría religiosos, y de mucha mejor vida que nosotros éramos, para que les diesen a entender

---

[9] *Ibidem* § 237-238.
[10] Bernal Díaz del Castillo (1496-1584). Acompañó a Cortés en la conquista de Méjico y tomó parte en las cien batallas de aquella inverosímil empresa. Su *Historia verdadera de la Nueva España* constituye un testimonio directo, sencillo y apasionante, lleno de colorido y frescura de lo personalmente vivido. Su relato presencial de la celada de Cholula constituye la mejor refutación de las insidias vertidas contra los conquistadores españoles por fray Bartolomé de Las Casas.

los razonamientos y predicaciones de nuestra fe. Dejemos esto, y digamos cómo el general don fray Francisco de los Ángeles nos hizo merced que luego envió los religiosos que dicho tengo; y entonces vino con ellos fray Toribio Motolinia, y pusiéronle este nombre de Motolinia los caciques y señores de México, que quiere decir el fraile pobre, porque cuanto le daban por Dios lo daba a los indios, y se quedaba algunas veces sin comer, y traía unos hábitos muy rotos y andaba descalzo, y siempre les predicaba, y los indios le querían mucho, porque era un santa persona. Volvamos a nuestra relación. Como Cortés supo que estaban en el puerto de la Veracruz, mandó en todos los pueblos, así de indios como donde vivían españoles, que por donde viniesen les barriesen los caminos, y adonde posasen les hiciesen ranchos si fuese en el campo, y en población, cuando llegasen a las villas o pueblos de indios, les saliesen a recibir y les repicasen las campanas, y que todos comúnmente, después de los haber recibido, les hiciesen mucho acato; y que los naturales llevasen candelas de cera encendidas y con las cruces que hubiese, y por más humildad, y porque los indios lo viesen, para que tomasen ejemplo, mandó a los españoles se hincasen de rodillas a besarles las manos y hábitos, y aun les envió Cortés al camino mucho refresco y les escribió muy amorosamente. Y viniendo por su camino, ya que llegaban cerca de México, el mismo Cortés, acompañado de nuestros valerosos capitanes y esforzados soldados, les salimos a recibir, y juntamente fueron con nosotros a Guatemuz, el señor de México, con todos los demás principales mexicanos y otros muchos caciques de otras ciudades; y cuando Cortés supo que allegaban cerca, se apeó del caballo, y todos nosotros juntamente con él: e ya que nos encontramos con los reverendos religiosos, el primero que se arrodilló delante del fray Martín de Valencia y le fue a besar las manos fue Cortés, y no lo consintió, y le besó los hábitos y a todos los demás religiosos, y así hicimos todos los demás capitanes y soldados que allí íbamos, y el Guatemuz y los señores de México; y de que el Guatemuz y los demás caciques vieron ir a Cortés de rodillas a besarles las manos, espantáronse en gran manera; y cómo vieron a los frailes descalzos y flacos, y los hábitos rotos, y no llevar caballo, sino a pie y muy amarillos, y ver a Cortés, que le tenían por ídolo o cosa como sus dioses, así arrodillado delante dellos; desde entonces tomaron ejemplo todos los indios, que cuando ahora vienen religiosos les hacen aquellos recebimientos y acatos, según y de la manera que dicho tengo; y más digo, que cuando Cortés con aquellos religiosos hablaba, que siempre tenía la gorra en la mano quitada y en todo les tenía grande acato y ciertamente estos buenos religiosos franciscos hicieron mucho fruto en toda la Nueva-España. Dejémoslos en buena hora y digamos de otra materia, y es, que de ahí a tres años y medio, o poco tiempo más adelante, vinieron doce frailes dominicos, e venía por provincial o por prior dellos un religioso que se decía fray Tomás Ortiz; era vizcaíno, e decían que había estado por prior o provincial en unas tierras que se dice de la Punta del Drago; e quiso Dios que cuando vinieron les dio dolencia de mal de modorra, de que todos los más murieron; lo cual diré delante, e cómo, e cuándo, e con quién vinieron, e la condición que decían que tenía el prior, e otras cosas que pasaron; e después han venido otros muchos y buenos religiosos y de vida santa, y de la misma orden de señor santo Domingo, en ejemplo muy santos, e han industriado a los naturales destas provincias de Guatemala en nuestra santa fe muy bien, e han sido muy provechosos para todos [11].

Pues he dado cuenta de cosas que se convienen, bien es que diga los bienes que se han hecho, así para el servicio de Dios y de su majestad, con nuestras ilustres conquistas; y aunque fueron tan costosas de las vidas de todos los más de mis compañeros, porque muy pocos quedamos vivos, y los que murieron fueron sacrificados, y con sus corazones y sangre ofrecidos a los ídolos mexicanos, que se decían Tezcatepuca, y Huichilobos, quiero comenzar a decir de los sacrificios que hallamos por las tierras y provincias que conquistamos, las cuales estaban llenas de sacrificios y maldades, porque mataban cada un año, solamente en México y ciertos pueblos que están en la laguna, sus vecinos, según hallo por cuenta que dello hicieron religiosos franciscos: que fueron los primeros que vinieron a la Nueva-España, tres años y medio antes que viniesen los dominicos, que fueron muy buenos religiosos y de santa doctrina; y hallaron sobre dos mil y quinientas personas, chicas y grandes. Pues en otras provincias a esta cuenta muchos más serían: y tenían otras maldades de sacrificios, y por ser de tantas maneras, no los acabaré de escribir todas por extenso; mas las que yo vi y entendí pondré aquí por memoria. Tenían por costumbre que sacrificaban las frentes y las orejas, lenguas y labios, los pechos, brazos y

[11] *Historia verdadera de la conquista de Nueva España*, cap. 171.

molledos, y las piernas y aun sus naturas; y en algunas provincias eran retajados, tenían pedernales de navajas, con que se retajaban. Pues los adoratorios, que son cues, que así los llamaban entre ellos, eran tantos, que los doy a la maldición, y me parece que eran casi que al modo como tenemos en Castilla y en cada ciudad nuestras santas iglesias y parroquias, y ermitas y humilladeros, así tenían en esta tierra de la Nueva-España sus casas de ídolos llenas de demonios y diabólicas figuras; y demás destos cues, tenían cada indio o india dos altares, el uno junto a donde dormía, y el otro a la puerta de su casa, y en ellos muchas arquillas de maderas, y otros que llaman petacas, llenas de ídolos, unos chicos y otros grandes, y piedrezuelas y pedernales, y librillos de un papel de corteza de árbol, que llaman amatl, y en ellos hechos sus señales del tiempo y de cosas pasadas. Y además desto eran los más dellos sométicos, en especial los que vivían en las costas y tierra caliente, en tanta manera, que andaban vestidos en hábito de mujeres muchachos a ganar en aquel diabólico y abominable oficio. Pues comer carne humana, así como nosotros traemos vaca de las carnicerías; y tenían en todos los pueblos, de madera gruesa hechas a manera de casas, como jaulas, y en ellas metían a engordar muchos indios e indias y muchachos, y en estando gordos los sacrificaban y comían; y demás desto, las guerras que se daban unas provincias y pueblos a otros, y los que cautivaban y prendían los sacrificaban y comían. Pues tener excesos carnales hijos con madres, y hermanos con hermanas y tíos con sobrinas, halláronse muchos que tenían este vicio desta torpedad. Pues de borrachos, no lo sé decir, tantas suciedades que entre ellos pasaban; sólo una quiero aquí poner, que hallamos en la provincia de Pánuco, que embudaban por el sieso con unos cañutos, y se henchían los vientres de vino de los que entre ellos se hacía, como cuando entre nosotros se echa una medicina; torpedad jamás oída. Pues tener mujeres, cuantas querían; tenían otros muchos vicios y maldades; y todas estas cosas por mí recontadas, quiso nuestro señor Jesucristo que con su santa ayuda, que nosotros los verdaderos conquistadores que escapamos de las guerras y batallas y peligros de muerte, ya otras veces por mí dicho, se lo quitamos, y les pusimos en buena policía de vivir y les íbamos enseñando la santa doctrina. Verdad es que después desde a dos años pasados, y que todas las más tierras teníamos de paz, y con la policía y manera de vivir que he dicho, vinieron a la Nueva-España unos buenos religiosos franciscos, que dieron muy buen ejemplo y doctrina, y desde ahí a otros tres o cuatro años vinieron otros buenos religiosos del señor santo Domingo, que se lo han quitado muy de raíz, y han hecho mucho fruto en la santa doctrina y cristiandad de los naturales [12].

....

Después de quitadas las idolatrías y todos los malos vicios que usaban, quiso nuestro señor Dios que con su santa ayuda, y con la buena ventura y santas cristiandades de los cristianísimos emperador don Carlos, de gloriosa memoria, y de nuestro rey y señor, felicísimo e invictísimo rey de las Españas, don Felipe nuestro señor, su muy amado y querido hijo, que Dios le dé muchos años de vida, con acrecentamiento de más reinos, para que en este su santo y feliz tiempo lo goce él y sus descendientes; se han bautizado desde que los conquistamos todas cuantas personas había, así hombres como mujeres, y niños que después han nacido, que de antes iban perdidas sus ánimas a los infiernos: y ahora, como hay muchos y buenos religiosos de señor san Francisco y santo Domingo, y de otras órdenes, andan en los pueblos predicando, y en siendo la criatura de los días que manda nuestra santa madre Iglesia de Roma, los bautizan; y demás desto, con los santos sermones que les hacen, el santo evangelio está muy bien plantado en sus corazones, y se confiesan cada año, y algunos de los que tienen más conocimiento a nuestra santa fe se comulgan y además desto, tienen sus iglesias muy ricamente adornadas de altares, y todo lo perteneciente para el santo culto divino, con cruces y candeleros y ciriales, y cáliz y patenas, y platos, unos chicos y otros grandes, de plata e incensario, todo labrado de plata. Pues capas, casullas y frontales, en pueblos ricos los tienen, y comúnmente de terciopelo y damasco y raso y de tafetán, diferenciados en los colores, y las mangas de las cruces muy labradas de oro y seda, y en algunas tienen perlas; y en las cruces de los difuntos de raso negro, y en ellas figuraba la misma cara de la muerte, con su disforme semejanza y huesos y el cobertor de las mismas andas, unos las tienen buenas y otros no tan buenas. Pues campanas, las que han menester según la calidad que es cada pueblo. Pues cantores de capilla de voces bien concentradas, así tenores como tiples y contraltos, no hay falta; y en algunos pueblos hay órganos, y en to-

---

[12] *Ibidem*, cap. 208.

dos los más tienen flautas y chirimías y sasabuches y dulzainas. Pues trompetas altas y sordas, no hay tantas en mi tierra que es Castilla la Vieja, como hay en esta provincia de Guatemala; y es para dar gracias a Dios, y cosa muy de contemplación, ver cómo los naturales ayudan a decir una santa misa, en especial si la dicen franciscos o dominicos, que tienen cargo del curato del pueblo. Otra cosa buena tienen, que les han enseñado los religiosos, que así hombres como mujeres, e niños que son de edad para las deprender, saben todas las santas oraciones en sus mismas lenguas, que son obligados a saber; y tienen otras buenas costumbres cerca de la santa cristiandad, que cuando pasan cabe un santo altar o cruz abajan la cabeza con humildad y se hincan de rodillas, y dicen la oración del Pater-Noster o el Ave-María; y más les mostramos los conquistadores a tener candelas de cera encendidas delante los santos altares y cruces, porque de antes no se sabían aprovechar della en hacer candelas. Y demás de lo que dicho tengo, les enseñamos a tener mucho acato y obediencia a todos los religiosos y a los clérigos, y que cuando fuesen a sus pueblos les saliesen a recibir con candelas de cera encendidas, repicasen las campanas, y les diesen bien de comer, y así lo hacen con los religiosos; y tenían estos cumplimientos con los clérigos; mas después que han conocido y visto de algunos de ellos y los demás, sus codicias y hacen en los pueblos desatinos, pasan por alto, y no los querrían por curas en sus pueblos, sino sólo franciscos o dominicos; y no aprovecha cosa que sobre este caso los pobres indios digan al prelado que no lo oyen: ¡Oh qué había que decir sobre esta materia! Mas quedarse ha en el tintero y volveré a mi relación. Demás de las buenas costumbres por mí dichas, tienen otras santas y buenas, porque cuando o es el día del Corpus Christi o de nuestra Señora, o de otras fiestas solemnes que entre nosotros hacemos procesiones, salen todos los más pueblos cercanos de esta ciudad de Guatemala en procesión con sus cruces y candelas de cera encendidas y traen en los hombros en andas la imagen del santo o santa de que es la advocación de su pueblo, lo más ricamente que pueden, y vienen cantando las letanías y otras santas oraciones, y tañen sus flautas y trompetas; y otro tanto hacen en sus pueblos cuando es el día de las tales solemnes fiestas y tienen costumbre de ofrecer los domingos y pascuas especialmente el día de Todos-Santos; y esto del ofrecer, los clérigos les dan tal prisa donde son curas, y tienen tales modos, que no se les quedará a los indios por olvido, porque dos o tres días antes que venga la fiesta les mandan apercibir para la ofrenda; y también ofrecen a los religiosos, mas no con tanta solicitud [13].

Pedro Cieza de León [14]

Con trabajo de españoles

Como tan grandes y peregrinas cosas en este Nuevo Mundo de Indias hay, vínome gran deseo de escrebir algunas dellas, de lo que yo por mis propios ojos había visto y también de lo que había oído a personas de gran crédito. Mas como mirase mi poco saber, desechaba de mí este deseo, teniéndolo por vano porque a los grandes juicios y doctos fue concedido el componer historias dándoles lustre con sus claras y sabias letras, y a los no tan sabios, aun pensar en ello es desvarío; y como tal, pasé algún tiempo sin dar cuidado a mi flaco ingenio, hasta que el todopoderoso Dios, que lo puede todo, favoreciéndome con su divina gracia, tornó a despertar en mí lo que ya yo tenía olvidado. Y cobrando ánimo, con mayor confianza determiné de gastar algún tiempo de mi vida en escribir historia. Y para ello me movieron las causas siguientes:

La primera, ver que en todas las partes por donde yo andaba ninguno se ocupaba en escribir nada de lo que pasaba. Y que el tiempo consume la memoria de las cosas de tal manera, que si no es por rastros y vías exquisitas, en lo venidero no se sabe con verdadera noticia lo que pasó.

La segunda, considerando que, pues nosotros y estos indios todos, todos, traemos origen de nuestros antiguos padres, Adán y Eva, y que por todos los hombres el Hijo de Dios descendió de los cielos a la

---

[13] *Ibidem*, cap. 209.

[14] Pedro Cieza de León (1520-1560). Marchó a los quince años de edad a las Indias y tomó parte en diversas expediciones y en las luchas civiles del Perú. Sirvió como soldado con Alonso de Cáceres y con Robledo. También junto a Belalcázar de quien obtuvo una encomienda. Más tarde se alista con Pedro de la Gasca en la expedición que derrotó a Gonzalo Pizarro. Su *Crónica del Perú* aporta innumerables datos geográficos, ambientales y costumbristas.

tierra, y vestido de nuestra humanidad recibió cruel muerte de cruz para nos redimir y hacer libres del poder del demonio, el cual demonio tenía estas gentes, por la permisión de Dios, opresas y captivas tantos tiempos había, era justo que por el mundo se supiese en qué manera tanta multitud de gentes como destos indios había fue reducida al gremio de la santa madre Iglesia con trabajo de españoles; que fue tanto, que otra nación alguna de todo el universo no lo pudiera sufrir. Y así, los eligió Dios para una cosa tan grande más que a otra nación alguna.

Y también porque en los tiempos que han de venir se conozca lo mucho que ampliaron la corona real de Castilla. Y cómo siendo su rey y señor nuestro invictísimo emperador se poblaron los ricos y abundantes reinos de la Nueva España y Perú y se descubrieron otras ínsulas y provincias grandísimas. (...)

También escribí esta obra para los que, viendo en ella los grandes servicios que muchos nobles caballeros y mancebos hicieron a la corona real de Castilla, se animen y procuren de imitarlos. Y para que, notando, por el consiguiente, cómo otros no pocos se extremaron en cometer traiciones, tiranías, robos y otros yerros, tomando ejemplo en ellos y en los famosos castigos que se hicieron, sirvan bien y lealmente a sus reyes y señores naturales [15].

....

Antes de dar conclusión en esta primera parte me paresció decir aquí algo de las obras admirables que Dios nuestro señor ha tenido por bien demostrar en el descubrimiento que los cristianos españoles han hecho en estos reinos, y así mismo el castigo que ha permitido en algunas personas notables que en ellos han sido, porque por lo uno y por lo otro se conozca cómo le sabemos de amar como a Padre y temer como a Señor y Juez justo; y para esto digo que, dejando aparte el descubrimiento primero, hecho por el almirante don Cristóbal Colón, y los sucesos del marqués don Fernando Cortés y los otros capitanes y gobernadores que descubrieron la Tierra Firme, porque yo no quiero contar de tan atrás, mas sólo decir lo que pasó en los tiempos presentes; el marqués don Francisco Pizarro, cuántos trabajos pasó él y sus compañeros, sin ver ni descubrir otra cosa que la tierra que queda

---

[15] *Crónica del Perú*, proemio.

a la parte del norte del río de San Juan, no bastaron sus fuerzas ni los socorros que les hizo el adelantado don Diego de Almagro para ver lo de adelante. (...)

Por lo cual envió a Juan Tafur, de Panamá, con mandamiento para que los trajese; y desconfiados de descubrir, se volvieron todos con él, si no fueron trece cristianos que quedaron con don Francisco Pizarro, los cuales estuvieron en la isla de la Gorgona hasta que don Diego de Almagro les envió una nao, con la cual a su ventura navegaron; y quiso Dios, que lo puede todo, que lo que en tres o cuatro años no pudieron ver ni descubrir por mar ni por tierra lo que descubriesen en diez o doce días. Y así, estos trece cristianos, con su capitán, descubrieron al Perú, y después, al cabo de algunos años, cuando el mismo marqués, con ciento y sesenta españoles, entró en él, no bastaron a defenderse de la multitud de los indios, si no permitiera Dios que hubiera guerra crudelísima entre los dos hermanos Guascar y Atabaliba, y ganaron la tierra. Cuando en el Cuzco generalmente se levantaron los indios contra los cristianos no había más de ciento y ochenta españoles de a pie y de caballo. Pues estando contra ellos Mango inca, con más de doscientos mil indios de guerra, y durando un año entero, milagro es grande escapar de las manos de los indios; pues algunos dellos mismos afirman que veían algunas veces, cuando andaban peleando con los españoles, que junto a ellos andaba una figura celestial que en ellos hacía gran daño, y vieron los cristianos que los indios pusieron fuego a la ciudad, la cual ardió por muchas partes, y prendiendo en la iglesia, que era lo que deseaban los indios ver deshechos, tres veces la encendieron, y tantas se apagó de suyo, a dicho de muchos que en el mismo Cuzco dello me informaron, siendo en donde el fuego ponían paja seca sin mezcla ninguna.

El capitán Francisco César, que salió a descubrir de Cartagena el año de 1536, y anduvo por grandes montañas, pasando muchos ríos hondables y muy furiosos con solamente sesenta españoles, a pesar de los indios todos, estuvo en la provincia de Guaca, donde estaba una casa principal del demonio, de la cual sacó de un enterramiento treinta mil pesos de oro. Y viendo los indios cuán pocos eran, se juntaron más de veinte mil para matarlos, y los cercaron a todos y tuvieron con ellos batalla. En la cual los españoles, puesto que eran tan pocos, como he dicho, y venían desbaratados y flacos, pues no comían sino raíces, y los caballos desherrados, los favoreció Dios de tal manera que mataron y hirieron a muchos indios sin faltar ninguno dellos; y no hizo Dios sólo este milagro por estos cristianos, antes fue servido de los guiar por camino que volvieron a Urabá en diez y ocho días, habiendo andado por el otro cerca de un año.

Destas maravillas muchas hemos visto cada día; mas baste decir que pueblan en unas provincias donde hay treinta o cuarenta mil indios, cuarenta o cincuenta cristianos; a pesar dellos, ayudados de Dios están, y pueden tanto, que los subjetan y atraen a sí; y en tierras temerosas de grandes lluvias y terremotos continos, como cristianos entren en ellas, luego vemos claramente el favor de Dios, porque cesa lo más de todo; y rasgadas estas tales tierras, dan provecho, sin se ver los huracanes tan continos y rayos y aguaceros que en tiempo que no había cristianos se vían. Más es también de notar otra cosa: que puesto que Dios vuelva por los suyos, que llevan por guía su estandarte, que es la cruz, quiere que no sea el descubrimiento como tiranos, porque los que esto hacen vemos sobre ellos castigos grandes. Y así, los que tales fueron, pocos murieron sus muertes naturales, como fueron los principales que se hallaron en tratar la muerte de Atabaliba, que todos los más han muerto miserablemente y con muertes desastradas. Y aun paresce que las guerras que ha habido tan grandes en el Perú las permitió Dios para castigo de los que en él estaban; y así a los que esto considerasen les parecerá que Carvajal era verdugo de su justicia y que vivió hasta que el castigo se hizo, y después pagó él con la muerte los pecados graves que hizo en la vida. El mariscal don Jorge Robledo, consintiendo hacer en la provincia de Pozo gran daño a los indios, y que con las ballestas y perros matasen tantos como dellos mataron, Dios permitió que en el mismo pueblo fuese sentenciado a muerte, y que tuviese por su sepultura los vientres de los mismos indios, muriendo asimismo el comendador Hernán Rodríguez de Sosa y Baltasar de Ledesma, y fueron juntamente con él comidos por los indios habiendo primero sido demasiado crueles contra ellos. El adelantado Belalcázar, que a tantos indios dio muerte en la provincia de Quito, Dios permitió de le castigar con que en vida se vio tirado del mando del gobernador civil por el juez que le tomó cuenta, y pobre y lleno de trabajos, tristezas y pensamientos, murió en la gobernación de Cartagena, viniendo con su residencia a España. Francisco García de Tovar, que tan temido fue de los indios, por los muchos que mató, ellos mismos le mataron y comieron.

Otros muchos pudiera decir que dejo, concluyendo con que, puesto que nuestro Señor en las conquistas y descubrimientos favorezca a los cristianos, si después se vuelven tiranos, castígalos severamente, según se ha visto y ve, permitiendo que algunos mueran de repente, que es más de temer [16].

ALONSO DE ERCILLA [17]

La conversión milagrosa (Muerte de Caupolicán)

> Yo soy Caupolicán, que el hado mío
> Por tierra derrocó mi fundamento,
> Y quien del araucano señorío
> Tiene el mando absoluto y regimiento:
> La paz está en mi mano y albedrío,
> Y el hacer y afirmar cualquier asiento,
> Pues tengo por mi cargo y providencia
> Toda la tierra en freno y obediencia.
>
> Soy quien mató a Valdivia en Tucapelo,
> Y quien dejó a Puren desmantelado:
> Soy el que puso a Penco por el suelo,
> Y el que tantas batallas ha ganado:
> Pero el revuelto ya contrario cielo
> De victorias y triunfos rodeado
> Me ponen a tus pies a que te pida
> Por un muy breve término la vida.

....

[16] *Ibidem*, cap. 119.
[17] Alonso de Ercilla (1533-1592) se educó en el real palacio como paje, y acompañó al príncipe Felipe en sus viajes a Italia, Flandes e Inglaterra. Durante la insurrección de Arauco, en Chile, le llamaron a dejar el servicio personal del príncipe para defender sus futuros dominios en el Nuevo Mundo. Aquella denodada lucha le inspiró su poema *La Araucana*, considerado por muchos como poema épico. Otros le niegan este carácter por su intención narrativa cronológica, afirmando que los españoles, que tales epopeyas realizaron, no quisieron o no supieron transcribirlas en el género épico. Murió Ercilla en la pobreza después de haber dedicado su poema a Felipe II.

Y pues por la experiencia claro has visto
Que libre y preso, en público y secreto
De mis soldados soy temido y quisto,
Y está a mi voluntad todo sujeto,
Haré yo establecer la ley de Cristo,
Y que sueltas las armas te prometo
Vendrá toda la tierra en mi presencia
A dar al rey Felipe la obediencia.

Tenme en prisión segura retirado
Hasta que cumpla aquí lo que pusiere;
Que yo sé que el ejército y senado
En todo aprobarán lo que hiciere:
Y el plazo puesto y término pasado
Podré también morir si no cumpliere;
Escoge lo que más te agrade desto,
Que para ambas fortunas estoy presto.

No dijo el indio más, y la respuesta
Sin turbación mirándole atendía,
Y la importante vida o muerte presta
Callando con igual rostro pedía:
Que por más que fortuna contrapuesta
Procuraba abatirle, no podía,
Guardando, aunque vencido y preso, en todo
Cierto término libre y grave modo.

Hecha la confesión, como lo escribo,
Con más rigor y priesa que advertencia
Luego a empalar y asaetearle vivo
Fue condenado en pública sentencia:
No la muerte y el término excesivo
Causó en su gran sentencia diferencia;
Que nunca por mudanzas vez alguna
Pudo mudarle el rostro la fortuna.

Pero mudóle Dios en un momento
Obrando en él su poderosa mano,
Pues con lumbre de fe y conocimiento
Se quiso bautizar y ser cristiano:
Causó lástima y juntó gran contento

Al circunstante pueblo castellano,
Con grande admiración de todas gentes,
Y espanto de los bárbaros presentes.
　　Luego aquel triste, aunque felice día,
Que con solemnidad le bautizaron,
Y en lo que el tiempo escaso permitía,
En la fe verdadera le informaron.
Cercado de una gruesa compañía
De bien armada gente le sacaron
A padecer la muerte consentida
Con esperanza ya de mejor vida.
　　Descalzo, destocado, a pie, desnudo,
Dos pesadas cadenas arrastrando,
Con una soga al cuello y grueso nudo,
De la cual el verdugo iba tirando.
Cercado en torno de armas, y el menudo
Pueblo detrás mirando y remirando
Si era posible aquello que pasaba,
Que visto por los ojos aún dudaba.
　　Desta manera, pues, llegó al tablado
Que estaba un tiro de arco del asiento,
Media pica del suelo levantado,
De todas partes a la vista exento:
Donde con el esfuerzo acostumbrado,
Sin mudanza y señal de sentimiento,
Por la escala subió tan desenvuelto
Como si de prisiones fuera suelto.
　　Puesto ya en lo más alto, revolviendo
A un lado y otro la serena frente,
Estuvo allí parado un rato, viendo
El gran concurso y multitud de gente
Que el increíble caso y estupendo
Atónita miraba atentamente,
Teniendo a maravilla y gran espanto
Haber podido la fortuna tanto.
　　Llegóse él mismo al palo donde había
De ser la atroz sentencia ejecutada,
Con un semblante tal que parecía

Tener aquel terrible trance en nada,
Diciendo: Pues el hado y suerte mía
Me tienen esta suerte aparejada,
Venga, que yo la pido, yo la quiero:
Que ningún mal hay grande si es el postrero [18].

....

[18] *La Araucana*, IV.

TESTIMONIO DEL MISIONERO

FRAY BERNARDINO DE SAHAGÚN [1]

El final de las tinieblas

Es por cierto, cosa de grande admiración, que haya nuestro señor Dios tantos siglos ocultado una selva de tantas generales idolatrías, cuyos frutos buenísimos sólo el demonio los ha cogido y en el fuego infernal los tiene atesorados: ni puedo creer que la Iglesia de Dios no sea próspera donde la Sinagoga de Satanás tanta prosperidad ha tenido, conforme aquello de San Pablo; «Abundará la gracia donde abundó el delito». (...)

Del origen de esta gente, la relación que dan los viejos, es que por el mar vinieron de hacia el Noreste, y cierto es que vinieron en algunos vasos de madera, que no se sabe cómo eran labrados, sino que se conjetura por una fama que hay entre todos estos naturales que salie-

---

[1] Fray Bernardino de Sahagún (1499-1590) es el más científico de los cronistas de Indias. Misionero franciscano con primeros estudios en Salamanca, se aplicó desde su llegada a Méjico a aprender la lengua náhuatl con fines apostólicos. Llegó así a dominarla tan perfectamente que escribió en esa lengua su gran obra *Historia General de las cosas de Nueva España.*

Fray Bernardino comprendió que en la fusión de la civilización indígena con la cristiana predominaría la más fuerte hasta asumir en sí o hacer desaparecer a la nativa. Su obra es una descripción minuciosa de cuanto él pudo captar comprendiendo que estaba llamado a ser olvidado en breve. Así Sahagún es el historiador prolijo y el etnógrafo por cuya mediación nos ha llegado noticia de la religión, las costumbres, la moral, las instituciones del pueblo azteca.

ron de siete cuevas, que estas siete cuevas, son los siete navíos o galeras en que vinieron los primeros pobladores de esta tierra, según se colige por conjeturas verosímiles. La gente primero vino a poblar esta tierra hacia la Florida, y vino costeando y desembarcó en el Puerto de Pánuco que ellos llaman Panco, que quiere decir lugar donde llegaron los que pasaron el agua. Esta gente venía en demanda del paraíso terrenal y traían por apellido Tamoanchan, que quiere decir buscamos nuestra casa, y poblaban cerca de los más altos montes que hallaban. En venir hacia el mediodía a buscar el paraíso terrenal, no erraban, porque opinión es de los que escriben, que está debajo de la línea equinoccial. (...)

Ellos buscaban lo que por vía humana no se puede hallar, y nuestro señor Dios pretendía que la tierra despoblada se poblase, para que algunos de sus descendientes fuesen a poblar el paraíso celestial, como ahora lo vemos por experiencia; mas, ¿para qué me detengo en contar adivinanzas?, pues es certísimo que estas gentes son nuestros hermanos procedentes del tronco de Adán como nosotros, son nuestros prójimos a quienes somos obligados a amar como a nosotros mismos, *quid quid sit.*

De lo que fueron los tiempos pasados, vemos por experiencia ahora que son hábiles para todas las artes mecánicas, y las ejercitan; son también hábiles para aprender todas las artes liberales y la santa teología, como por experiencia se ha visto en aquellos que han sido enseñados en estas ciencias; porque de lo que son en las cosas de guerra, experiencia se tiene de ellos, que así en la conquista de esta tierra, como de otras particulares conquistas que después acá se han hecho, cuán fuertes son en sufrir trabajos de hambre y sed, frío y sueño; cuán ligeros y dispuestos para acometer cualesquiera trances peligrosos. Pues no son menos hábiles para nuestro cristianismo sino en él debidamente fueran cultivados; cierto, parece que en estos nuestros tiempos, y en estas tierras y con esta gente, ha querido nuestro señor Dios, restituir a la iglesia lo que el demonio le ha robado en Inglaterra, Alemania y Francia, en Asia y Palestina, de lo que le quedamos muy obligados de dar gracias a nuestro Señor y trabajar fielmente en esta su Nueva España [2].

---

[2] *Historia General de las cosas de Nueva España*, introducción.

«¡Oh infelicísima y desventurada nación, que de tantos y de tan grandes engaños fue por gran número de años engañada y entenebrecida, y de tan innumerables errores deslumbrada y desvanecida!» «¡Oh crudelísimo odio de aquel capitán enemigo del género humano, Satanás, el cual con grandísimo estudio procura de abatir y envilecer con innumerables mentiras, crueldades y traiciones a los hijos de Adán!» «¡Oh juicios divinos, profundísimos y rectísimos de nuestro señor Dios!» «¡Qué es esto, señor Dios, que habéis permitido, tantos tiempos, que aquel enemigo del género humano tan a su gusto se enseñorease de esta triste y desamparada nación, sin que nadie le resistiese, donde con tanta libertad derramó toda su ponzoña y todas sus tinieblas!» «Señor Dios, esta injuria no solamente es vuestra, pero también de todo el género humano, y por la parte que me toca suplico a vuestra V. D. Majestad que después de haber quitado todo el poder al tirano enemigo, hagáis que donde abundó el delito abunde la gracia, y conforme a la abundancia de las tinieblas venga la abundancia de la luz, sobre esta gente, que tantos tiempos habéis permitido estar supeditada y opresa de tan grande tiranía»[3].

....

También se ha sabido por muy cierto, que nuestro Señor Dios (a propósito) ha tenido ocultada esta media parte del mundo hasta nuestros tiempos, que por su divina ordenación ha tenido por bien de manifestar a la Iglesia Romana Católica, no con propósito que fuesen destruidos y tiranizados sus naturales, sino con propósito que sean alumbrados de las tinieblas de la idolatría en que han vivido, y sean introducidos en la Iglesia Católica, e informados en la religión cristiana, y para que alcancen el reino de los cielos, muriendo en la fe de verdaderos cristianos. A este negocio muy grande y muy importante, tuvo nuestro Señor Dios por bien de que hiciese camino y derrocase el muro con que esta infidelidad estaba cercada y murada, el valentísimo capitán don Hernando Cortés, en cuya presencia y por cuyos medios, hizo Dios nuestro Señor muchos milagros en la conquista de esta tierra, donde se abrió la puerta para que los predicadores del Santo Evangelio entrasen a predicar la fe católica a esta gente miserabilísima, que tantos tiempos atrás estuvieron sujetos a la servidumbre de tan in-

[3] *Ibidem*, I.

numerables ritos idolátricos, y de tantos y tan grandes pecados en que
estaban envueltos, por los cuales se condenaban, chicos, grandes y me-
dianos, para que agora de esta tierra coja Dios nuestro Señor gran fruto de ánimas que se salvan (según su divina ordenación *ab aeterno* se-
ñalada, fijada y determinada en su mente divina) como agora lo vemos
por nuestros ojos, que por lo menos los niños bautizados que mueren
en su inocencia cada día y se salvan, son casi innumerables: de los
adultos son muchísimos los que se salvan (conforme a nuestra santa
fe), y de cada día las cosas de nuestra santa fe católica van adelante.
Los milagros que se hicieron en la conquista de esta santa tierra fueron
muchos. El primero fue la victoria que nuestro Señor Dios dio a este
valeroso capitán y a sus soldados en la primera batalla que tuvieron
contra los otomíes tlaxcaltecas (que fue muy semejante al milagro que
Nuestro Señor Dios hizo con Josué, capitán general de los hijos de
Israel, en la conquista de la tierra de promisión). Hizo Dios otro milagro por este valeroso capitán y sus soldados, que imprimió tan gran
temor en todos los naturales de esta Nueva España, después de esta
primera victoria y de otros estragos que se hicieron al principio de la
conquista, que todos se hallaron cortados y desanimados que no sabían qué hacer, ni osaban acometer a los que venían. Tiénese por cosa
muy cierta (considerados los principios, medio y fines de esta conquista) que nuestro Señor Dios regía a este gran varón y gran cristiano, y
que él le señaló para que viniese, y que le enseñó lo que había de
hacer para llegar con su flota a esta tierra, que le inspiró que hiciese
una cosa más que animosidad humana, y fue, que todos los navíos en
que vino él y toda su gente, los hizo barrenar y echar a fondo para
que ninguno tuviese oportunidad de mirar atrás, habiendo comenzado
aquel negocio en que venía. En todo lo que delante pasó, parece claramente que Dios le inspiraba en lo que había de obrar, así como hacía en los tiempos pasados el Cid Ruiz Díaz, nobilísimo y muy santo
capitán español en tiempo del rey don Alonso de la mano horadada,
que fue rey de España, y emperador y capitán de la Iglesia Romana.
Tuvo instinto divino este nobílisimo capitán don Hernando Cortés, en
no parar en lugar ninguno hasta venir a la ciudad de México (que es
metrópoli de todo este imperio), en la cual habiendo pasado muchas
cosas después que comenzó la guerra (como adelante se dirá) milagrosamente le libró Dios a él y a muchos de los suyos de las manos de
sus enemigos. Asimismo le libró milagrosamente de una batalla, donde

él y todos los suyos estuvieron a pique de perderse. Milagrosamente Nuestro Señor Dios envió gran pestilencia sobre todos los indios de esta Nueva España, en castigo de la guerra que habían hecho a sus cristianos, por Él enviados para hacer esta jornada. Milagrosamente le envió favor para volver a la conquista después de haber sido destrozado de sus enemigos, en la prosecución de la cual muchas veces milagrosamente le libró de las manos de sus enemigos que le tuvieron a punto de matarlo. Finalmente, habiendo salido con la victoria, hizo como cristianísimo varón y de fidelísimo caballero a su rey, en que luego ofreció el precio de sus trabajos a su rey emperador don Carlos V, y escribió al sumo pontífice que enviase predicadores del santo Evangelio para la conversión de esta gente indiana; lo cual sumamente pretendía nuestro señor Dios en haber comenzado este negocio [4].

Fray Bartolomé de Las Casas [5]

Vox clamantis

Muy poderosos y soberanos señores: El obispo que fue de Chiapa besa a V. A., las manos, y suplico tenga por bien con atención oír lo

---

[4] *Ibidem*, XII, prólogo.

[5] Fray Bartolomé de Las Casas (1474-1566) ha sido una figura altamente polémica. A él y a su controvertida obra se dedican varios textos de esta antología. En 1502 llega a La Española para posesionarse de una encomienda heredada de su padre. Como encomendero permanece hasta 1513, período en el cual se ordena de sacerdote, sin que consten sus estudios previos. Impresionado por la rápida extinción de los indios en las islas antillanas y, sobre todo, por el famoso discurso de Montesinos, decide en 1513 renunciar a su encomienda y dedicarse a la defensa de los indios denunciando el trato que reciben. Profesa más tarde como dominico, pero en ningún momento vive como misionero entre los nativos ni aprende sus idiomas.

Espíritu típicamente obsesivo, sacrificará a su única idea (la conversión por el solo apostolado) amigos, patriotismo, la misma veracidad de sus testimonios que distorsiona con exageraciones gratuitas e interpretaciones insidiosas. Se atribuye a su empeño cierta influencia en la promulgación de las Leyes de Indias de 1542, por más que el fruto más visible de su obra haya sido dar pábulo a la llamada leyenda negra contra la colonización española. Los auténticos apóstoles del indio fueron por lo general antilascasianos y partidarios de la evangelización unida a la conquista militar. En 1543 es nombrado obispo de Chiapa, diócesis que apenas llegó a pisar.

que dijese, etc. A. V. A., ya consta, y a toda España y por todas las Indias es notorio, cómo ha muchos años que ando en esta real corte y ante este real Consejo de las Indias, negociando y procurando el remedio de las gentes y naturales de las que llamamos Indias, y que cesen los estragos y matanzas que en ellos se hacen contra toda razón y justicia; y puesto que la voluntad de los reyes que en estos reinos por estos tiempos han reinado y sus consejos han sido proveerlos de justicia y conservarlos en ella, y no consentir que les fuesen hechos daños y agravios, y así lo han mostrado por sus muchas leyes y provisiones, pero llegadas allá no se han cumplido, por la grande y desmedida codicia y ambición de los que más allá han pasado, mayormente de los que aquellas gentes han ido a gobernar, porque los unos y los otros siempre han engañado a los reyes con muchas y diversas falsedades, y no avisando de cómo aquellas gentes perecían, por los insultos que en ellas se hacían y el mal gobierno que desde el principio se les había puesto, pretendiendo sus propios intereses solos, y otros por la misma causa con rebeliones, alborotos y desobediencias que han cometido contra la fidelidad que debían a su rey natural; y así de días en días y de años en años se han ido entablando y arraigando y olvidando las dos especies de tiranía con que habemos asolado aquellas tan innumerables repúblicas: la una en nuestra primera entrada, que llamaron conquista, en aquellos reinos, no nuestros, sino ajenos, de los reyes y señores naturales en cuya pacífica posesión los hallamos. La otra fue y es la tiránica gobernación, mucho más injusta y más cruel que con la que faraón oprimió en Egipto a los judíos, a que pusieron por nombre repartimientos o encomiendas, por la cual a los reyes naturales habemos violentamente, contra toda razón y justicia, despojado a los señores y súbditos de su libertad y de las vidas, como todo el mundo sabe, y de donde se han seguido tanta confusión y ceguedad e insensibilidad en los entendimientos y conciencias de todos los estados de nuestras gentes de aquellas tierras, que los más están en estado de eterna dañación, porque están en pecado mortal, como son los que se glorían de haber aquellas naciones conquistado, y los encomenderos, y todos los confesores que los absuelven y comunican los sacramentos, echando de las piedras preciosas a los puercos, sin dejar a los indios en su libertad para que se vuelvan a sus señores naturales, cuyos súbditos o vasallos son, y sin restituir todo cuanto les han robado, y satisfacer irreparables daños que los señores y súbditos de nosotros han recibido; y porque los reyes son obligados en cuanto en sí fuere a quitar los impedimentos temporales que estorban la salvación de sus súbditos, mayormente aquestas dos especies de tiranía, por las cuales perecen cada hora tantas gentes en cuerpos y en ánimas, que tienen los reyes nuestros señores a su cargo: por ende, no remediándolos, ninguna duda hay entre los que profesan y guardan la ley de Dios, que todos los pecados que se cometen tocante a esto en todas aquellas Indias, y daños e inconvenientes infinitos que de ahí se siguen, y la obligación a restitución dellos resulte sobre la conciencia de S. M., y deste Real Consejo, y que no puedan llevar un solo maravedí de provecho de aquellos reinos, sin obligacion de restituir. Y porque todas estas cosas son gravísimas y muy nuevas, según la ceguedad e insensibilidad susodicha, para la cura de la cual, porque se confundan los que en aquel mal estado viven, con tanta ofensa de Dios y perdición de tantas ánimas, y daños también grandísimos de S. M., convendría y es necesario que S. M., y V. A., tengan por bien de mandar juntar congregación de letrados teólogos, pues es propia materia, y juristas de todos los consejos, como muchas veces el Emperador, que haya santa gloria, para particulares negocios de las Indias mandó juntar, en la cual se vean y examinen las conclusiones que yo tengo aparejadas para ello, y las probanzas y razones y autoridades dellas, y lo que en ella se terminare se publique en las Indias: y si lo que arriba se ha dicho del mal estado en que todos los dichos viven se declare por tal, los confesores estarán avisados, y por esta vía, sin escándalo y alboroto se podrán librar aquellas gentes de las manos de aquellos que las sienten tiranizadas, y el Rey de España ser con efecto señor dellas universal, lo que agora no es sino de nombre, porque se las tienen usurpadas; porque al fin son cristianos, y un día que otro podrán tornar en sí, viendo que no los admiten a los sacramentos, como pecadores incapaces dellos, y que en un punto han de ser en los infiernos sepultados. Dejo de decir los muchos y grandes bienes espirituales y temporales que desta congregación y declaración resultarán. Uno será que se hará justicia a gentes tan enormemente agraviadas; otro, la seguridad de las conciencias de todos los estados de allá y algunos de acá; otro, que los reyes de España podrán ser actualmente príncipes universales de aquel orbe; otro, que desde entonces podrá ser que venga algún dinero a España sin obligación de restitución, lo que nunca, hasta hoy, ha venido ni una sola blanca. Otro provecho no digno de olvidar, es que, quizá, la divina justicia no derrame sobre todos estos reinos su terrible furor, y lo revoque o lo retarde. Con esta suplicación que al cabo y remate de mi vida presento ante V. A., y con las dichas conclusiones en dos tratadillos que a S. M., ofrecí los días pasados, creo haber cumplido con el ministerio que Dios me puso de procurar el remedio de tantos y tan inmenso número de agravios ante el juicio divinal; aunque por lo poco que han aprovechado por mis muchas negligencias, temo que Dios me ha de castigar [6].

Fray Toribio de Benavente (Motolinia) [7]

El sueño de fray Martín

Aunque los españoles conquistaron esta tierra por armas, en la cual conquista Dios mostró muchas maravillas en ser ganada de tan pocos una tan gran tierra, teniendo los naturales muchas armas, así ofensivas como defensivas, de las de Castilla; y aunque los españoles quemaron algunos templos del demonio y quebrantaron algunos ídolos, fue muy poca cosa en comparación de los que quedaron. Y por esto ha mostrado Dios más su potencia en haber conservado esta tierra con tan poca gente, como fueron los españoles; porque muchas veces que los naturales han tenido tiempo para tornar a cobrar su tierra con

[6] *Memorial al Consejo de Indias* de 1563. Colección de documentos de García Icazbalceta.

[7] Fray Toribio de Benavente (1490-1569) adoptó el nombre de *Motolinía* (*el pobre*, en lengua náhuatl) que le dieron los indios a su llegada a Méjico por su aspecto de extrema pobreza. Su obra *Historia de los Indios de la Nueva España* es pieza fundamental para conocer la evangelización de Méjico y, por analogía, la de toda la América hispana. Formó parte del grupo de padres franciscanos que llegaron a Nueva España —los doce apóstoles—, y desarrolló una extraordinaria labor misionera recorriendo inmensas distancias y bautizando a cientos de miles de nativos. Esforzado defensor de los indios contra los abusos del colonizador y de las culturas autóctonas, comprende, sin embargo, la necesidad de la encomienda, como también de su reforma y vigilancia. Asimismo de la conquista armada que garantice un ámbito de paz a la obra misionera. En estos empeños se identificaba con el espíritu de Cortés y choca, en cambio, frontalmente con el utopismo de Las Casas. En otro lugar de esta antología se recoge su carta al Emperador Carlos V en la que aboga por la rápida evangelización de la Nueva España y se hace eco de la querella con el obispo de Chiapa.

mucho aparejo y facilidad, Dios les ha cegado el entendimiento, y otras veces que para esto han estado todos ligados y unidos, y todos los naturales uniformes, Dios maravillosamente ha desbaratado su consejo. Y si Dios permitiera que lo comenzaran, fácilmente pudieran salir con ello, por ser todos a una y estar muy conformes, y por tener muchas armas de Castilla. Que cuando la tierra en el principio se conquistó había en ella mucha división y estaban unos contra otros, porque estaban divisos; los mexicanos a una parte contra los de Michoacán, y los tlaxcaltecas contra los mexicanos; y a otra parte los huaxtecas de Pango o Pánuco; pero ya que Dios los trajo al gremio de su Iglesia y los sujetó a la obediencia del rey de España, él traerá los demás que faltan y no permitirá que en esta tierra se pierdan y condenen más ánimas, ni, haya más idolatría.

Los tres años primeros o cuatro después que se ganó México, en sólo el monasterio de San Francisco había Sacramento, y después el segundo lugar en que se puso fue en Tetzcoco. Y así como se iban haciendo las iglesias de los monasterios iban poniendo el Santísimo Sacramento y cesando las apariciones e ilusiones del demonio, que antes muchas veces aparecía, engañaba y espantaba a muchos, y los traía en mil maneras de errores, diciendo a los indios «que por qué no les servían y adoraban como solían, pues era su Dios, y que los cristianos presto se habían de volver a su tierra», y a esta causa los primeros años siempre tuvieron creído y esperaban su ida, y de cierto pensaban que los españoles no estaban de asiento, por lo que el demonio les decía. Otras veces les decía el demonio que en aquel año quería matar a los cristianos, y como no lo podía hacer, decíales que se levantasen contra los españoles y que él les ayudaría; y a la esta causa se movieron algunos pueblos y provincias, y les costó caro, porque luego iban los españoles sobre ellos con los indios que tenían por amigos, y los destruían y hacían esclavos. Otras veces les decía el demonio que no les había de dar agua ni llover, porque le tenían enojado. Y en esto se pareció más claramente ser mentira y falsedad, porque nunca tanto ha llovido ni tan buenos temporales han tenido como después que se supo el Santísimo Sacramento en esta tierra, porque antes tenían muchos años estériles y trabajosos; por lo cual conocido de los indios, está esta tierra en tanta serenidad y paz, como si nunca en ella se hubiera invocado al demonio. Los naturales, es de ver con cuánta quietud gozan de sus haciendas, y con cuánta solemnidad y alegría se trata el Santísimo Sacramento, y las solemnes fiestas que para esto se hacen, ayuntando los más sacerdotes que se puden haber y los mejores ornamentos. El pueblo adonde de nuevo se pone Sacramento, convida y hace mucha fiesta a los otros pueblos sus vecinos y amigos, y unos a otros se animan y despiertan para el servicio del verdadero Dios nuestro.

Pónese el Santísimo Sacramento reverente y devotamente en sus custodias bien hechas de plata, y de más de esto los sagrarios atavían de dentro y de fuera muy graciosamente con labores muy lucidas de oro y pluma, que de esta obra en esta tierra hay muy primos maestros, tanto que en España y en Italia los tendrían por muy primos, y los estarían mirando la boca abierta, como lo hacen los que nuevamente acá vienen [8].

....

En el primero año de la venida de los frailes, el padre fray Martín de Valencia, de santa memoria, vino a México, y tomando un compañero que sabía un poco de la lengua, fuese a visitar los pueblos de la laguna del agua dulce, que apenas se sabía cuántos eran, ni adónde estaban. Y comenzando por Xochimilco y Coyohuacan, veníanlos a buscar de los otros pueblos, y rogábanles con instancia que fuesen a sus pueblos, y antes que llegasen los salían a recibir, porque ésta era su costumbre, y hallaban que estaba ya toda la gente ayuntada. Y luego, por escrito y con intérprete, los predicaban y bautizaban algunos niños, rogando siempre a Nuestro Señor que su santa palabra hiciese fruto en las ánimas de aquellos infieles, y los alumbrase y convirtiese a su santa fe. Y los Indios señores y principales delante de los frailes destruían sus ídolos, y levantaban cruces y señalaban sitios para hacer sus iglesias. Ansí anduvieron todos aquellos pueblos que son ocho, todos principales y de mucha gente, y pedían ser enseñados, y el bautismo para sí y para sus hijos. Lo cual visto por los frailes, daban gracias a Dios con grande alegría, por ver tan buen principio, y en ver que tantos se habían de salvar, como luego sucedió.

Entonces dijo el padre fray Martín, de buena memoria, a su compañero: «muchas gracias sean dadas a Dios, que lo que en otro tiempo en espíritu me mostró, ahora en obra y verdad lo veo cumplir», y dijo:

[8] *Historia de los Indios de Nueva España*, I, 12.

«que estando él un día en maitines en un convento que se dice Santa María del Hoyo, cerca de Gata, que es en Extremadura, en la provincia de San Gabriel, rezaba ciertas profecías de la venida de los gentiles a la fe, le mostró Dios en espíritu muy gran muchedumbre de gentiles que venían a la fe, y fue tanto el gozo que su ánimo sintió, que comenzó a dar grandes voces, como más largamente parecerá en la Tercera Parte, en la vida del dicho fray Martín de Valencia. Y aunque este santo varón procuró muchas veces de ir entre los infieles a recibir martirio, nunca pudo alcanzar licencia de sus superiores. No porque no le tuviesen por idóneo, que en tanto fue estimado y tenido en España como en estas partes, mas porque Dios lo ordenó así por mayor bien, según se lo dijo una persona muy espiritual: «que cuando fuese tiempo, Dios cumpliría su deseo, como Dios se lo había mostrado». Y así fue, que el General le llamó un día y le dijo cómo él tenía determinado de venir a esta Nueva España con muy buenos compañeros, con grandes bulas que del Papa había alcanzado, y por le haber elegido General de la Orden, el cual oficio le impedía la pasada, que como cosa de mucha importancia y que él mucho estimaba, le quería enviar y que nombrase doce compañeros cuales él quisiese, y él aceptando la venida, vino, por lo cual parece lo a él prometido no haber sido engañado.

Entre los pueblos ya dichos de la laguna dulce, el que más diligencia puso para llevar los frailes a que los enseñasen, y en ayuntar más gente, y en destruir los templos del demonio, fue Cuitlahuac, que es un pueblo fresco y todo cercado de agua, y de mucha gente. Y tenía muchos templos del demonio, y todo él fundado sobre agua; por lo cual los españoles la primera vez que en él entraron le llamaron Venezuela. En este pueblo estaba un buen indio, el cual era uno de tres señores principales que en él hay, y por ser hombre de más manera y antiguo, gobernaba todo el pueblo. Éste envió a buscar a los frailes por dos o tres veces, y allegados, nunca se apartaba de ellos, mas antes estuvo gran parte de la noche preguntándoles cosas que deseaba saber de nuestra fe. Otro día de mañana, ayuntaba la gente después de misa y sermón, y bautizados muchos niños, de los cuales los más eran hijos, y sobrinos, y parientes de este buen hombre que digo, y acabados de bautizar, rogó mucho aquel indio a fray Martín que le bautizase, y vista su santa importunación y manera de hombre de muy buena razón, fue bautizado y llamado Don Francisco, y después en el tiempo que vivió fue muy conocido de los españoles. Aquel indio hizo ventaja a todos los de la laguna dulce, y trajo muchos niños al monasterio de San Francisco, los cuales salieron tan hábiles que precedieron a los que habían venido muchos días antes. Este Don Francisco aprovechando cada día en el conocimiento de Dios y en la guarda de sus mandamientos, yendo un día muy de mañana en una barca que los españoles llaman *canoa*, por la laguna oyó un canto muy dulce y de palabras muy admirables, las cuales yo vi y tuve escritas, y muchos frailes las vieron y juzgaron haber sido canto de ángeles, y de allí adelante fue aprovechando más. Y al tiempo de su muerte pidió el sacramento de la confesión, y confesado y llamando siempre a Dios, falleció. La vida y muerte de este buen indio fue gran edificación para todos los otros indios, mayormente los de aquel pueblo de Cuitlahuac, en el cual edificaron iglesias. La principal advocación es de San Pedro, en la obra de la cual trabajó mucho aquel buen indio Don Francisco. Es iglesia grande y de tres naves, hecha a la manera de España.

Los dos primeros años poco salían los frailes del pueblo donde residían, así por saber poco de la tierra y lengua, como por tener bien en que entender adonde residían. El tercero año comenzaron en Tetzcoco de se ayuntar cada día para deprender la doctrina cristiana, y también vino gran copia de gente al bautismo. Y como la provincia de Tetzcoco es muy poblada de gente, en el monasterio y fuera no se podían valer ni dar a manos, porque se bautizaron muchos de Tetzcoco y Huexotzinco, Coatlichan y de Coatepec. Aquí en Coatepec comenzaron a hacer iglesia y diéronse mucha prisa para la acabar, y por ser la primera iglesia fuera de los monasterios, llamóse Santa María de Jesús. Después de haber andado algunos días por los pueblos sujetos a Tetzcoco, que son muchos, y de lo más poblado de la Nueva España, pasaron adelante a otros pueblos, y como no sabían mucho de la tierra, saliendo a visitar un lugar salían de otros pueblos a rogarles que fuesen con ellos a decirles la palabra de Dios, y muchas veces otros poblezuelos pequeños salían de través, y los hallaban ayuntados, con su comida aparejada, esperando y rogando a los frailes que comiesen y los enseñasen. Otras veces iban a partes (en) que ayunaban lo que en otras partes les sobraba. Y entre otras partes adonde fueron, fue Otompan y Tepepulco, y Tollantzinco, que aún desde en buenos años no tuvieron frailes. Y entre éstos, Tepepulco lo hizo muy bien, y fue siempre creciendo y aprovechando en el conocimiento de la fe. Y la primera vez que allegaron frailes a este lugar, dejado el recibimiento que les hicieron, era una tarde, y como estuviese la gente ayuntada comenzaron luego a enseñarles; y en espacio de tres o cuatro horas muchos de aquel pueblo, antes que de allí se partiesen, supieron persignarse y el *Pater Noster*. Otro día por la mañana vino mucha gente, y enseñados y predicados lo que convenía a gente que ninguna cosa sabía, ni había oído de Dios, y recibida la palabra de Dios; tomados aparte el señor y principales, y diciéndoles cómo Dios del cielo era verdadero Señor del mundo y criador del cielo y de la tierra, y quién era el demonio y a quien ellos honraban y adoraban, y cómo los tenía engañados, y otras cosas conforme a ellas. De tal manera no lo supieron decir, que luego allí delante de los frailes destruyeron y quebrantaron todos los ídolos que tenían y quemaron los *teocalme*. Este pueblo de Tepepulco está asentado en un recuesto bien alto, adonde estaba uno de los grandes y vistosos templos del demonio que entonces derribaron; porque como el pueblo es grande y tiene otros muchos sujetos, tenía grandes *teocalme* o templos del demonio. Y ésta es regla general en que se conocía el pueblo ser grande o pequeño, en tener muchos *teocalme*[9].

En el cuarto año de la llegada de los frailes a esta tierra fue de muchas aguas, tanto que se perdían los maizales y se caían muchas casas. Hasta entonces nunca entre los Indios se habían hecho procesiones, y en Tetzcoco salieron con una pobre cruz, y como hubiese muchos días que nunca cesaba de llover, plugo a Nuestro Señor por su clemencia, y por los ruegos de su Sacratísima Madre, y de Santo Antonio, cuya advocación es la principal de aquel pueblo, que desde aquel día mismo cesaron las aguas, para confirmación de la flaca y tierna fe de aquellos nuevamente convertidos. Y luego hicieron muchas cruces y banderas de santos y otros atavíos para sus procesiones; y los indios de México fueron luego allí a sacar muestras para lo mismo, y dende a poco tiempo comenzaron en Huexotzinco y hicieron muy ricas y galanas mangas de cruces y andas de oro y pluma. Y luego por

[9] *Ibidem*, II, 1.

todas partes comenzaron de ataviar sus iglesias, y hacer retablos, y ornamentos, y salir en procesiones, y los niños deprendieron danzas para regocijarlas más.

En este tiempo en los pueblos que había frailes salían adelante, y de muchos pueblos los venían a buscar y a rogar que los fuesen a ver, y de esta manera por muchas partes se iba extendiendo y ensanchando la fe de Jesucristo. Mayormente en los pueblos de Yacapichtlan y Uaxtepec, para lo cual dieron mucho favor y ayuda los que gobernaban estos pueblos, porque eran indios quitados de vicios y que no bebían vino. Que era esto como cosa de maravilla, así a los españoles como a los naturales, ver algún indio que no bebiese vino, porque en todos los hombres y mujeres adultos era cosa general embeodarse; y como este vicio era fomes y raíz de otros muchos pecados, el que de él se apartaba vivía más virtuosamente.

La primera vez que salió fraile a visitar las provincias de Cohuixco y Taxco fue de Cuaulmahuac (Cuernavaca), la cual casa se tomó el segundo año de su venida, y en el número fue quinta casa. Desde allí visitando aquellas provincias, en las cuales hay muchos pueblos y de mucha gente, fueron muy bien recibidos, y muchos niños bautizados. Y como no pudiesen andar por todos los pueblos, cuando estaba uno cerca de otro venía la gente del pueblo menor al mayor a ser enseñado y a oír la palabra de Dios. Y a bautizar sus niños. Y aconteció, como entonces fuese el tiempo de las aguas, que en esta tierra comienzan por abril y acaban en fin de septiembre, poco más o menos, había de venir un pueblo a otro, y enmedio estaba un arroyo, y aquella noche llovió tanto que vino el arroyo hecho un gran río, y la gente que venía no pudo pasar. Y allí aguardaron a que acabasen de misa y de predicar y bautizar, y pasaron algunos a nado y fueron a rogar a los frailes que a la orilla del arroyo les fuesen a decir la palabra de Dios. Y ellos fueron, y en la parte adonde más angosto estaba el río, los frailes de una parte y los indios de otra, les predicaron, y ellos no se quisieron ir sin que los bautizasen los hijos. Y para esto hicieron una pobre balsa de cañas, que en los grandes ríos arman las balsas sobre unas grandes calabazas, y así los españoles y su hato pasan grandes ríos; pues hecha la balsa, medio por el agua medio en los brazos pasáronlos de la otra parte, adonde los bautizaron con harto trabajo por ser tantos.

Yo creo que después que la tierra se ganó, que fue el año de mil quinientos y veinte y uno, hasta el tiempo que esto escribo, que es en el año de 1536, más de cuatro millones de ánimas (se han bautizado) y por dónde yo lo sé, adelante se dirá [10].

....

Vienen al bautismo muchos, no sólo los domingos y días que para esto están señalados, sino cada día de ordinario, niños y adultos, sanos y enfermos, de todas las comarcas. Y cuando los frailes andan visitando, les salen los indios al camino con los niños en brazos, y con los dolientes a cuestas, y hasta los viejos decrépitos sacan para que los bauticen. También muchos dejan las mujeres y se casan con solo una, habiendo recibido el bautismo. Cuando van al bautismo, los unos van rogando, otros importunando, otros lo piden de rodillas, otros alzando y poniendo las manos, gimiendo y encogiéndose, otros lo demandan y reciben llorando y con suspiros.

En México pidió el bautismo un hijo de Moteuhzoma, que fue el gran señor de México, y por estar enfermo aquel su hijo fuimos a su casa, que era junto adonde ahora está edificada la iglesia de San Hipólito, en el cual día fue ganada México y por eso en toda la Nueva España se hace gran fiesta aquel día y le tienen por singular patrón de esta tierra. Sacaron al enfermo para bautizarse en una silla, y haciendo el exorcismo, cuando el sacerdote dijo: *Nete lateat Sathana*, comenzó a temblar en tanta manera, no sólo el enfermo sino también la silla en que estaba, tan recio que al parecer de todos los que allí se hallaron parecía salir de él el demonio. A lo cual fueron presentes Rodrigo de Paz, que a la sazón era alguacil mayor —y por ser su padrino se llamó el bautizado Rodrigo de Paz, y otros oficiales de S. M. [11].

....

En el capítulo en que los frailes menores celebraron en México en el año de 1538, a 19 días del mes de mayo, que fue la Domínica cuarta después de Pascua, se ordenó por la falta que había de frailes, que algunos monasterios cercanos de otros no fuesen conventos, sino que de otros fuesen proveídos y visitados. Esto fue luego sabido por los indios de otra manera, y era que les dijeron que del todo les dejaban sin frailes. Y como se leyó la tabla del capítulo, que la estaban esperando los indios que los señores tenían puestos como en postas,

[10] *Ibidem*, II, 2.
[11] *Ibidem*, II, 3.

para saber a quién les daban por guardián o predicador que los enseñe; y como para algunas casas no se nombraron frailes, sino que de otras se proveyesen, una de las cuales fue Xochimilco, que es un gran pueblo en la laguna dulce, cuatro leguas de México, y aunque se leyó la tabla un día muy tarde, luego por la mañana otro día lo sabían todos los de aquel lugar. Y tenían en su monasterio tres frailes, y júntase casi todo el pueblo y entran en el monasterio, en la iglesia, que no es pequeña, y quedaron muchos de fuera en el patio que no cupieron, porque dicen que eran más de diez mil ánimas, y pónense todos de rodillas delante del Santísimo Sacramento, y comienzan a clamar y a rogar a Dios que no consintiese que quedasen desamparados, pues los había hecho tanta merced de traerlos a su conocimiento. Con otras muchas palabras muy lastimeras y de compasión, cada uno las mejores que su deseo y necesidad les dictaba, y esto era con grandes voces, y lo mismo hacían los del patio. Y como los frailes vieron el grande ayuntamiento, y que todos lloraban y los tenían en medio, lloraban también sin saber por qué, porque aún no sabían lo que en el capítulo se había ordenado, y por mucho que trabajaban en consolarlos, era tanto el ruido, que ni los unos ni los otros no se podían entender. Duró esto todo el día entero, que era un jueves, y siempre recreciendo más gente. Y andando la cosa de esta manera acordaron algunos de ir a México, y ni los que iban ni los que quedaban se acordaban de comer. Los que fueron a México allegaron a hora de misa, y entran en la iglesia de San Francisco con tanto ímpetu, que espantaron a los que en ella se hallaron, y hincándose de rodillas delante del Sacramento decían cada uno lo que mejor le parecía que convenía, y llamaban a Nuestra Señora para que les ayudase, otros a San Francisco y a otros santos, con tan vivas lagrimas, que dos o tres veces que entré en la capilla y sabida la causa quedé fuera de mi espantado, y hiciéronme llorar en verlos tan tristes; y aunque yo y otros frailes los queríamos consolar, no nos querían oír, sino decíannos: «padres nuestros, ¿por qué nos desamparáis ahora, después de bautizados y casados? Acordaos que muchas veces nos decíades, que por nosotros habíades venido de Castilla, y que Dios os había enviado. Pues si ahora nos dejáis, ¿a quién iremos?, que los demonios otra vez nos querrán engañar como solían, y tornarnos a su idolatría». Nosotros no les podíamos responder por el mucho ruido que tenían, hasta que hecho un poco de silencio les dijimos la verdad de lo que pasaba, cómo en el capítulo se había ordenado, consolándolos lo mejor que podíamos, y prometiéndoles de no los dejar hasta la muerte. Muchos españoles que se hallaron presentes estaban maravillados, y otros que oyeron lo que pasaba vinieron luego, y vieron lo que no creían, y volvían maravillados de ver la armonía que aquella pobre gente tenía con Dios, y con su Madre, y con los santos. Porque muchos de los españoles están incrédulos en esto de la conversión de los indios, y otros como si morasen mil leguas de ellos no saben ni ven nada, por estar demasiadamente intentos y metidos en adquirir el oro que vinieron a buscar, para en teniéndolo volverse con ello a España y para mostrar su concepto, es siempre su ordinario juramento: «así Dios me lleve a España». Pero los nobles y caballeros virtuosos y cristianos, muy edificados están de ver la buena conversión de estos indios naturales. Estuvieron los indios de la manera que está dicha, hasta que salimos de comer a dar gracias, y entonces el provincial consolándolos mucho, les dio dos frailes para que fuesen con ellos. Con los cuales fueron tan contentos y tan regocijados como si les hubieran dado a todo el mundo.

Cholollan era una de las casas adonde también quitaban los guardianes, y aunque está de México casi veinte leguas, supiéronlo en breve tiempo y de la manera que los de Xochimilco. Y lo primero que hicieron fue juntarse todos y irse al monasterio de San Francisco, con las mismas lágrimas y alboroto que en la otra parte habían hecho. Y no contentos con esto vanse para México, y no tres o cuatro, sino ochocientos de ellos, y aun algunos decían que eran más de mil, y allegan con grande ímpetu y no con poca agua porque llovía muy recio, a San Francisco de México, y comienzan a llorar y a decir: «que se compadeciesen de ellos y de todos los que quedaban en Cholollan, y que no les quitasen los frailes; y que si ellos por ser pecadores no lo merecían, que lo hiciesen por muchos niños inocentes que se perderían si no tuviesen quién les doctrinase y enseñase la ley de Dios». Y con esto decían otras muchas y muy buenas palabras, que bastaron a alcanzar lo que demandaban.

Y porque la misericordia de Dios no dejase de alcanzar a todas partes, como siempre lo hizo, hace y hará, y más adonde hay más necesidad, proveyó que andando la cosa de la manera que está dicha, vinieron de España veinte y cinco frailes, que bastaron para suplir la falta que en aquellas casas había. Y no sólo esto, pues cuando el general de la orden de los menores no quería dar frailes, y todos los pro-

vinciales de la dicha orden estorbaban que no pasasen acá ningún fraile, y así casi cerrada la puerta de toda esperanza humana, inspiró Dios
en la Emperatriz doña Isabel, que es en gloria, y mandó que viniesen
de España más de cien frailes, aunque de ellos no vinieron sino cuarenta; los cuales hicieron mucho fruto en la conversión de estos naturales o indios. (...)

Está tan ensalzada en esta tierra la señal de la cruz por todos los
pueblos y caminos, que se dice que en ninguna parte de la cristiandad
está más ensalzada, ni adonde tantas ni tales ni tan altas cruces haya.
En especial las de los patios de las iglesias son muy solemnes, las cuales cada domingo y cada fiesta adornan con muchas rosas y flores, y
espadaños y ramos. En las iglesias y en los altares las tienen de oro, y
de plata, y pluma, no macizas, sino de hoja de oro y plata sobre palo.
Otras muchas cruces se han hecho y hacen de piedras de turquesas,
que en esta tierra hay muchas, aunque sacan pocas de tumbo, sino lla-
nas. Éstas, después de hecha la talla de la cruz, o labrada en palo, y
puesto en fuerte betún o engrudo, y labradas aquellas piedras, van con
fuego sutilmente ablandando el engrudo y asentando las turquesas hasta cubrir toda la cruz, y entre estas turquesas asientan otras piedras de
otros colores. Estas cruces son muy vistosas, y los lapidarios las tienen
en mucho, y dicen que son de mucho valor. De una piedra blanca,
transparente y clara, hacen también cruces, con sus pies, muy bien labradas; de éstas sirven de portapaces en los altares, porque las hacen
del grandor de un palmo o poco mayores. Casi en todos los retablos
pintan en el medio la imagen del crucifijo. Hasta ahora que no tenían
oro batido, y en los retablos, que no son pocos, ponían a las imágenes
diademas de hoja de oro. Otros crucifijos hacen de bulto, así de palo
como de otros materiales, y hace de manera que aunque el crucifijo
sea tamaño como un hombre, le levantara un niño del suelo con una
mano. Delante de esta señal de la cruz han acontecido algunos milagros, que dejo de decir por causa de brevedad. Mas digo que los Indios
la tienen en tanta veneración, que muchos ayunan los viernes y se abs-
tienen aquel día de tocar a sus mujeres, por devoción y reverencia de
la cruz.

Los que con temor y por fuerza daban sus hijos para que los enseñasen y doctrinasen en la casa de Dios, ahora vienen rogando para
que los reciban y los amuestren la doctrina cristiana y cosas de la fe.
Y son ya tantos los que se enseñan, que hay algunos monasterios

adonde se enseñan trescientos, y cuatrocientos, y seiscientos, y hasta mil de ellos, según son los pueblos y provincias. Y son tan dóciles y mansos, que más ruido dan diez de España que mil Indios. Sin los que se enseñan aparte en las salas de las casas, que son hijos de personas principales, hay otros muchos de los hijos de gente común y baja, que los enseñan en los patios, porque los tienen puestos en costumbre, de luego de mañana cada día oír misa, y luego enséñanles un rato; y con esto vanse a servir y ayudar a sus padres, y de éstos salen muchos que sirven las iglesias, y después se casan y ayudan a la cristiandad por todas partes.

En estas partes es costumbre general que en naciendo un hijo o hija le hacen una cuna pequeñita de palos delgados, como jaula de pájaros, en que ponen los niños en naciendo y en levantándose la madre, le lleva sobre sus hombros a la iglesia o doquiera que va. Y desde que llega a cinco o seis meses, pónenlos desnuditos *inter scapulas*, y échanse una manta encima con que cubre su hijuelo, dejándolo la cabeza de fuera, y ata la manta a sus pechos la madre, y así anda con ellos por los caminos y tierras a doquiera que van, y allí se van durmiendo como en buena cama. Y hay de ellos (que) así a cuestas, de los pueblos que se visitan de tarde en tarde, los llevan a bautizar. Otros en naciendo o pasados pocos días, y muchas veces los traen en acabando de nacer; y el primer manjar que gustan es la sal que les ponen en el bautismo; y antes es lavado en el agua del Espíritu Santo que guste la leche de su madre ni de otra. Porque en esta tierra es costumbre tener los niños un día natural sin mamar, y después pónenle la teta en la boca, y como está con apetito y gana de mamar, mama sin que haya menester quien le amamante, ni miel para paladearle. Y le envuelven en pañales pequeños, bien ásperos y pobres, armándole del trabajo al desterrado hijo de Eva que nace en este valle de lágrimas y viene a llorar [12]. (...)

Y ha Dios magnificado su benditísimo nombre en los corazones de estas gentes, que lo muestran con señales de fuera, porque cuando en el Evangelio se nombra «Jesús», hincan muchos Indios ambas las rodillas en tierra, y lo van tomando muy en costumbre, cumpliendo con lo que dice San Pablo.

---

[12] *Ibidem*, II, 10.

También derrama Dios la virtud de su santísimo nombre de Jesús tanto, que aun por las partes aún no conquistadas, y adonde nunca clérigo, ni fraile, ni Español ha entrado, está este santísimo nombre pintado y reverenciado. Está en esta tierra tan multiplicado, así escrito como pintado en las iglesias y templos, de oro y de plata, y de pluma y oro de todas estas maneras muy gran número. Y por las casas de los vecinos, y por otras muchas partes lo tienen entallado de palo con su festón, y cada domingo y fiesta lo enrosan y componen con mil maneras de rosas y flores.

Pues concluyendo con esta Segunda Parte, digo: ¿que quién no se espantará viendo las nuevas maravillas y misericordias que Dios hace con esta gente? y, ¿por qué no se alegrarán los hombres de la tierra delante cuyos ojos Dios hace estas cosas, y más los que con buena intención vinieron y conquistaron tan grandes provincias como son éstas, para que Dios fuese en ellas conocido y adorado? Y aunque algunas veces tuviesen codicia de adquirir riquezas, de creer es que sería accesoria y remotamente. Pero a los hombres que Dios dotó de razón, y se vieron en tan grandes necesidades y peligros de muerte, tantas y tantas veces, ¿quién no creerá que formarían y reformarían sus conciencias e intenciones, y se ofrecerían a morir por la fe y por la ensalzar entre los infieles, y que ésta fuese su singular y principal demanda? Y estos conquistadores y todos los cristianos amigos de Dios se deben mucho alegrar de ver una cristiandad tan cumplida en tan poco tiempo, e inclinada a toda virtud y bondad. Por tanto, ruego a todos los que esto leyeren que alaben y glorifiquen a Dios con lo íntimo de sus entrañas; digan estas alabanzas que se siguen, que según San Buenaventura en ellas se encierran y se hallan todas las maneras de alabar a Dios que hay en la Sagrada Escritura: «Alabanzas y bendiciones, engrandecimientos y confesiones, gracias y glorificaciones, sobrealzamientos, adoraciones y satisfacciones sean a Vos, Altísimo Señor Dios Nuestro, por las misericordias hechas con estos Indios nuevos convertidos a vuestra santa fe. Amén» [13].

....

Perseverando y trabajando fielmente en la conversión de estos Indios, son ya difuntos en esta Nueva España más de treita frailes me-

---

[13] *Ibidem*, II, 11.

nores, los cuales acabaron sus días llenos de observancia de su profesión, ejercitados en la caridad de Dios y del prójimo, y en la confesión de nuestra santa fe, recibiendo los sacramentos, algunos de los cuales fueron adornados de muchas virtudes. Mas el que entre todos dio mayor ejemplo de santidad y doctrina, así en el Vieja España como en la Nueva, fue el padre de santa memoria fray Martín de Valencia, primer prelado y custodio en esta Nueva España. Fue el primero que Dios envió a este nuevo mundo con autoridad apostólica. (...)

Este buen varón fue natural de la villa de Valencia, que dicen de Don Juan, que es entre la ciudad de León y la villa de Benavente, en la ribera del río que se dice Ezcla; es en el obispado de Oviedo. De su juventud no hay relación en esta Nueva España, más del argumento de la vida que en su mediana y última edad hizo. Recibió el hábito en la villa de Mayorga, lugar del Conde de Benavente, que es convento de la provincia de Santiago y de las más antiguas casas de España. Tuvo por su maestro a fray Juan de Argumanes que después fue provincial de la provincia de Santiago; con la doctrina del cual, y con su grande estudio, fue alumbrado su entendimiento para seguir la vida de nuestro Redentor Jesucristo. (...)

Después que cantó misa fue siempre creciendo de virtud en virtud. Porque demás de lo que yo vi en él, porque le conocí por más de veinte años, oí decir a muchos buenos religiosos, que en su tiempo no habían conocido religioso de tanta penitencia, ni que con tanto tesón perserverase siempre en allegarse a la cruz de Jesucristo; tanto, que cuando iba por otros conventos o provincias a los capítulos, parecía que a todos reprendía su aspereza, humildad y pobreza. Y como fuese dado a la oración procuró licencia de su provincial para ir a morar a unos oratorios de la misma provincia de Santiago, que están no muy lejos de Ciudad Rodrigo, que se llaman Los Ángeles y El Hoyo, casas muy apartadas de conversación y dispuestas para contemplar y orar. Alcanzada licencia para ir a morar a Santa María del Hoyo, queriendo, pues, el siervo de Dios recogerse y darse a Dios en el dicho lugar, el enemigo le procuró muchas maneras de tentaciones, permitiéndolo Dios para más aprovechamiento de su ánima.

Comenzó a tener en su espíritu muy gran sequedad y dureza, y tibieza en el corazón; aborrecía el yermo; los árboles le parecían demonios; no podía ver los frailes con amor y caridad; no tomaba sabor en ninguna cosa espiritual; cuando se ponía a orar hacíalo con gran pesadumbre; vivía muy atormentado. Vínole una terrible tentación de blasfemia contra la fe, sin poderla alanzar de sí; parecíale que cuando celebraba y decía misa, no consagraba, y como quien se hace grandísima fuerza y a regañadientes comulgaba; tanto le fatigaba aquesta imaginación, que no quería ya celebrar, ni podía comer. Con estas tentaciones habíase parado tan flaco, que no parecía tener sino los huesos y el cuero, y parecíale a él que estaba muy esforzado y bueno. Esta sutil tentación le traía Satanás para derrocarle, de tal manera que cuando ya le sintiese del todo sin fuerzas naturales le dejase, y así desfalleciese, y no pudiese tornar en sí, y saliese de juicio. Y para esto también lo desvelaba, que es también mucha ocasión para enloquecer. Pero como Nuestro Señor nunca desampara a los suyos, ni quiere que caigan, ni da a nadie más de aquella tentación que puede sufrir, dejóle llegar hasta adonde pudo sufrir la tentación sin detrimento de su ánima, y convirtióla en su provecho, permitiendo que una pobrecilla mujer le despertase y diese medicina para su tentación; que no es pequeña materia para considerar la grandeza de Dios, que no escoge los sabios, sino los simples y humildes, para instrumentos de sus misericordias. Y así lo hizo con esa simple mujer que digo.

Que como el varón de Dios fuese a pedir pan a un lugar que se dice Robleda, que son cuatro leguas del Hoyo, la hermana de los frailes del dicho lugar, viéndole tan flaco y debilitado, díjole: «¡Ay, padre! ¿Y vos qué habéis? ¿Cómo andáis que parece que queréis expirar de flaco; y cómo no miráis por vos, que parece que os queréis morir?». Así entraron en el corazón del siervo de Dios estas palabras como si se las dijera un ángel, y como quien despierta de un pesado sueño, así comenzó a abrir los ojos de su entendimiento, y a pensar como no comía casi nada, y dijo entre sí: «Verdaderamente ésta es tentación de Satanás». Y encomendándose a Dios que le alumbrase y sacase de la ceguedad en que el demonio le tenía, dio la vuelta a su vida. Viéndose Satanás descubierto, apartóse de él y cesó la tentación. Luego el varón de Dios comenzó a sentir gran flaqueza y desmayo, tanto, que apenas se podía tener en los pies. Y de ahí en adelante comenzó a comer, quedó avisado para sentir los lazos y astucias del demonio. Después que fue librado de aquellas tentaciones, quedó con gran serenidad y paz en su espíritu. Gozábase en el yermo, y los árboles, que antes aborrecía, con las aves que en ellos cantaban parecíanle un paraíso. Y de allí le quedó que doquiera que estaba luego plantaba una arboleda, y cuando era prelado a todos rogaba que plantasen árboles, no sólo de frutales, pero de los monteses, para que los frailes se fuesen allí a orar.

Asimismo (lo) consoló Dios en la celebración de las misas, las cuales decía con mucha devoción y aparejo, que después de maitines o no dormía nada o muy poco, por mejor se aparejar. Y casi siempre decía misa muy de mañana, y con muchas lágrimas muy cordiales que regaban y adornaban su rostro como perlas. Celebraba casi todos los días, y comúnmente se confesaba cada tercero día.

Otrosí; de allí adelante tuvo grande amor con los otros frailes, y cuando alguno venía de fuera, recibíale con tanta alegría y con tanto amor, que parecía que le quería meter en las entrañas. Y gozábase de los bienes y virtudes ajenas como si fueran suyas propias. Y así perseverando en aquesta caridad, trájole Dios a un amor entrañable del prójimo, tanto, que por el amor general de las ánimas vino a desear padecer martirio, y pasar entre los infieles a convertir y predicar. Aqueste deseo y santo celo alcanzó el siervo de Dios con mucho trabajo y ejercicios de penitencia, de ayunos, disciplinas, vigilias y muy continuas oraciones.

Pues perseverando el varón de Dios en sus santos deseos, quísole el Señor visitar y consolar en esta manera: que estando él una noche en maitines en tiempo de Adviento, que en el coro se rezaba la cuarta matinada, luego que se comenzaron los maitines comenzó a sentir nueva manera de devoción y mucha consolación en su ánima. Y vínole a la memoria la conversión de los infieles, y meditando en esto, los salmos que iba diciendo en muchas partes hallaba entendimientos devotos a este propósito, en especial en aquel salmo que comienza: «Eripe me de inimicis meis»; y decía el siervo de Dios entre sí: «¡Oh! ¿Y cuándo será esto? ¿Cuándo se cumplirá esta profecía? ¿No sería yo digno de ver este convertimiento, pues, ya estamos en la tarde y fin de nuestros días, y en la última edad del mundo?». Pues ocupado el varón de Dios todos los salmos en estos piadosos deseos, y llenos de amor y caridad del prójimo, por divina dispensación, aunque no era hebdomadario ni cantor del coro, le encomendaron que dijese las lecciones, y se levantó y las comenzó a decir, y las mismas lecciones, que eran del profeta Isaías, hacían a su propósito, levantábanle más y más su espíritu, tanto, que estándolas leyendo en el púlpito vio en espíritu muy gran muchedumbre de ánimas de infieles que se convertían y venían a la fe y bautismo. Fue tanto el gozo y la alegría que su ánima sintió interiormente,

que no se pudo sufrir ni contener sin salir fuera de sí, y alabando a
Dios y bendiciéndole, dijo en alta voz tres veces: «Loado sea Jesucristo,
loado sea Jesucristo, loado sea Jesucristo». Y esto dijo con muy alta voz,
porque no fue en su mano dejarlo de hacer así. (...)

No sabiendo él cuándo ni cómo se había de cumplir lo que Dios
le había mostrado, comenzó a desear pasar a tierra de infieles, y a de-
mandarlo a Dios con muchas oraciones, y comenzó a mortificar la carne y a sujetarla con muchos ayunos y disciplinas. Que demás de las
veces que en la comunidad se disciplinaba, los más de los días se disciplinaba él dos veces, porque así ejercitado mediante la gracia del Señor,
se aparejase a recibir martirio. Y como la regla de los frailes menores
diga: «Si algún fraile por divina inspiración fuere movido a desear ir entre los moros u otros infieles, pida licencia a su provincial para efectuar
su deseo», este siervo de Dios demandó esta licencia por tres veces. (...)

Habiendo regido la provincia de San Gabriel con grande ejemplo,
y estando siempre con su continuo deseo de pasar a los infieles, cuando más descuidado estaba le llamó Dios de esta manera. Como fuese
Ministro General el reverendísimo fray Francisco de los Ángeles, que
después fue cardenal de Santa Cruz, y viniendo visitando allegó a la
provincia de San Gabriel. Hizo capítulo en el monasterio de Belvis en
el año de 1523, día de San Francisco, en el tiempo que había dos años
que esta tierra se había ganado por Hernando Cortés y sus compañeros. Pues estando en este capítulo, el general un día llamó a fray Martín de Valencia y hízole un muy buen razonamiento, diciéndole cómo
esta tierra de la Nueva España era nuevamente descubierta y conquistada, adonde, según las nuevas de la muchedumbre de las gentes y de
su calidad, creía y esperaba que se haría muy gran fruto espiritual, habiendo tales obreros como él, y que él estaba determinado de pasar en
persona al tiempo que le eligieron por general, el cual cargo le emba-
razó la pasada que él tanto deseaba. Por tanto, que le rogaba que él
pasase con doce compañeros, porque si lo hiciese, tenía él muy gran
confianza en la bondad divina, que sería grande el fruto y convertimiento de gentes que de su venida esperaban. El varón de Dios que
tanto tiempo hacía que estaba esperando que Dios había de cumplir
su deseo, bien puede cada uno pensar qué gozo y alegría recibiría su
ánima con tal nueva y por él tan deseada, y cuántas gracias debió de
dar a Nuestro Señor. Aceptó luego la venida como hijo de obediencia,
y acordóse bien entonces de lo que la beata del Barco de Ávila le ha-

bía dicho. Pues luego lo más brevemente que a él fue posible escogió los doce compañeros, y tomada la bendición de su mayor y Ministro General, partieron del puerto de San Lúcar de Barrameda, día de la conversión de San Pablo, que aquel año fue en martes. Vinieron a la Gomera a 4 de febrero, y allí dijeron misa en Santa María del Paso, y recibieron el cuerpo de Nuestro Redentor muy devotamente, y luego se tornaron a embarcar. Allegaron a la isla de San Juan y desembarcaron en Puerto Rico en veinte y siete días de navegación, que fue tercero día de marzo, que en aquel día demedió la Cuaresma aquel año. Estuvieron allí en la isla de San Juan, diez días. Partiéronse *dominica in Pasione*, y miércoles siguiente entraron en Santo Domingo. En la isla Española estuvieron seis semanas, y después embarcáronse y vinieron a la isla de Cuba, adonde desembarcaron postrero día de abril. En la Trinidad estuvieron sólo tres días. Tornados a embarcar vinieron a San Juan de Ulúa a doce de mayo, que aquel año fue vigilia de Pentecostés, y en Medellín estuvieron diez días. Y allí, dadas a Nuestro Señor muchas gracias por el buen viaje que les había dado, vinieron a México, y luego se repartieron por las provincias más principales. En todo este viaje el padre fray Martín padeció mucho trabajo, porque como era persona de edad, y andaba a pie y descalzo, y el Señor que muchas veces le visitaba con enfermedades, fatigábase mucho; y por dar ejemplo, como buen caudillo siempre iba delante, y no quería tomar para su necesidad más que a sus compañeros, ni aun tanto, por no dar materia de relajación adonde venía a plantar de nuevo, y así trabajó mucho. Porque demás de su disciplina y abstinencia ordinaria, que era mucha y mucho el tiempo que se ocupaba en oración, trabajó mucho por aprender la lengua, pero como era ya de edad de cincuenta años, y también por no dejar lo que Dios le había comunicado, no pudo salir con la lengua, aunque tres o cuatro veces trabajó de entrar en ella. Quedó con algunos vocablos comunes para enseñar a leer a los niños, que trabajó mucho en esto; y ya que no podía predicar en la lengua de los Indios, holgábase mucho cuando otros predicaban, y poníase junto a ellos a orar mentalmente y a rogar a Dios que enviase su gracia al predicador y a los que le oían. Asimismo a la vejez aumentó la penitencia a ejemplo del Santo Abad Hilarión, que ordinariamente ayunaba cuatro días en la semana con pan y legumbres. Y en su tiempo muchos de sus súbditos, viendo que él con ser tan viejo les daba tal ejemplo, le imitaron. Añadió también hincarse de rodillas muchas veces en el día, y estar cada vez un cuarto de hora, en el cual parecía recibir mucho trabajo, porque al cabo del ejercicio quedaba acezando y muy cansado. En esto pareció imitar a los gloriosos apóstoles Santiago el Menor y San Bartolomé, que de entrambos se lee haber tenido este ejercicio. (...)

Vivió el siervo de Dios fray Martín de Valencia en esta Nueva España diez años, y cuando a ella vino había cincuenta, que son por todos sesenta. De los diez que digo los seis fue provincial, y los cuatro fue guardián en Tlaxcallan, y él edificó aquel monasterio, y le llamó «La Madre de Dios»; y mientras en esta casa moró enseñaba los niños desde el *a b c* hasta leer por latín, y poníalos a tiempos en oración, y después de maitines cantaba con ellos himnos; y también enseñaba a rezar en cruz, levantados y abiertos los brazos, siete *Pater Noster* y siete *Ave Marías*, lo cual él acostumbró siempre hacer. Enseñaba a todos los indios, chicos y grandes, así por ejemplo como por palabra, y por esta causa siempre tenía intérprete; y es de notar que tres intérpretes que tuvo, todos vinieron a ser frailes, y salieron muy buenos religiosos.

Los nombres de los frailes que de España vinieron con este santo varón, son: fray Francisco de Soto, fray Martín de La Coruña, fray Antonio de Ciudad Rodrigo, fray García de Cisneros, fray Juan de Ribas, fray Francisco Jiménez, fray Juan Juárez, fray Luis de Fuensalida, fray Toribio Motolinia. Estos diez sacerdotes y dos legos, fray Juan de Palos, fray Andrés de Córdoba. Los sacerdotes todos tomaron el hábito en la provincia de Santiago. Otros vinieron después que han trabajado y trabajan mucho en esta santa obra de la conversión de los Indios, cuyos nombres creo yo que tiene Dios escritos en el libro de la vida, mejor que no de otros que también han venido de España, que aunque parecen buenos religiosos aún no han perseverado. Y los que solamente se dan a predicar a los españoles, ya que algún tiempo se hallen consolados, mientras que sus predicaciones son regadas con el agua del loor humano, en faltándoles aquel cebillo hállanse más secos que un palo, hasta que se vuelven a Castilla. Y pienso que esto les viene por juicio de Dios, porque los que acá pasan no quiere que se contenten con sólo predicar a los españoles, que para esto más aparejo tenían en España; pero quiere también que aprovechen a los indios, como a más necesitados y para quien fueron enviados y llamados [14].

---

[14] *Ibidem*, III, 2.

SELECCIÓN DE TEXTOS

LA ESPAÑA MISIONERA

(Por Ramiro de Maeztu) [1]

No hay en la historia universal obra comparable a la realizada por España, porque hemos incorporado a la civilización cristiana a todas las razas que estuvieron bajo nuestra influencia. Verdad que en estos dos siglos de enajenación hemos olvidado la significación de nuestra Historia y el valor de lo que en ella hemos realizado, para creernos una raza inferior y secundaria. En el siglo XVII, en cambio, nos dábamos plena cuenta de la transcendencia de nuestra obra; no había entonces español educado que no tuviera conciencia de ser España la nueva Roma y el Israel cristiano. De ello dan testimonio estas palabras de Solórzano Pereira en su *Política indiana*:

> Si, según sentencia de Aristóteles, sólo el hallar o descubrir algún arte, ya liberal o mecánica, o alguna piedra, planta u otra cosa, que pueda ser de uso y servicio a los hombres, les debe granjear alabanza, ¿de qué gloria no serán dignos los que han descubierto un mundo en que se hallan y encierran tan innumerables grandezas? Y no es menos estimable el beneficio de este mismo descubrimiento habido respecto al propio mundo nuevo, sino ante de muchos mayores quilates, pues además de la luz de la fe que dimos a sus habitantes, de que luego diré, les hemos puesto en vida sociable y política, desterrando su bar-

[1] *Defensa de la Hispanidad*, Valladolid, 1938, II.

barismo, trocando en humanas sus costumbres ferinas y comunicándoles tantas cosas tan provechosas y necesarias como se les han llevado de nuestro orbe, y, enseñándoles la verdadera cultura de la tierra, edificar casas, juntarse en pueblos, leer y escribir y otras muchas artes de que antes totalmente estaban ajenos.

Pero todavía hicimos más y no tan sólo España (porque aquí debo decir que su obra ha sido continuada por todos los pueblos hispánicos de América, por todos los pueblos que constituyen la Hispanidad): no sólo hemos llevado la civilización a otras razas sino algo que vale más que la misma civilización, y es la conciencia de su unidad moral con nosotros; es decir, la conciencia de la unidad moral del género humano, gracias a la cual ha sido posible que todos o casi todos los pueblos hispánicos de América hayan tenido alguna vez por gobernantes, por caudillos, por poetas, por directores, a hombres de razas de color o mestizos. Y no es esto sólo. Un brasileño eminente, el doctor Oliveira Lima, cree que en los pueblos hispánicos se está formando una unidad de raza gracias a una fusión, en que los elementos inferiores acabarán bien pronto por desaparecer, absorbidos por el elemento superior, y así ha podido encararase con los Estados Unidos de la América del Norte, para decirles:

> Cuando entre nosotros ya no haya mestizos, cuando la sangre negra o india se haya diluido en la sangre europea, que en tiempos pasados y no distantes, fuerza es recordarlo, recibió contingentes bereberes, númidas, tártaros y de otras procedencias, vosotros no dejaréis de conservar indefinidamente dentro de vuestras fronteras grupos de población irreductible, de color diverso y hostiles de sentimientos.

No garantizo el acierto de Oliveira Lima en esta profecía. Es posible que se produzca la unidad de las razas que hay en América; es posible también que no se produzca. Pero lo esencial y lo más importante es que ya se ha producido la unidad del espíritu, y ésta es la obra de España en general y de sus órdenes religiosas particularmente; mejor dicho, la obra conjunta de España: de sus reyes, obispos, legisladores, magistrados, soldados y encomenderos, sacerdotes y seglares...; pero en la que el puesto de honor corresponde a las órdenes religiosas, porque desde el primer día de la conquista aparecen los frailes en América.

Ya en 1510 nos encontramos en la Isla Española con el padre Pedro de Córdova, el padre Antonio de Montesinos y el padre Bernardo de Santo Domingo, preocupados de la tarea de recordar, desde sus primeros sermones, que en el testamento de Isabel la Católica se decía que el principal fin de la pacificación de las Indias no consistía sino en la evangelización de sus habitantes, para lo cual recomendaba ella, al rey, su marido, don Fernando, a sus descendientes, que se les diera el mejor trato. También aducían la Bula de Alejandro VI, en la cual, al concederse a España los dominios de las tierras de Occidente y Mediodía, se especificaba que era con la condición de instruir a los naturales en la fe y buenas costumbres. Y fue la acción constante de las órdenes religiosas la que redujo a los límites de justicia la misma codicia de los encomenderos y la prepotencia de los virreyes.

La piedad de estos primeros frailes dominicos fue la que suscitó la vocación en fray Bartolomé de Las Casas y le hizo profesar en la orden de Santo Domingo, hasta convertirle después en el apóstol de los indios y en su defensor, con una caridad tan arrebatada, que no paraba mientes en abultar, agrandar y exagerar las crueldades inevitables a la conquista y en exagerar también las dulzuras y bondades de los indios, con lo cual nos hizo un flaco servicio a los españoles, pues fue el originador de la Leyenda Negra; pero, al mismo tiempo, el inspirador de aquella reforma de las leyes de Indias, a la cual se debe la incorporación de las razas indígenas a la civilización cristiana.

La acción de los Reyes

Ahora bien, al realizar esta función no hacían las Órdenes Religiosas sino cumplir las órdenes expresas de los Reyes. En 1534, por ejemplo, al conceder Carlos V la capitulación por las tierras del Río de la Plata a don Pedro de Mendoza, estatuía terminantemente que Mendoza había de llevar consigo a religiosos y personas eclesiásticas, de los cuales se había de valer para todos sus avances; no había de ejecutar acción ninguna que no mereciera previamente la aprobación de estos eclesiásticos y religiosos, y cuatro o cinco veces insiste la capitulación en que solamente en el caso de que se atuviera a estas instrucciones, le concedía derecho sobre aquellas tierras; pero que, de no atenerse a ellas, no se lo concedía.

Los términos de esta capitulación de 1534 son después mantenidos y repetidos por todos los Monarcas de la Casa de Austria y los dos primeros Borbones. No concedían tampoco tierras en Américas como no fuera con la condición expresa y terminante de contribuir a la catequesis de los indios, tratándolos de la mejor manera posible, y así se logró que los mismos encomenderos, no obstante su codicia de hombres expatriados y en busca de fortuna, se convirtieran realmente en misioneros, puesto que a la caída de la tarde reunían a los indios bajo la Cruz del pueblo y les adoctrinaban. Y ahí estaban las Órdenes Religiosas para obligarles a atenerse a las instrucciones de los Reyes y respetar el testamento de Isabel la Católica y la Bula de Alejandro VI, que no se cansaron de recordar en sus sermones, en cuantos siglos se mantuvo la dominación española en América.

La eficacia, naturalmente, *de esta acción civilizadora, dependía de la perfecta compenetración entre los dos poderes: el temporal y el espiritual*; compenetración que no tiene ejemplo en la Historia y que es la originalidad característica de España ante el resto del mundo.

El militar español en América tenía conciencia de que su función esencial e importante, era primera solamente en el orden del tiempo; pero que la acción fundamental era la del misionero que catequizaba a los indios. De otra parte, el misionero sabía que el soldado y el virrey y el oidor y el alto funcionario, no perseguían otros fines que los que él mismo buscaba. Y, en su consecuencia, había una perfecta compenetración entre las dos clases de autoridades, las eclesiásticas y las civiles y militares, como no se ha dado en país alguno. El padre Astrain, en su magnífica historia de la Compañía de Jesús, describe en pocas líneas esta compaginación de autoridades:

> Al lado de Hernán Cortés, de Pizarro, y de otros capitanes de cuenta, iba el sacerdote católico, ordinariamente religioso, para convertir al Evangelio los infieles, que el militar subyugaba a España, y cuando los bárbaros atentaban contra la vida del misionero, allí estaba el capitán español para defenderle y para escarmentar a los agresores.

Y de lo que era el fundamento de esta compenetración nos da idea un agustino, el padre Vélez, cuando hablando de fray Luis de León nos dice, con relación a la Inquisición:

> Para justificar y valorar adecuadamente la Inquisición española, hay que tener en cuenta, ante todo, las propiedades de su carácter nacio-

nal, especialmente la unión íntima de la Iglesia y del Estado en España durante los siglos XVI y XVII, hasta el punto de ser un estado teocrático, siendo la ortodoxia deber y ley de todo ciudadano, como otra cualquier prescripción civil.

Pues bien, este Estado teocrático —el más ignorante, el más supersticioso, el más inhábil y torpe, según el juicio de la prensa revolucionaria— acaba por lograr lo que ningún otro pueblo civilizador ha conseguido, ni Inglaterra con sus hindús, ni Francia con sus árabes, sus negros o bereberes, ni Holanda con sus malayos en las islas de Malasia, ni los Estados Unidos con sus negros e indios aborígenes: asimilarse a su propia civilización cuantas razas de color sometió. Y es que en ningún otro país ha vuelto a producirse una coordinación tan perfecta de los poderes religioso y temporal, y no se ha producido por la falta de unidad religiosa, en que los gobiernos tuvieran que inspirarse.

Estas cosas no son agua pasada, sino el ejemplo y la guía en que ha de inspirarse el porvenir. Pueblos tan laboriosos y sutiles como los del Asia y tan llenos de vida como los de África, no han de contentarse eternamente con su inferioridad actual. Pronto habrá que elegir entre que sean nuestros hermanos o nuestros amos, y si la Humanidad ha de llegar a constituir una sola familia, como debemos querer y desear y éste es el fin hacia el cual pudieran converger los movimientos sociales e históricos más pujantes y heterogéneos, será preciso que los estados lleguen a realizar dentro de sí, combinando el poder religioso con el temporal, al influjo de este ideal universalista, una unidad parecida a la que alcanzó entonces España, porque sólo con esta coordinación de los poderes se podrá sacar de su miseria a los pueblos innumerables de Asia y corregir la vanidad torpe y el aislamiento de las razas nórdicas, por lo que el ejemplo clásico de España no ha de ser meramente un espectáculo de ruinas, como el de Babilonia y Nínive, sino el guión y modelo del cual han de aprender todos los pueblos de la tierra.

EL CONCILIO DE TRENTO

El 26 de octubre de 1546 es, a mi juicio, el día más alto de la Historia de España en su aspecto espiritual. Fue el día en que Diego

Laínez, teólogo del Papa, futuro general de los Jesuitas —cuyos restos fueron destruidos en los incendios del 11 de mayo de 1931, como si fuéramos ya los españoles indignos de conservarlos— pronunció en el Concilio de Trento su discurso sobre la «Justificación». Ahora podemos ver que lo que realmente se debatía allí era nada menos que la unidad moral del género humano. De haber prevalecido cualquier teoría contraria, se habría producido en los países latinos una división de clases y de pueblos análoga a la que subsiste en los países nórdicos; donde las clases sociales que se consideran superiores estiman como una especie inferior a las que están debajo y cuyos pueblos consideran a los otros y también a los latinos con absoluto desprecio, llamándonos, como nos llaman, «dagoes», palabra que vendrá tal vez de Diego, pero que actualmente es un insulto.

Cuando se estaba debatiendo en Trento sobre la «Justificación», propuso un santísimo, pero equivocado varón, Fray Jerónimo Seripando, si además de nuestra justicia no sería necesario para ser absuelto en el Tribunal de Dios, que se nos imputasen los méritos de la pasión y muerte de N.S. Jesucristo, al objeto de suplir los defectos de la justicia humana, siempre deficiente. Se sabía que Lutero había sostenido que los hombres se justificaban por la fe sólo y que la fe es un libre arreglo de Dios. La Iglesia Católica había sostenido siempre que los hombres no se justifican sino por la fe y las obras. Ésta es también la doctrina que se puede encontrar explícitamente manifiesta en la Epístola de Santiago el Menor, cuando dice:

> «¿No veis cómo por las obras es justificado el hombre y no por la fe solamente?»

Ahora bien, la doctrina propuesta por Jerónimo Seripando no satisfacía a nadie en el Concilio: pero, como se trataba de un varón excelso, de un santo y de un hombre de gran sabiduría teológica, no era fácil deshacer todos sus argumentos y razones. Esta gloria correspondió al Padre Laínez, que acudió a la perplejidad del Concilio con una alegoría maravillosa:

Se le ocurrió pensar en un Rey que ofrecía una joya a aquel guerrero que venciese en un torneo. Y sale el hijo del Rey y dice a uno de los que aspiraban a la joya: «Tú no necesitas sino creer en mí. Yo pelearé, y si tú crees en mí con toda tu alma, yo ganaré la pelea». A otro de los concursantes, el hijo del Rey le dice: «Te daré unas armas y un caballo; tú luchas, acuérdate de mí, y al término de la pelea yo acudiré en tu auxilio». Pero el tercero de los que aspiraban a la joya, le dice: «¿Quieres ganar? Te voy a dar unas armas y un caballo excelentes, magníficos; pero tú tienes que pelear con toda tu alma».

La primera, naturalmente, es la doctrina del protestantismo; todo lo hacen los méritos de Cristo. La tercera la del catolicismo: las armas son excelentes, la redención de Cristo es arma inmejorable, los Sacramentos de la Iglesia son magníficos; pero, además, hay que pelear con toda el alma; ésta es la doctrina tradicional de nuestra Iglesia. La segunda: la del aspirante al premio a quien se dice que tiene que pelear, pero que no necesita esforzarse demasiado, porque al fin vendrá un auxilio externo que le dará la victoria, al parecer honra mucho los méritos de Nuestro Señor, pero en realidad deprime lo mismo el valor de la Redención que el de la voluntad humana.

La alegoría produjo efecto tan fulminante en aquella corporación de teólogos, que la doctrina de Laínez fue aceptada por unanimidad. Su discurso es el único, ¡el único!, que figura palabra por palabra, en el acta del Concilio. En la iglesia de Santa María, de Trento, hay un cuadro en que aparecen los asistentes al Concilio. En el púlpito está Diego Laínez dirigiéndoles la palabra. Y después, cuando se dictó el decreto de la Justificación, se celebró con gran júbilo en todos los pueblos de la Cristiandad; se le llamaba el Santo Decreto de la Justificación...

Pues bien, Laínez entonces no expresaba sino la persuasión general de los españoles. Olivera Martíns ha dicho, comentando este Concilio, que en él se salvó el resorte fundamental de la voluntad humana, la creencia en el libre albedrío. Lo que se salvó, sobre todo, fue la unidad de la Humanidad; de haber prevaleciddo otra teoría de la Justificación, los hombres hubieran caído en una forma de fatalismo, que los habría lanzado indiferentemente a la opresión de los demás o al servilismo. Los no católicos se abandonaron al resorte del orgullo, que les ha servido para prevalecer algún tiempo; pero que les ha llevado últimamente (porque Dios ha querido que la experiencia se haga), a desprenderse poco a poco de lo que había en ellos de cristianos, para caer en su actual paganismo, sin saber qué destino les depara el porvenir, porque son tantas sus perplejidades que, al lado de ellas, nuestras propias angustias son nubes de verano.

Todo un pueblo en misión

Toda España es misionera en el siglo XVI. Toda ella parece llena del espíritu que expresa Santiago el Menor cuando dice al final de su epístola, que:

> El que hiciera a un pecador convertirse del error de su camino salvará su alma de la muerte y cubrirá la muchedumbre de sus pecados (V, 20).

Lo mismo los reyes, que los prelados, que los soldados, todos los españoles del siglo XVI parecen misioneros; en cambio, durante los siglos XVI y XVII no hay misioneros protestantes. Y es que no podía haberlos. Si uno cree que la Justificación se debe exclusivamente a los méritos de Nuestro Señor, ya poco o nada es lo que tiene que hacer el misionero; su sacrificio carece de eficacia.

La España del siglo XVI, al contrario, concibe la religión como un combate, en que la victoria depende de su esfuerzo. Santa Teresa habla como un soldado. Se imagina la religión como una fortaleza en que los teólogos y los sacerdotes son los capitanes, mientras que ella y sus monjitas de San José les ayudan con sus oraciones; y escribe versos como estos:

> Todos los que militáis
> debajo de esta bandera
> ya no durmáis, ya no durmáis,
> que no hay paz sobre la tierra.

Parece como que un ímpetu militar sacude a nuestra monjita de la cabeza a los pies.

La Compañía de Jesús, como las demás Órdenes, se había fundado para la mayor gloria de Dios y también para el perfeccionamiento individual. Pues, sin embargo, el paje de la Compañía, Rivadeneyra, se olvida al definir su objeto del perfeccionamiento y de todo lo demás. De lo que no se olvida es de la obra misionera, y así dice:

> Supuesto que el fin de nuestra Compañía principal es reducir a los herejes y convertir a los gentiles a nuestra santísima fe.

El discurso de Laínez fue pronunciado en 1564; pues ya hacía seis años, desde primeros de 1540, que San Ignacio había enviado a San Francisco a las Indias, cuando todavía no había recibido sino verbalmente la aprobación del Papa para su compañía.

Ha de advertirse que, como dice el Padre Astrain, los miembros de la Compañía de Jesús colocan a San Francisco Javier al mismo nivel que a San Ignacio, «como ponemos a San Pablo junto a San Pedro al frente de la Iglesia universal». Quiere decir con ello que lo que daba San Ignacio al enviar a San Francisco a Indias era casi su propio yo; si no iba él era porque como general de la Compañía tenía que quedar en Roma, en la sede central; pero al hombre que más quería y respetaba, le mandaba a la obra misionera de las Indias. ¡Tan esencial era la obra misionera para los españoles!

El propio Padre Vitoria, dominico español, el maestro, directa o indirectamente, de los teólogos españoles de Trento, enemigo de la guerra como era y tan amigo de los indios, que de ninguna manera admitía que se les pudiese conquistar para obligarles a aceptar la fe, dice que en caso de permitir los indios a los españoles predicar el Evangelio libremente, no había derecho a hacerles la guerra bajo ningún concepto.

> Tanto si reciben como si no reciben la fe;

ahora que, en caso de impedir los indios a los españoles la predicación del Evangelio,

> los españoles, después de razonarlo bien, para evitar el escándalo y la brega, pueden predicarlo, a pesar de los mismos, y ponerse a la obra de conversión de dicha gente, y si para esta obra es indispensable comenzar a aceptar la guerra, podrán hacerla, en lo que sea necesario, para oportundiad y seguridad en la predicación del Evangelio.

Es decir, el hombre más pacífico que ha producido el mundo, el creador del Derecho Internacional, máximo iniciador, en último término, de todas las reformas favorables a los aborígenes que honran nuestras Leyes de Indias, legitima la misma guerra cuando no hay otro medio de abrir camino a la verdad.

Por eso puede decirse que toda España es misionera en sus dos grandes siglos, hasta con perjuicio del propio perfeccionamiento. Este descuido quizá fue nocivo; acaso hubiera convenido dedicar una parte de la energía misionera a armarnos espiritualmente, de tal suerte que pudiéramos resistir, en siglos sucesivos, la fascinación que ejercieron sobre nosotros las civilizaciones extranjeras. Pero cada día tiene su afán. Era la época en que se había comprobado la unidad física del mundo, al descubrirse las rutas marítimas de Oriente y Occidente; en Trento se había confirmado nuestra creencia en la unidad moral del género humano; todos los hombres podían salvarse, ésta era la íntima convicción que nos llenaba el alma. No era la hora de pensar en nuestro propio perfeccionamiento ni en nosotros mismos; había que llevar la buena nueva a todos los rincones de la tierra.

LAS MISIONES GUARANÍES

Ejemplos de lo que se puede emprender con este espíritu nos lo ofrece la Compañía de Jesús en las misiones guaraníes. Empezaron en 1609, muriendo mártires algunos de los Padres. Los guaraníes eran tribus guerreras, indómitas: avecindadas en las márgenes de grandes ríos que suelen cambiar su cauce de año en año; vivían de la caza y de la pesca, y si hacían algún sembrado apenas se cuidaban de cosecharlo; cuando una mujer guaraní necesitaba un poco de algodón, lo cogía de la plantas y dejaba que el resto se pudriese en ellas; ignoraban la propiedad, ignoraban también la familia monogámica; vivían en un estado de promiscuidad sexual; practicaban el canibalismo, no solamente por cólera, cuando hacían prisioneros en la guerra, sino también por gula; tenían sus cualidades: eran valientes, pero su valor les llevaba a la crueldad; eran generosos, pero de una generosidad sin previsión; querían a sus hijos, pero este cariño les hacía permitirles toda la clase de excesos sin reprenderlos nunca... Allí entraron los jesuitas sin ayuda militar, aunque en misión de los reyes, que habían ya trazado el cuadro jurídico a que tenía que ajustarse la obra misionera.

Nunca hombres blancos habían cruzado anteriormente la inmensidad de la selva paraguaya y cuenta el Padre Hernández, que al navegar en canoa por aquellos ríos, en aquellas enormes soledades, más de una vez tañían la flauta para encontrar ánimos con que proseguir su tarea llena de tantos peligros y de tantas privaciones. Y los indios les seguían, escuchándoles, desde las orillas. Pero había algo en los guaraníes capaz de hacerles comprender que aquellos Padres estaban sufriendo penalidades, se sacrificaban por ellos, habían abandonado su patria y su familia y todas las esperanzas de la vida terrena, sencillamente para realizar su obra de bondad, y poco a poco se fue trabando una relación de cariño recíproco entre los doctrineros y los adoctrinados.

El caso es que a mediados del siglo XVIII aquellos pobres guaraníes habían llegado a conocer y gozar la propiedad, vivían en casas tan limpias y espaciosas como las de cualquier otro pueblo de América; tenían templos magníficos, amaban a los jesuitas tan profundamente, que no aceptaban un castigo de ellos sin besarles la mano arrodillados, y darles las gracias; acudieron animosos a la defensa del imperio español contra las invasiones e irrupciones de los paulistas, del Brasil; contribuyeron con su trabajo y esfuerzo a la erección de los principales monumentos de Buenos Aires, entre otros la misma Catedral actual... Y solamente por la mentira, hija del odio, fue posible que abandonasen a los Padres.

LA EMPRESA DE TODO UN PUEBLO

(Por José Capmany Casamitjana) [2]

En una primera mirada general a la evangelización de América descubrimos que se debió no sólo a frailes, sacerdotes y predicadores de la fe, sino también a gobernantes, soldados y pobladores, así como al hecho del mestizaje y a la organización tanto civil como eclesiástica, bien ensambladas. Todos cuantos tomaron parte en el descubrimiento y población de las nuevas tierras fueron agentes de evangelización. Por una parte en el dominio político-militar y en la presencia cercana de los nuevos pobladores se apoya, en lo humano la labor de los hombres dedicados a la evangelización por su propia vocación eclesial. Pero esta cooperación fue mucho más directa. Todos, personal e inmediatamente, tenían asignado su papel en la evangelización —lo cumplieran bien, regular o mal— en virtud de la prevalencia de la intención religiosa que

---

[2] *Las Iglesias de España en la evangelización de América*, Bac, Madrid, 1986.

parece lógico estuviera ya presente en el proyecto inicial de los Reyes y de Colón, y que luego, ciertamente, animó todo su desarrollo.

No se puede reducir la intención latente de la empresa a una simplicidad, que sería imprudencia en el espíritu de un gobernante o de tantos hombres que allí fueron con afán de aventura y de riquezas, quienes lógicamente buscaban bienes de orden político y económico. Pero a partir de las Bulas de Alejandro VI, tanto los documentos como los hechos nos muestran claramente cuán fuerte estaba el deseo de evangelizar a las personas y pueblos con quienes se empezaba a conectar en el corazón de los Reyes y del pueblo, protagonistas de la compleja epopeya americana. Esta intención resplandecía singularmente en el ofrecimiento misionero de los religiosos y de los sacerdotes.

La historia testifica hechos que traslucen desde el primer momento la preocupación misionera de los Reyes, que, si bien no se explicita en las capitulaciones de Santa Fe, es registrada en la carta entregada a Colón para que la exhibiera ante los príncipes que hallare en el viaje. En dicha carta se dice que Colón es enviado

> por varias causas y negocios concernientes al servicio de Dios y acrecentamiento de la fe ortodoxa, así como para beneficio y utilidad nuestra.

Esta intención es tenida en cuenta por Colón en su diario de a bordo, cuando escribe que emprende el viaje enviado por los reyes para visitar a los príncipes, pueblos y tierras de los indios y para ver «la manera como se pudiera tener para la conversión de ellas a nuestra santa fe». Se reafirma en lo que escribe el 27 de noviembre, ya de regreso, donde manifiesta su deseo de que vayan a la nueva tierra descubierta solamente los buenos cristianos católicos,

> pues éste fue el fin y el comienzo del propósito, que fuese para acrecentamiento y gloria de la religión cristiana.

Concuerdan estas frases del descubridor con el ideal religioso de su vida que Leturia estudió a partir de la fundación de su mayorazgo [3].

---

[3] «Ideales políticos y religiosos de Colón en su carta institucional del Mayorazgo», 1498, en *Revista de Indias*, Madrid, 1951, p. 679.

La finalidad evangelizadora, por su propia excelencia superior, siempre ha de orientar el corazón del creyente más que ninguna otra. Más aún: ha de moderar todas las intenciones legítimas que se pudieren mezclar en cualquier proyecto y acción. ¿Fue así continuamente en los Reyes Católicos? La respuesta afirmativa tiene amplia prueba, que aquí sólo apuntaremos. Las Bulas de Alejandro VI, que, al conceder el Patronato regio de Indias, ya en el mismo comienzo de la gran empresa imponen el deber de evangelizar, fueron primero pedidas y luego aceptadas de todo corazón. La Bulas confirmaban el deseo real y le daban forma, notoriedad, urgencia y cauce. Enlazaban la ocupación de tierras, a través de su repoblación con españoles y de la ordenación sociopolítica de los indios, con el propósito evangelizador, que aparecerá como la gran razón justificativa de aquella amplia acción. No fueron documentos para el archivo, sino que se tuvieron en cuenta siempre, como punto de partida, en los muchos problemas que se plantearon a la conciencia moral de los Reyes en el decurso de la historia americana, especialmente en el siglo XVI.

No es del caso desarrollar ahora el argumento histórico, en el que deberían anotarse muchos hechos confirmativos del peso permanente de la intención evangelizadora, confirmada e imperada por el propio Papa. Pero, por su valor singular, no puede silenciarse el testamento de la reina Isabel, donde con tanta sinceridad y llaneza dice que en relación a las tierras descubiertas o por descubrir que le fueron concedidas por la Sede Apostólica, su principal intención fue

> de procurar inducir y traer los pueblos de ellas y convertirlos a nuestra santa fe católica y enviar prelados, religiosos y clérigos y otras personas doctas y temerosas de Dios para instruir a los vecinos y moradores de ellas en la fe católica, y enseñarles las buenas costumbres, y poner en ello la diligencia debida.

Aunque la historia discurre por el quehacer de los hombres libres y a veces desconcertantes y caprichosos, lo normal es que una cierta lógica enlace los acontecimientos sucesivos y semejantes. Con razón se cita la conquista de Canarias, en la cual hubo ciertamente intención evangelizadora, como antecedente del hecho americano. Además, habida cuenta del afán de extender la fe y la Iglesia, propio de la época y del cual los Reyes Católicos estaban muy poseídos, era lógico que ante un acontecimiento de la importancia del descubrimiento de nuevas tierras y grupos humanos todos se comportaran fundamentalmente conforme a su fe, pensar y sentir[4]. La intención real, compartida por Colón, impregnaba toda aquella historia y le daba una vivencia singular y unidad de contenido en su generalidad.

Es de advertir, sin embargo, que no se puede pretender que los hombres se comporten como ángeles. Tampoco que el espíritu aventurero que movía a muchos estuviera exento de ambiciones excesivas y de apasionamientos peligrosos. Más aún, en muchos casos la rudeza —póngase el ejemplo de Hernán Cortés— llevó a un desarrollo desenfocado y hasta contraproducente de la misión evangelizadora. Las sombras no faltan, pero no eclipsan la luz evangélica y evangelizadora que iluminó los caminos de la empresa americana.

La ordenación territorial de las poblaciones, tanto de españoles como de indios, fue un factor que favoreció la evangelización. Las reducciones donde los indios, antes muy dispersos, eran agrupados en poblados y educados a vivir en familia y a trabajar mejor la tierra constituían un lugar adecuado para la evangelización a cargo del misionero, que compartía su vida con ellos. Fueron, pues, conjuntas la tarea civilizadora y la iniciación a la nueva vida cristiana. Desde ambos puntos de vista fueron pensadas y luego realizadas con atención al doble objetivo. Cuando la evangelización había ya progresado —generalmente a los diez años— pasaba a ser una «doctrina», donde el grupo de indios ya convertidos era dominante. La separación entre las poblaciones indias y españolas, que se estableció principalmente por razones prácticas, sobre todo para delimitar y respetar las propiedades de unos y otros, no impedía la convivencia de los dos grupos y el trato de indios con españoles. Resalta Chaunu que el mayor contacto directo entre indios y españoles se logró precisamente en el aspecto evangelizador[5]. La doctrina católica sobre la unidad del género humano y la universalidad de la redención inspiraban la legislación al tiempo que fundaban la evangelización.

Pronto se crearon obispados, y los 19 que existían ya en 1546 fueron agrupados en tres provincias eclesiásticas (Lima, Santo Domingo y

---

[4] Cf. R. García Villoslada, «Sentido de la conquista y evangelización de América según las Bulas de Alejandro VI» en *Anthología Annua XXV*, Roma, 1978, p. 382.

[5] Cf. P. Chaunu, *L'Amérique et les amériques de la Préhistoire a nous jours*, París, 1964.

México), dejando de depender de Sevilla. Aunque de ellos se siguieron algunos conflictos entre los obispos y los religiosos, el hecho fue positivo para la tarea evangelizadora: favoreció la unidad entre los ministros de la Iglesia, la estabilidad de todas las comunidades de creyentes y la represión de los abusos de los españoles, que tanto dañaban la causa de la evangelización. Evitó que se formaran dos iglesias correspondientes a los dos grupos étnicos.

La obra evangelizadora se desarrolló, según las condiciones propias de la época, en la línea de lo que hoy llamamos evangelización integral. Lo recordaba el Papa en Santo Domingo al afirmar que

> la expansión de la cristiandad ibérica trajo a los nuevos pueblos el don que estaba en los orígenes y gestación de Europa —la fe cristiana— con su poder de humanidad y salvación, de dignidad y fraternidad, de justicia y amor.

Esta preocupación se plasmaba en hospitales, escuelas, colegios y universidades, a cargo del Patronato Real. Más aún: puede afirmarse que, según los condicionamientos de la época, hubo notables avances en el orden social, tanto a nivel básico familiar como a nivel ciudadano y político a través de las reducciones, donde los indios ostentaban funciones de gobierno.

El valor del objetivo evangelizador, tomado en su totalidad, estuvo muy presente en la argumentación de Vitoria, en sus planteamientos de justificación de la ocupación española. Ello confirma el criterio que presidía la obra amplísima de los españoles en América.

La intención misionera, favorecida por una estructura social y eclesiástica adecuada y desarrollada con amplio objetivo, fue vehiculada y convertida en obras concretas por los misioneros en primer lugar. Ellos fueron los artífices más destacados de la «tarea ingente y secular» que estamos estudiando. El Papa lo reconoció con palabra emocionada en el mensaje de Zaragoza antes citado:

> Una siembra generosa y fecunda fue la de aquellos misioneros españoles y portugueses que sembraron a manos llenas la palabra del Evangelio, en un esfuerzo que llega hasta hoy y que constituye una

de las páginas más bellas en toda la historia de la evangelización llevada a cabo por la Iglesia.

Es fácil imaginar las penalidades de la aventura misionera, que ponen de manifiesto el caudal de generosidad dirigido hacia aquellas tierras. Piénsese, por ejemplo, que las travesías marítimas, con mucha incomodidad y riesgo de naufragio, duraban unos tres meses.

Los Reyes, «para descargar su conciencia», como confiesan a menudo, cuidaban de que fueran a América personas consagradas a Dios, aptas, en todos los aspectos, para la obra evangelizadora. Ya en el segundo viaje de Colón fueron Bernardo Boyl (antiguo ermitaño de Montserrat y gran amigo del rey Fernando) con un grupo de unos doce [6]. Tenemos datos muy precisos de las expediciones sufragadas por el erario real: llegaron a 5.418 (seguramente algunos más) los religiosos sacerdotes enviados al terminar el siglo XVI; a ellos hay que añadir un centenar de estudiantes y otro de legos. A mitad de siglo (concretamente en 1551) se había pasado del millar y en 1568 se llegó a los dos mil. Pero al margen de éstos, otros muchos fueron enviados por sus propias instituciones, de modo que el número de misioneros fue aún superior a lo dicho [7].

Los religiosos cargaron casi exclusivamente con esta tarea. Providencialmente era entonces muy grande el número de religiosos en España. De los conventos franciscanos salió la mitad de los misioneros del primer siglo; con ellos fueron los dominicos, agustinos, mercedarios y, más adelante, jesuitas, carmelitas y otros. El temor de los superiores religiosos por los riesgos que tenía tal empresa fue superado por el aliento del Papa y las medidas tomadas para asegurar que solamente fueran a América religiosos observantes y capaces. En los exámenes previos de misioneros se era exigente.

Llegados a América, tenían libertad de predicación, y así pudieron vencer las trabas que a veces encontraron en encomenderos y en algunos poseedores del poder civil. Fieles a la Corona, le hacían llegar noticias de sus problemas con toda franqueza. En el suelo americano

---

[6] Cf. P. Castañeda, Boyl, B., en *Diccionario de la historia eclesiástica de España*, vol. I, p. 281.

[7] Cf. P. Borges Morán, *Al envío de misioneros a América durante la época española*, Salamanca, 1977, pp. 477-500.

predicaban sencillamente el Evangelio a los indios, con la pedagogía del amor que descubre maneras adecuadas de hacerse comprender, ya sea con imágenes inteligibles, ya con la preocupación sincera por cuanto les favorecía verdaderamente. Recordaban a los cristianos españoles los deberes que tenían ante Dios y ante su Rey, sostenían su fe, elevaban su moral y les reprendían cuando era justo y preciso. Eran sus pastores, que habían de desarrollar ante ellos una catequesis situada, es decir, atenta a las nuevas situaciones de estos cristianos, no siempre favorables a su vivir cristiano. Creaban sociedad con su actividad en la escuela, el hospital y las doctrinas. Tuvieron pronto casa de formación, donde acogieron vocaciones, principalmente surgidas entre los criollos.

El clero secular estuvo representado en las primeras expediciones, pero tuvo poca actividad misionera propiamente dicha. Se fundaron seminarios. Hubo un intento de formación del clero indígena, que fracasó tal vez por prematuro. Luego se volvió al tema, pero hay que reconocer que fueron pocos los indios que alcanzaron el sacerdocio en los primeros decenios y que no llegaron a ostentar cargos de importancia jerárquica en la Iglesia.

Sin mengua alguna del papel principal de los misioneros, no sería justo silenciar la parte de la población española de origen en la tarea evangelizadora. También sobre ellos cargaban responsabilidades misioneras, como se consignaba en las cédulas, por las que se concedía el derecho de ir a poblar. En las Leyes de Indias leemos esta prescripción, apenas inteligible en nuestra época: «que hecha amistad con los naturales, se les predique la santa fe, conforme a lo dispuesto».

La institución de los encomenderos venía a ser, en parte, una cierta formalización y cauce del apostolado seglar. Al encomendero se le asignaba un número de indios libres para europeizarlos, a cambio de una prestación personal o de un tributo, pero al mismo tiempo se le encargaba el deber de «instruirles e informarles en las cosas de nuestra santa fe con mucho amor», como reza bellamente la instrucción del rey Fernando a Diego Colón, del año 1509. La intención de los creadores de la encomienda no estuvo en sintonía con la acción de muchos encomenderos avariciosos y poco celosos de la evangelización. Hubo en aquélla una dosis de ingenuidad, que tiene, sin embargo, el mérito de buscar cómo hacer el bien a los indios total y cristianamente.

El incumplimiento de los encomenderos, y más aún, los positivos abusos en el trato con los indios por parte de muchos de ellos, originaron continuos problemas desde el primer momento. Los dominicos, y entre ellos Montesinos y Las Casas, hicieron suya la causa de los indios en las largas disputas del primer siglo americano. La institución no fue suprimida hasta principios del siglo XVIII. A juicio de Gómez Hoyos, no fue del todo negativa la aportación de los encomenderos a la evangelización: construyeron iglesias, sostuvieron el culto y a los ministros de la doctrina y facilitaron las reducciones. Por lo cual —resume— «no se les podría negar a los encomenderos algún relativo mérito en la obra cristianizadora a los índigenas» [8].

En relación a la aportación de los españoles laicos a la obra eclesial en América hay otro aspecto que, aun siendo muy importante, no suele ser atendido. Me refiero al hecho de que, siendo cristianos y viviendo juntos en su propias villas, por ellos —junto con sus pastores— empezó a existir la Iglesia en América. Es interesante considerar cuántos y cómo eran los que iban saliendo de España para «ir a poblar». En los estudios recientes de Mörner se dan crifras de cierta garantía [9]. Calculando a partir del número de naves que hicieron la travesía durante los primeros cuarenta años del siglo XVI, se llega a unos 35.000. La emigración fue creciendo a ritmo acelerado, y a fines del siglo XVI, sobre una población total española de menos de ocho millones, llegó a partir para las Indias una cifra de cuatro mil anuales. Era gente joven, y el promedio de varones fue del 90 por 100 al principio, para bajar a poco más del 70 a fines del siglo XVI. La falta de mujeres, junto al espíritu joven y aventurero, explica no pocos hechos, máxime teniendo en cuenta que en general la población emigrante no solía ser de mucha calidad humana.

Su fe era sencilla y se manifiesta en un aprecio del título y ser de cristianos (si tomaba esposa india, ésta debía bautizarse antes de la boda), en una devoción a la eucaristía de adoración y de cumplimiento del precepto dominical y una piedad filial muy sentida a la Virgen María, junto con un fuerte temor del infierno y un casi terror ante las penas eclesiásticas. Escuchaban al sacerdote cuando les recriminaba sus

---

[8] R. Gómez Hoyos, *La Iglesia de América en las leyes de Indias*. Madrid, 1961, p. 142.

[9] M. Morner, en *First images of America II*. California, 1976.

pecados, y por ellos hacían penitencia, sobre todo al final de su vida. El establecimiento definitivo y los años fueron mejorándolos poco a poco. Estos hombres y estas mujeres están en el origen de la población actual de América, junto con los indios, los negros y los componentes de las grandes emigraciones del siglo XIX, durante el cual llegaron a América unos 50 millones de personas, de modo que la población no india de América se multiplicó por más de siete en sólo cien años [10].

Estos hombres, con sus limitaciones y defectos, eran bautizados y se reunían para la oración y la Eucaristía, como lo hacían en sus iglesias de España antes de emigrar. En su nueva ubicación, junto con sus pastores, formaron las primeras comunidades de fe que existieron en América. En las villas donde se instalaron —algunas de las cuales, con el tiempo, llegarían a ser las grandes urbes de la América actual— iniciaron iglesias (comunidades de fieles) que hoy pesan mucho en la cristiandad. De estas familias empezaron a surgir vocaciones ya a fines del siglo XVI. Es importante prestar atención a esta inicial implantación de la Iglesia en América por trasplante de las de España. Ello da a esta obra evangelizadora unas características únicas, que luego estudiaremos.

El mestizaje es un fenómeno de gran interés en el desarrollo de todo el proceso, tanto civil como eclesial. El discurso del Papa en Santo Domingo hace esta preciosa referencia.

> Los hombres y los pueblos del nuevo mestizaje americano fueron engendrados también por la novedad de la fe cristiana.

En el origen del mestizo juegan muchas y variadas razones, entre las cuales no está ausente el concepto cristiano de la persona humana, por encima de distinciones raciales. Las vicisitudes que siguió el proceso de admisión de los mestizos a las órdenes sagradas, en los primeros decenios, no se fundan en prevenciones raciales. En este asunto entraban en juego varios elementos propios de aquel momento histórico: el origen muchas veces ilegítimo de los mestizos, el descuido de su educación en la niñez, que dejaba huella para toda la vida, y cierto desprestigio social colectivo derivado de estas mismas razones. A pesar

---

[10] Cf. P. Chaunu, *op. cit.*

de las prohibiciones reales de 1578, algún obispo siguió ordenando mestizos. Pronto el mestizo obtuvo una consideración social sin reserva alguna, y hoy, con ojos cristianos, en un gozo de contemplar una comunidad eclesial americana, con su signo inconfundible de la amplitud del mestizaje.

Finalmente, hemos de anotar que también los indios fueron agentes de la evangelización. Las conversiones auténticas dieron el fruto connatural de un ansia de evangelizar a sus propios pueblos. Algunos de los primeros concilios americanos hablan de «los fiscales» indios, con funciones eclesiásticas parecidas a las de los diáconos casados de nuestros días. Las comunidades de creyentes que se formaron en las «doctrinas» de los indios han de contar también entre las primitivas comunidades cristianas de América.

Junto a la acción desplegada en América por los misioneros y grupos de cristianos —españoles e indios— establecidos en las nuevas tierras corre paralela la solicitud de la Iglesia en el propio suelo español. Ya hemos adelantado algo al subrayar la preocupación evangelizadora de los reyes y su empeño generoso en el envío de personal apto y abundante para la obra envangelizadora. Los monarcas no repararon en gastos a la hora de colaborar en el desenvolvimiento de la Iglesia que nacía y se propagaba en tierra americana. Veían en aquella Iglesia una continuación de la de España, en cuya vida tanto intervenían, así como el fruto del quehacer misionero que les había impuesto solemnemente el Papa. Así pudieron edificarse templos cristianos, escuelas y hospitales de marcado carácter confesional, y los misioneros fueron debidamente atendidos, lo mismo que las estructuras eclesiásticas que iban desarrollándose.

Hoy se cuestiona esta actuación real, que —como todo lo humano— tuvo también sus aspectos negativos. No hay duda que el mandato de las Bulas se interpretó extensivamente, justificándose ello con la teoría vicarial a fines del siglo XVI. Pero no debe olvidarse que nos hallamos ante un evento grandioso y verdaderamente nuevo en la historia, que, por ende, exigía mucha creatividad, a veces con carácter de urgencia. Es evidente que el proceso evangelizador y eclesializante hubiera sido otro muy distinto sin esta intervención real, es decir, si se hubiese realizado por la Iglesia con la plena independencia del poder civil, como hoy se trabaja o se desea trabajar en la Iglesia. Surge entonces inevitablemente una pregunta: el resultado, ¿hubiera sido mejor o peor? Nadie puede dar respuesta cierta a ella; así, pues, carece de sentido lamentarse, sin más, de esta asociación de Iglesia y Corona.

Para entender y valorar esta acción conjunta han de tenerse en cuenta las circunstancias de la vida eclesial, tanto en España como en Roma, durante el siglo XVI, decisivo en todo el proceso. ¿Cómo la Iglesia, sola, hubiera podido responder a tanto envite? Al historiador circunspecto no le extraña que los eclesiásticos de la época, dotados de un sano sentido realista, no se sintieran molestos, en principio, por la cooperación de la Corona, aunque sufrieran en algunos de conflicto. Pero, ¿es que en la vida eclesiástica pura no se dan conflictos?

Es de advertir que en esta operación la Corona interpretaba bien el sentir del pueblo. Los poderes políticos, aun en los regímenes más absolutistas, no pueden mantener largo tiempo una línea de acción contraria al sentir del pueblo cuando esta línea toca de cerca sus intereses y su vida íntima. Entonces el pueblo, de mil maneras y con creciente presión social eficaz, manifiesta su discrepancia, y a la corta o a la larga se sale con la suya. El número de misioneros —surgidos en la entraña del pueblo profundamente creyente— que se ofrecían voluntarios, las solemnes procesiones con que eran despedidos, el afán de ir a poblar de tanta gente joven y otros muchos hechos eran signos inequívocos de una aceptación cordial de la empresa tutelada por los reyes en la totalidad de sus objetivos.

Por lo que respecta a las propias comunidades eclesiales de España, hay que anotar el buen estado espiritual en que se encontraban. Fue una feliz y decisiva circunstancia ante tanta tarea como se ofrecía y exigía por el descubrimiento, interpretado a la luz de una prevalente intención evangelizadora. Fue una Iglesia decidida que tuvo que improvisar mucho, y que a veces incluso pecó de ingenuidad a causa del mismo entusiasmo de que estaba poseída. ¿Cómo hubiera podido enfrentarse con tanta responsabilidad una Iglesia afectada por los gérmenes que empezaban a manifestarse en otros países o cavilosa como suele ser la comunidad eclesial en estado de decadencia? No se dio esta hipótesis por Providencia divina, que, como suele, obró con una clara cooperación humana.

Desde el poder real, con el consejo y ayuda de sabios y santos varones, se había trabajado mucho y bien en la reforma religiosa de la Iglesia durante toda la segunda mitad del siglo XV. Todo se fue realizando por el cauce legítimo, es decir, solicitando de continuo la intervención papal y apoyando a los reformadores como Talavera, Deza, Cisneros, Juan de Tolosa, García Cisneros, y otros. Esta preocupación se mantuvo siempre en el ánimo de la reina Isabel, que dos días antes de morir insistía en la necesidad de apoyar a los reformadores auténticos y en cuidar de que jamás traspasaran los límites de los poderes recibidos [11].

Merece capítulo especial la preparación teológica de España, puesta a prueba en los nuevos problemas morales del hecho americano. Éstos, a su vez, acuciaron a los teólogos y a los juristas. Hubo delicadeza de conciencia, a veces rayana en el escrúpulo, en el juicio de lo que allí acontecía o de allí se denunciaba. No sólo se buscaba con argumento teológico lo que en sí era moralmente correcto, sino que además se atendía a la dimensión testimonial de la obra total. Aquí estuvo la parte, espléndida, de los teólogos en la empresa. De esta Iglesia, con buena salud doctrinal, moral y espiritual, surgieron al mismo tiempo las grandes aportaciones a la evangelización de América y a la reforma tridentina.

UNA NATURALEZA HOSTIL

(Por Roberto Levillier) [12]

Comer para sobrevivir fue en todas las aventuras obsesionante pesadilla. Al trasladarse los conquistadores de un punto a otro, ignorando las vicisitudes del camino, no les era posible prever cantidades, ni fijar raciones como en el mar. Además con ásperas laderas, picos escarpados, breñas en las cuales no se veía a tres metros de distancia, vados de ríos por puentes improvisados y marchas por extensas ciénagas, no era factible llevar fardajes voluminosos, porque éstos se perdían en las aguas de los bañados, y si allí no desaparecían, acababan con ellos las hormigas y la humedad. Preciso era fiar de la suerte, «Será lo que Dios quiera», fue ley diaria. Desde los primeros pasos conoció Francisco Pizarro ese martirio. En el camino de Tumbez a Trujillo, no halló co-

---

[11] Cf. V. Rodríguez Valencia, *Perfil moral de Isabel la Católica*, Valladolid, 1984, p. 308.
[12] *El Paitití, el Dorado y las Amazonas*. Buenos Aires, 1976.

mida ni agua. Deshechos sus soldados, se tiraban sobre lo que fuera capaz de sostenerlos en pie. Así murieron unos por comer serpientes y escuerzos y otros por haber tragado crustáceos pesados. La escasez no era consecuencia de la imprevisión sino de accidentes que malograban los alimentos. Pedro de Alvarado padeció iguales necesidades en 1533, en su trayecto de la Bahía de Caraque a Quito. Pasó por arcabucos de leguas, bajo tórridos calores, sin beber. Felizmente le enseñaron los indios a usar de unas cañas gruesas y con púas, que dan agua dulce. Por no morirse de hambre, sacrificó caballos. En sólo Puerto Nevado, perdió 125 hombres. En estas expediciones, si se jugaban la vida los cristianos, también lo hacían los indios. Se ofrecían de guías y mientras preparaban a lo lejos la emboscada de exterminio, incitaban amablemente a sus protegidos a dirigirse al punto del camino que ellos sabían ciego y fatal. Casi nunca prosperaban tales planes por haberse vuelto automáticamente la desconfianza de los blancos desde los primeros años de adaptación al medio; pero los combates no concluían sin muertos y heridos, sobre todo en las montañas, donde el soroche golpeaba a los fatigados... Los tupidos bosques que cubrían la falda oriental de la cordillera, había que abrirlos a machetazos. Resultaba así difícil sentir la presencia de los indios, los dardillos silenciosos de las cerbatanas sopladas desde lo alto de los árboles, adivinar la ponzoña en el agua y en las púas del musgo y eludir las trampas de hojas y ramas acumuladas sobre hoyos en cuyos fondos se alzaban estacas filosas. Los arcabuces se dejaban a veces de lado por echarse a perder la pólvora. La llevaban en largos picos de tucanes convertidos en bolsas, pero la humedad podía más. Resulta elocuente en su concisión esta queja de un soldado de Orellana:

> El calor húmedo de Zumaco puede podrir la mejor verdura de una semana y lo que no se pudre se malogra por los insectos y sabandijas. En cuanto al acero púlalo usted, restrégaselo cuanto quiera, que en la mañana será herrumbre... Nos atormentaba una lluvia que rara vez cesaba y el calor, el ataque de los insectos, el hambre y la fiebre.

Los mosquitos, el pium, el jején, los tábanos y sobre todo las hormigas eran los más asiduos enemigos del blanco. De estas últimas era peor la sunchiron que cava en el palo santo, haciendo suyos esos árboles altos, de color claro y madera blanda. Parecen de lejos pilares de catedral pues carecen de ramas y follaje y nada crece a sus pies. Siempre voraces se lanzan esas horribles hormigas sobre los seres humanos, siendo la huida y el agua las únicas defensas posibles. Variedades son las tangaranas rojas y las negras, tocandeiras, diabólicos engendros de cuatro centímetros de largo, dotados de pinzas dignas de un cangrejo. Brama quien las siente, pues donde toca, arde la piel y sangra. La sauba corta las plantas como con tijeras y deshace las ropas. Los chacos de hormigas negras llamadas ecitones han sido descritos por numerosos mirmecólogos y exploradores. Avanzan por millones en tropa regulada y cuanto encuentran a su paso queda esqueletizado. Cuenta un naturista que una falange de esas se comió un jaguar enjaulado, en una noche. Hasta los osos hormigueros huyen de ellas. En el Perú, como en Paraguay y Misiones, penetran en las casas librándolas de ratas, cucarachas y garrapatas: acaban con todo. Se ha dado a estos regimientos sanitarios el nombre de *La Corrección*. Exiten sólo en África y en la región tropical de América y se ha hecho el cálculo de que actúan dos millones a la vez. El ataque de estas nómadas es peligroso como lo es el de los reptiles pegados a los árboles: parecen enredaderas y se catapultan con la velocidad de un proyectil. Cobras y dormideras se recuestan debajo del colchón de hojas y hongos del suelo y son de cuidado como la víbora de la cruz y el jaraca. La surucucu del Brasil —shushupe de la selva peruana— busca conejeras o cuevas desde donde salta y muerde hasta vaciar su bolsa de veneno. Monstruo máximo es la anaconda o amaru, que vive en el agua y en tierra. Sus medidas son de 5 a 20 metros. No teme al fuego prendido en el campamento y cuando se enrosca alrededor de una hamaca rompe los huesos de la víctima, y la reduce para tragarla, a la delgadez de un tubo. Surge también en ríos y pantanos, como el caimán. Su cuero es de una pulgada de espesor. ¿Qué hacer contra semejante monumento cuando aparece en una barbacoa o se eleva en el agua? Cuenta un explorador haber visto a una envolver una canoa y romperla por la mitad. Por suerte es larga su digestión y le basta, como a la boa constrictor, un cerdito de 40 kilos para dormir y ser inofensiva un mes. Las arañas obsesionaban a los conquistadores, sabiendo que de las techumbres de paja de los bohíos salía de noche la apazanca mortal. Vivían además entre los plátanos, la bananera hirsuta, y en ciertos árboles la migales, del tamaño de un plato, cazadora de pájaros. Por suerte a estas arañas grandes las perseguían las avispas, con éxito. Del huaco, que ataca y mata a los reptiles, recibieron la lección de los contravenenos. Herida, acude esa pequeña ave al bejuco y masca hojas de esa liana hasta sentirse repuesta; luego vuelve a la lucha. Frotar la herida de las picaduras con el jugo de las hojas, también es antídoto. Esas trepadoras gruesas y fuertes cuelgan de los árboles y envuelven a quien transita sin cuidar donde pone los pies. Cuéntase de un fraile que pudo librarse de un tigre, matándolo con una albarda, por enredarse éste en una red de bejucos. Tropezar con lianas finas o gruesas es también provocar la caída de bichos dañinos desde lo alto de los árboles.

....

En la maraña hiere la muerte, tan súbita como la que surge vivaz. Bellezas colindan con horrores. Brillan las luciérnagas en la noche: parecen faros verdes o rojos, pues iluminan vaguedades inquietantes. Entre magnolias, nardos y azucenas, recostada en rama gruesa, descansa la repelente iguana y, no lejos, el tucán risible. Las mariposas, de bellísimos colores y de insólitas dimensiones, alegran el aire con sus vuelos de avión o de hoja. Las hay de raso o de terciopelo y otras son transparentes. Pero también vuelan, en esa tierra de sorpresas, cucarachas y vinchucas. Quien cae, muere entre la poesía del color y el aroma de flores. Lo contradictorio ratifica la capacidad inventiva de la naturaleza y la variedad de sus creaciones. Fragancias indefinibles llegan entre gracias de pirinchos y aguas descompuestas. Todo se va y reaparece, sin trama secreta, pues lo que asquea, deslumbra o espanta, es simplemente la vida en eterna lucha contra la muerte (...).

Muy escueta imagen, es ésta del medio avasallador que conocieron los españoles en su búsqueda de El Dorado y su laguna, las Amazonas y las riquezas del Paitití. Las penalidades fueron incontables; los riesgos de perecer, diarios; las muertes, miles; pero en esa riña magna iban memorizando los sitios de excepción, y más tarde establecieron en ellos chacras, labranzas, cateo de minas, reducción de indios y ciudades. Impulsados por sus conceptos civilizadores multiplicaron las misiones religiosas y estructuraron estados. Así, ya a fines del siglo XVI, esos hijos vigorosos de la cultura europea y la religión cristiana, habían elevado mental y moralmente la vida de ese inmenso medio tan espléndido como bárbaro, y formado con los aborígenes, en la fusión de razas, el embrión de una nueva España.

LA CONQUISTA COMO EVANGELIZACIÓN

(Por Alfredo Sáenz) [13]

No se puede volver los ojos a los orígenes de América sin tropezar con el pergamino y los sellos de plomo de las Bulas pontificias promulgadas por Alejandro VI, con fecha 3 y 4 de mayo de 1493, por las que aquel Pontífice donaba las tierras descubiertas y por descubrir, al tiempo que las demarcaba con la debida precisión. Es que tras la noticia del Descubrimiento, los Reyes Católicos se habían dirigido al Papa con el objeto de plantearle sus dudas morales acerca de sus derechos para ejercer soberanía sobre las tierras recién descubiertas. En carta al Papa, los Reyes le habían solicitado la concesión de dicha soberanía dándole un motivo esencial que el Papa haría suyo como razón principal de dicha donación, a saber, la tarea de la evangelización de las tierras descubiertas y por conquistar, en continuidad —aun cronológica— con la secular epopeya que culminó en la reconquista de Granada. Tal sería el nervio de la empresa americana, el ímpetu sagrado que explica la gesta estupenda de la Conquista, la idea-fuerza que permite a España llevar la civilización cristiana a todos los pueblos y razas que estuvieron bajo su influencia.

El problema Moral de *los justos títulos* siguió acuciando la delicada conciencia de los Monarcas. El único título que los Reyes invocan una y otra vez ante el Papa, y el único que éste acepta, es el declarado propósito evangelizador. Para quien desconoce las bases religiosas sobre las que descansaba la conciencia social del medioevo, perdurante en España, la actitud de los Reyes resulta desconcertante, si no increíble, o incluso hipócrita. Por supuesto que hubo también intenciones políticas, tanto en Fernando al pedir la Bula, como en el Papa al concederla, pero no se puede negar que Fernando puso la mejor de su voluntad para cumplir el destino evangelizador de la Conquista, y Alejandro VI, a pesar de lo turbio de su personalidad, se apasionó sinceramente por la conquista espiritual del Nuevo Mundo.

Nuestra principal intención —dejó dicho Isabel en su testamento— fue, al tiempo que lo suplicamos al papa Alejandro VI, de buena memo-

---

[13] *Anuario del V Centenario.* Buenos Aires, 1987, cap. 4.

ria, que nos hizo la dicha concesión de procurar inducir y traer los pueblos de ellas, y los por descubrir a nuestra Santa Fe Católica, y enviar a las dichas Islas y Tierras firmes, prelados y religiosos, clérigos y otras personas devotas y temerosas de Dios, para instruir los vecinos y moradores de ellas a la Fe Católica y los adoctrinar y enseñar buenas costumbres...

La Reina Católica cierrra ese magnífico documento con una súplica a sus sucesores «que así lo hagan y cumplan, y que éste sea su principal fin». No resulta pues extraño que en las primeras instrucciones dadas a Colón antes de su segundo viaje, se lea:

Sus Altezas, deseando que nuestra Santa Fe Católica sea aumentada y acrecentada, mandan y encargan al almirante Cristóbal Colón que por todas las vías y maneras que pudiere procure e trabaje a traer a los moradores de dichas Islas e Tierra firme a que se conviertan a nuestra Santa Fe Católica, y para ayuda a ello Sus Altezas envían allí el devoto padre Fray Buil juntamente con otros religiosos que dicho Almirante consigo ha de llevar...

Podemos así afirmar que fue el afán de la conversión el que inspiró principalmente a la España idealista y heroica a la conquista de América, enraizando en la empresa el misticismo como elemento histórico fundacional. Los Reyes que así hablaban se encuentran, para gloria nuestra, en las primeras páginas de la historia de América, suplicando a sus sucesores que cumplieran su intento como *principal fin* de la Conquista y población de nuestras tierras.

La preocupación evangelizadora marcó la línea política de los Reyes de España. Así en 1534, al conceder Carlos V las tierras del Río de la Plata a don Pedro de Mendoza, estatuía terminantemente que había de llevar consigo religiosos, y que no había de ejecutar acción alguna de importancia sin la previa aprobación de los mismos. Estos términos son mantenidos y reiterados por todos los Monarcas de la Casa de Austria y los dos primeros Borbones. Como resulta obvio, el propósito esencial de Conquista no se hubiera alcanzado sin una perfecta compenetración entre los dos poderes, el temporal y el espiritual, simbiosis que no conoce mejor ejemplo en la historia.

El militar español en América —escribe Ramiro de Maeztu— tenía conciencia de que su función, esencial e importante, era primera solamente en el orden del tiempo, pero que la acción fundamental era la del misionero que catequizaba a los indios. De otra parte, el misionero sabía que el soldado y el virrey y el oidor y el alto funcionario, no perseguían otros fines que los que él mismo buscaba.

Esto diferencia sustancialmente la evangelización de América de otras evangelizaciones. Francisco Javier, por ejemplo, misionero sin duda eximio, predicó incansablemente en la India, campanilla en mano, enseñando la doctrina y los mandamientos en los idiomas indígenas, trabajosamente aprendidos. Pero a su labor misionera le faltó el apoyo de un Gobierno como el español, el apoyo del poder temporal. Resulta una constante histórica que sólo en aquellas regiones donde la evangelización se realizó con la cooperación de los dos poderes, o mejor, del poder temporal y de la autoridad espiritual, sólo allí hubo cristiandades, es decir, pueblos cristianos, como en Filipinas, única nación del Oriente plenamente evangelizada. En su magnífica obra *Política Indiana*, su autor, Solórzano Pereira, comienza la parte que dedica a las cosas eclesiásticas y el Patronato con esta tajante afirmación: «La conservación y el aumento de la fe es el fundamento de la Monarquía». El espectáculo de una monarquía al servicio de una misión tan elevada, no dejó de entusiasmar al erudito escritor:

Si, según sentencia de Aristóteles, sólo al hablar o descubrir algún arte, ya liberal o mecánica, o alguna piedra, planta u otra cosa, que pueda ser de uso y servicio a los hombres, les debe granjear alabanza, ¿de qué gloria no serán dignos los que han descubierto un mundo en que se hallan y encierran tan innumerables grandezas? Y no es menos estimable el beneficio de este mismo descubrimiento habido respecto al propio mundo nuevo sino, antes, de mucho mayores quilates, pues además de la luz de la fe que dimos a sus habitantes, de que luego diré, les hemos puesto en vida sociable y política, desterrando su barbarismo, trocando en humanas sus costumbres felinas y comunicándoles tantas cosas tan provechosas y necesarias como se les han llevado de nuestro orbe, y enseñándoles la verdadera cultura de la tierra, edificar casas, juntarse en pueblos, leer y escribir y otras muchas artes de que antes totalmente estaban ajenos.

La España de la Conquista fue un pueblo en misión. Toda España fue evangelizadora en el siglo XVI, lo mismo los reyes que los prelados y soldados, todos los españoles del siglo XVI parecen misioneros.

Inseparable de la evangelización, como acabamos de oirlo de Solórzano Pereira, es la civilización, el quehacer cultural. En 1544, el obispo Zumárraga, refiriéndose a la conveniencia de imprimir la doctrina, aludía al número de indios capaces de aprovecharse de la misma «pues hay tantos de ellos que saben leer», lo que demuestra se había cumplido la Real Cédula de Fernando, de 1513, por la que se ordenaba que

> todos los hijos de los caciques se entregarán a la edad de trece años a los frailes franciscanos, los cuales les enseñarán a leer, escribir y la doctrina.

Treinta años después se haría necesaria la instalación de una imprenta, destinada a publicar libros para estos nuevos lectores. En 1552 un Concilio en Lima ordenaba a los clérigos tuvieran «por muy encomendadas las escuelas de los muchachos... y en ellas se enseñe a leer, y a escribir, y lo demás».

La labor de enseñar a leer y escribir a los indios fue verdaderamente ardua. Primero los misioneros debieron aprender las lenguas de los naturales, para poder elaborar vocabularios y gramáticas que hicieran posible dicha docencia. Las gramáticas, sermonarios y prácticas de confesionario que en los idiomas indígenas escribieron los religiosos son tan numerosos e importantes que bastan para constituir un monumento filológico sin par. La lingüística adquirió así una función netamente evangelizadora.

El P. Guillermo Furlong es quien mejor ha estudiado entre nosotros la obra educacional de España en América, ampliamente diversificada. Había primero, dice, una instrucción hogareña, en las casas de las familias pudientes, de los encomenderos; luego una instrucción conventual, ya que casi todos los conventos tenían escuela aneja; instrucción parroquial; instrucción particular, en colegios especiales; instrucción misionera, como en las reducciones de indígenas.

En lo que respecta a enseñanza superior, la Corona de España así dictaminaba:

> Para servir a Dios nuestro Señor y bien público de nuestros Reinos, conviene que nuestros vasallos súbditos y naturales, tengan en ellos Universidades y Estudios generales donde sean instruidos y graduados en todas las ciencias y facultades, y por el mucho amor y voluntad que tenemos de honrar y favorecer a los de nuestras Indias, y desterrar de ellas las tinieblas de la ignorancia, criamos, fundamos y constituimos en la ciudad de Lima de los Reinos del Perú y en la ciudad de Méjico de la Nueva España, Universidades y Estudios generales, y tenemos por bien y concedemos a todas las personas que en las dichas Universidades fueren graduadas, que gocen en nuestras Indias, Islas y Tierras Firmes del Mar Océano, de las libertades y franquicias de que gozan en estos Reinos los que se gradúen en la Unversidad y estudios de Salamanca.

Ya en 1538, es decir, 46 años después del Descubrimiento, se fundaba la Universidad Real y Pontificia de Santo Domingo; en 1551, las de Lima y México, a cuyo decreto de fundación acabamos de aludir; en 1573, la de Santa Fe en Bogotá, etc. Y así, el siglo XVI, el primer siglo de la presencia de España de América, veía la aparición de numerosas Universidades, alcanzando la vida intelectual un apogeo que nunca luego igualó. En 1613 se fundó la primera Universidad en territorio argentino, la de Córdoba.

En nuestra tierra esa educación fue profunda. Sabemos que Santa Fe contaba con escuela desde 1581, Santiago del Estero desde 1585, Corrientes desde 1603, Córdoba y Buenos Aires desde mucho antes. Asimismo poco a poco se establecieron los estudios secundarios y finalmente los universitarios. Durante los siglos XVII y XVIII, las escuelas se multiplicaron en Argentina de manera asombrosa, al punto que el analfabetismo fue escaso o nulo. Las bibliotecas particulares que han podido ser reconstruidas revelan que el grado de cultura de las clases superiores fuera realmente de categoría. La decadencia comenzaría a partir de 1806, en coincidencia con el hecho de las invasiones inglesas.

Ecos de esa cultura popular han llegado hasta nosotros gracias sobre todo al ímprobo esfuezo de Juan Alfonso Carrizo, quien logró reunir en diversos volúmenes las viejas canciones y coplas de nuestra tierra. La poesía de nuestro pueblo fue un estupendo trasplante del cancionero español, un trasplante cultural. Los hombres de la Conquista trajeron en sus labios cantares de los siglos XVI y XVII, y los volcaron acá; el natural los oyó y los cantó, porque la religión y la común cultura habían realizado el milagro de hacer de unos y otros un mismo pueblo. Carrizo recuerda que en 1931 oyó cantar en la Puna de Atacama, a cuatro mil metros de altura, a unos pastores que llevaban un ataúd en medio de la nieve: «¡Señor San Ignacio, / alférez mayor, / llevas la bandera, / delante de Dios!» Los centenares de poemas de elevada belleza teológica que Carrizo ha recopilado, digna de los Autos Sacramentales, nos muestran el acervo cultural con que España supo impregnar a nuestro pueblo sencillo. Se podría repetir también aquí aquello que dijera Chesterton tras visitar unos pueblitos de Castilla: «¡Dios, qué cultos estos analfabetos!» Las coplas son admirables: «el rico no piensa en Dios / por pensar en sus caudales: / pierde los bienes eternos / por los bienes temporales». Era la cultura evangelizada, o lo que ahora se ha dado en llamar «la evangelización de la cultura».

EL CONQUISTADOR

(Por José M.ª Salaverría) [14]

Entre los reparos que la sordidez de los historiadores pone a la empresa de América, uno de los más socorridos es el de atribuir a los indios toda la indefensión y a los conquistadores toda la superioridad de armas y elementos combativos: cañones, arcabuces, caballería y demás formidable aparato militar. Si el lector no se previene contra la sugestión de una fácil literatura, creerá verdaderamente que los indígenas fueron en todas las regiones de América unos pobres salvajes indefensos, y que la civilización europea ha poseído siempre y en todas las ocasiones los mismos recursos de poder y fuerza que hoy admira-

---

[14] *Los Conquistadores*, Madrid, 1923, IV.

mos. Por tanto, si el lector no se previene y se deja seducir por la fantasía de un hábil historiador, pensará que los españoles de Cortés y de Pizarro acometían a los indios con grandes y numerosos cañones de tiro rápido, con nutridas descargas de fusilería y con fuertes escuadrones de húsares. En el siglo XVI existían, es verdad, grandes y poderosos ejércitos, con buenos parques de artillería y fuertes reservas. Pero después de tocar sus trompetas y mandar decir pregones, Hernán Cortés pudo reunir un ejército de quinientos ocho soldados; menos fortuna tuvo Francisco Pizarro, el cual, de su viaje a Extremadura y de su recluta a Tierra Firme, reunió, para conquistar el Perú, ciento sesenta y cuatro hombres de guerra. También es cierto que en el siglo XVI había en Europa cañones y mosquetes. Pero los conquistadores no pudieron contratar baterías, regimientos de artilleros ni compañías de fusileros, sin duda porque en aquel tiempo costaban mucho tales artefactos y porque en América no abundaban todavía los elementos de guerra. De modo que Hernán Cortés sentíase muy alegre porque pudo reclutar tres artilleros (o sea hombres que entendían de cosas de pólvora). Pizarro, siempre más modesto, hubo de contentarse con un artillero, Candía *el Cretense*. Y cuando Cortés hizo el alarde de su tropa en la playa de Cozumel, halló que poseía cuatro falconetes, trece escopeteros y treinta y dos ballesteros. Los falconetes eran pequeñas piezas de difícil y lento manejo, que disparaban balas de piedra; las escopetas o mosquetes eran de corto alcance y sus disparos no podían repetirse mucho ni rápidamente. En cuanto a Pizarro, contó en su tropa tres escopeteros y veinte ballesteros...

Hernán Cortés se percata pronto de las condiciones especiales de aquella guerra contra los indios. Comprende que el interés de los españoles está en rematar cuanto antes las escaramuzas, por acometidas rápidas y audaces, antes de que la masa contraria logre envolverlos y abrumarlos como una nube densísima. No se trata allí de fuerzas semejantes, en número y armas y esgrima; hay una diferencia monstruosa que es necesario suplir con una táctica especial. Dice a sus soldados de infantería que omitan los tajos y cuchilladas, y a sus caballeros encarga que dirijan la lanza al rostro y renuncien a los botes. Llevando la lanza baja, como en la esgrima europea se usara con el intento de alzar del arzón al adversario, corríase el peligro de que los indios, formados en montón compacto, prendieran la lanza con las manos y la rompieran, como en efecto ocurrió en Tlascala. Eran un país y una guerra diferentes, que los conquistadores necesitaron aprender a costa de apuros. Así también el tajo y la cuchillada usábanse en los encuentros europeos entre ejércitos iguales o proporcionados; la cuchillada no compromete tanto al que la da, pues tiene la rodela para resguardarse; los duelos duraban mucho tiempo; en pleno combate, y una herida somera o la prisión daba fin a la pelea. Pero el español que caía en manos de los indios, pronto iba a regar con su sangre los santuarios de los ídolos repugnantes. Y era preciso romper aquellas masas de combatientes, que avanzaban como olas... Tirarse a fondo, embestir de punta, arrostrar la estocada directa, matar de un único golpe; esto lo imponía la necesidad de aquella guerra diferente. El soldado antiguo se dedicaba a las armas como un profesional. No se parecía al soldado recluta de hoy; era guerrero de oficio, y entraba en el oficio por virtud de una selección. Esta selección del hombre de armas antiguo, todavía se apuraba y refinaba más entre los conquistadores. Quien no tuviera el brazo duro y el ánimo templado podría quedarse en las poblaciones tranquilas. El clima, los trabajos y las batallas iban omitiendo a los débiles y desanimados. Poco después de desembocar en Méjico, unos cuantos soldados hubieron de perecer, a causa —dice Bernal Díaz—, del calor y del peso de las armas, porque eran gentes jóvenes y delicadas. No; los delicados no debían seguir. Y no era necesario destruirlos, porque la misma naturaleza de la campaña los suprimía, con los fatales medios de la verdadera selección: la muerte. Francisco Pizarro exagera como nadie el método seleccionador. No obstante lo exiguo de su tropa, a pesar del precio que en una aventura como aquella tenía el hombre, el capitán quiere que sus soldados no sean valores numéricos, sino positivas personalidades guerreras. Y antes de aventurarse en los terrores andinos y en el enigma de Caxamalca, dice a sus hombres que lo piensen bien... El que no se sienta bastante animado tendrá benigna y honrosa licencia para tornarse a la costa. Esta última selección no fue estéril; sin duda había en la mesnada algunos soldados flojos. Cinco españoles de a caballo y cuatro de a pie aceptaron la invitación y retrocedieron a la ciudad de San Miguel. Entonces declara Pizarro que, en último caso, él marchará a conquistar Perú, con los hombres que le queden, «pocos o muchos».

Nosotros estamos habituados a la idea de multitud mientras que en algunas épocas ha disfrutado el hombre solo una consideración que ciertamente nos extraña. El ejemplar del caudillo, del campeón, del héroe, es un concepto para nosotros bastante vago, casi inverosímil. Pero es verdad que en ciertos momentos, el profesional de las armas ha sido una persona temible, poderosísima y hasta invulnerable. El tipo de Aquiles, de Rolando y del Cid, no podemos achacarlos ligeramente a la hipérbole de los pueblos o de los poetas; ha existido de veras y lógicamente. Habituados nosotros a la ley democrática de la recluta, olvidamos que otras veces la recluta era de índole aristocrática y alcanzaba sólo a los aptos, a los mejores. Hoy todos tienen el derecho al empleo de soldado, siempre que dispongan de ciertas medidas o proporciones físicas: la resistencia corporal, el ánimo y el valor, se les suponen; y basta. Mientras que en otros tiempos no podía ser soldado quien quisiera. El peso de las armas era excesivo, y la esgrima obligaba a un largo aprendizaje. Hábil en saberse cubrir con el escudo, diestro en la espada, blandiendo con facilidad la pica y cubierto de oportunas defensas, aquel hombre de guerra era ciertamente poderoso. Si entre todos sobresalía el soldado de fuerte musculatura, de gran salud y de un brío imperativo, entonces no parece difícil que el capitán, el héroe, arrostrase las mayores empresas. En las tropas de los conquistadores resaltan numerosos estos ejemplares de héroes. Los principales, como Hernán Cortés y Pizarro, absorben nuestra atención demasiado; si miramos junto a ellos, veremos que marchan a la gloria asistidos de muchos capitanes, que son, cada uno, aptos para ultimar iguales empresas que las de los mismos caudillos a quienes sirven. La fuerza, el ánimo resistente, el valor más sublime se muestra en aquellos hombres y en aquellos encuentros, donde las hazañas homéricas adquieren exacta realidad. Parece que por último hallan evidencia las enormidades de los libros de caballerías. Aquellas versiones medievales en que un caballero defiende la puerta de una ciudad contra un ejército entero, resultan, pues, veraces y comprensibles. No diez, sino ciento, cientos de indios pugnaban a veces contra cada español; los soldados se fatigaban de herir, y no era tan horrible el peligro de la pelea como el pensar en lo insuperable y monstruoso de aquella masa inextinguible, entre cuyos recodos y senos no podían apenas maniobrar los caballos ni jugar las escopetas. De esta especie de sofocamiento, dentro de una masa tupida y pertinaz, padecieron mucho los soldados de Cortés. Si los indios mostrábanse, en ocasiones, tímidos y medrosos, otras veces peleaban fanatizados, con una obstinación furiosa que no cedía hasta la muerte. Algunos pueblos eran valerosos y muy aguerridos. Pronto, además, adoptaron los sistemas defensivos de los españoles, aprendiendo a cubrirse con petos de algodón acolchado, con rodelas, con yelmos. Su astucia y su aptitud para la doblez y el espionaje, con el veneno en que untaban sus saetas, hacían que los conquistadores viviesen en constante inquietud y soportaran heridas y trabajos penosísimos. Sólo una almas de tan recio temple como aquellas podían superar tales contrariedades, que eran, en efecto dignas de gigantes.

¡Qué diferentes los ejércitos de ahora, multitudinarios y anónimos, asiáticos por su formación y finalidad, de aquellas huestes españolas de la Conquista! Se ha dicho de España que es inhábil para crear ejércitos enormes y experta como ninguna nación para el manejo de la pequeña tropa. Sin duda, nuestro espíritu guerrero se conforma mejor al estilo griego de combate que al asiático de las grandes masas. Cuando la necesidad quiso, España luchó con grandes ejércitos; pero su gusto y su excelencia estaban en las huestes poco numerosas, fáciles de gobernar, donde cada soldado era una persona, y no un número, y en que todos iban electrizados por la energía del capitán. Estas pequeñas tropas de soldados han desaparecido, tal vez para siempre, por eso es más grato recordarlas ahora. Nuestra alma europea educada en las tradiciones del individualismo y de la personalidad, se resiente a admitir las formas anónimas, asiáticas, democráticas y como de sufragio universal de este heroísmo moderno y estas multitudes armadas. Nos sentimos más acordes con la forma personal y aristocrática del guerrero antiguo, con el soldado de Grecia, que luchaba al pie de los muros, donde su esposa y sus amigos le reconocían, le alentaban, o con el guerrero medieval, que a veces peleaba solo contra una tropa entera de adversarios. Los historiadores de Indias saben reproducir las formas clásicas de la narración en este aprecio individual y detallista de cada soldado. Los héroes que salen entonces de España no son números, con su ficha de identidad colgada en el cuello; cada uno de ellos es una persona, y de muchos de ellos conocemos los pormenores, la vida, el grado de valor, los méritos y hasta los últimos detalles psicológicos. Especialmente Bernal Díaz del Castillo, con su hermosa tosquedad de soldado, ¡cómo acierta a interesarnos con sus descripciones personales, que son perfectos retratos varoniles de alto valor artístico! Parece que nos retrae a los tiempos de la buena epopeya, cuando el padre Homero pinta cada uno de los soldados, lo nombra, dice de dónde es y quiénes eran sus antepasados. Tan al detalle habla de los conquistadores el bueno Bernal Díaz, que necesita explicar su acierto y hasta quitarle importancia a su maestría, exclamando:

> No es mucho que se me acuerde ahora sus nombres, pues éramos quinientos y cincuenta compañeros, que siempre conversábamos juntos, así en las entradas como en las velas, y en las batallas y encuentros de guerra e los que mataban de nosotros en las tales peleas...

Eran compañeros que se ayudaban y proveían; juntos entraban a los peligros, juntos batallaban, y a la noche, en el vivaque, mientras se secaban el sudor o la sangre, transmitíanse unos a otros los cuentos, historias y fantasías. Conocíanse todos bien al menudo. Se sabía quién era alegre y quién melancólico, quién de alma atravesada y quién de espíritu generoso. Y como el corazón y los músculos valían en aquella empresa tanto, los historiadores definen las cualidades físicas de cada uno con especial interés. Un capítulo dedica Bernal Díaz del Castillo a retratar a los soldados de Cortés, y su lectura tiene un sabor épico extraordinario, más sugestivo porque está empapado del realismo español. Pasan, pues, los soldados en esa descripción de Bernal Díaz, como una muchedumbre de rostros enérgicos y brazos fornidos. El modo sencillo y fuerte de retratar recuerda al punto la manera de nuestros grandes pintores: estamos viendo hombres como en Velázquez y Zurbarán; pero ¡qué brava categoría de hombres!... Lo que principalmente ponderan los historiadores de Indias en los capitanes es la cualidad del valor, y en seguida resaltan el mérito de la justicia, la generosidad y el amor con los compañeros de trabajos. Si pudo consumar Hernán Cortés tan inauditas hazañas, fue a causa de su ascendiente personal, de su brillo, de sus cualidades generosas que arrebatan a los soldados. El capitán que intentase arrastrar a aquellos hombres en empresas siempre penosísimas, necesitaba recurrir a esfuerzos psicológicos que correspondían al mundo de la genialidad; las pragmáticas reales, los consejos de disciplina y otros fáciles recursos de los ejércitos europeos valían bien poco en aquellas remotas inmensidades, donde cada hombre era una voluntad temible pronta a la rebeldía.

LA HONRA DE DIOS

(Por José Vasconcelos) [15]

Pocos episodios hay en la historia universal más sublimes. En aquel momento se jugó Cortés el éxito todo de su empresa para ser consecuente consigo mismo, leal a su convicción profunda que le dijo: ¿Cómo puede venir nada bueno si no volvemos por la honra de Dios, es decir, si no cumplimos en seguida con nuestro deber de cristianos y de civilizadores? Y el que ya andaba de Quijote desagraviando los abusos de Moctezuma, cuando ni siquiera sabía si podía defenderse a sí mismo, subió a la categoría de reformador y ganó para el espíritu la más importante de las batallas. Allí mismo quedó derrotado Huichilobos... Y vengado el agravio hecho a la humanidad con aquellos sacrificios (...)

En el caso de Cempoala se pone de manifiesto la superioridad de Cortés sobre los otros grandes generales de la historia. Donde Cortés se jugó su destino a la sola carta de la moral elevada, sus predecesores habrían obrado más o menos como sigue: Alejandro habría dicho a los indios: habéis de adorarme a mí, junto con vuestros ídolos viejos. César se habría alzado de hombros ante los sacrificios humanos, y tal vez habría pensado: mejor, así acabarán pronto unos con otros los de esta casta despreciable. Bonaparte se hubiera puesto el manto de los sacerdotes aztecas, como se puso el de los califas de Mahoma. Sólo Cortés salió a pelear por las fuerzas del espíritu, con riesgo de la finalidad práctica de su empresa. (...)

Se había entablado una lucha de religiones, de culturas; de un lado la barbarie más cruel de que tiene noticia la historia; del lado de los españoles la religión más sublime que conoce el hombre, la civilización más importante de la época. El espíritu estaba pendiente del desenlace. Cortés se empeñaba en romper ídolos, creándose, como se lo advertían los mismos frailes, una situación apurada; la prudencia aconsejaba aplazar la lucha contra la idolatría, pero el héroe auténtico no suele detenerse cuando se trata de los principios; para Cortés todo el objetivo superior de la guerra era sustituir los ídolos por la Cruz.

[15] *Breve Historia de México*, México, 1937, III.

....

Fortuna fue para México el haber sido creado por la primera raza del mundo civilizado de entonces, y por instrumento del primero de los capitanes de la época, el más grande de los conquistadores de todos los tiempos, Hernando Cortés.

LOS MISIONEROS EXPLORADORES

(Por Ch. F. Lummis) [16]

Pretender narrar la historia de la exploración española de las Américas sin dedicar especial atención a los misioneros exploradores, sería hacerles poca justicia y dejar incompleta la historia. En esto, aún más que en otras fases, la conquista fue ejemplar. El español no tan sólo descubrió y conquistó, sino que además convirtió. Su celo religioso no le iba en zaga a su valor. Como ha sucedido con todas las naciones que han entrado en nuevas tierras, y como sucedió con nosotros mismos en la que ocupamos, su primer paso tuvo que ser la sujeción de los naturales que se le oponían. Pero no bien hubo castigado a esos feroces indios, empezó a tratarlos con grande y noble clemencia, que aún hoy no se prodiga y que en aquella cruel época del mundo era casi desconocida. Nunca dejó sin hogar a los atezados indígenas de América ni los fue arrollando, ni acorralando delante de él, sino que, por el contrario, les protegió y aseguró por medio de leyes especiales la tranquila posesión de sus tierras para siempre. Debido a las generosas y firmes leyes dictadas por España hace tres siglos, nuestros indios más interesantes e interesados, los «pueblos», gozan hoy completa seguridad en sus posesiones, mientras que casi todos los demás (que nunca estuvieron enteramente bajo el dominio de España) han sido de vez en cuando arrojados de las tierras que nuestro gobierno solemnemente les había concedido.

Ésa era la ventaja de un régimen de Indias que no obedecía a la política, sino a los invariables principios de humanidad. Primero se exigía al indio que fuese obediente a su nuevo gobierno. No se le podía

---

[16] *Los Exploradores españoles del siglo XVI*, Barcelona, 1916, VI, VII.

enseñar la obediencia a todas las cosas de una vez; pero debía al menos abstenerse de matar a sus nuevos vecinos. Tan pronto como aprendía esta lección, se le protegía en sus derechos sobre su hogar, su familia y sus bienes. Entonces, y tan rápidamente como podían hacer esa vasta labor el ejército de misioneros que dedicaban su vida a esa peligrosa tarea, se le educaba en los deberes de ciudadanía y de la religión cristiana. Es casi imposible para nosotros, en estos pacíficos tiempos, comprender lo que significaba convertir entonces medio mundo de indios. En nuestra parte de Norte América nunca ha habido tribus tan terribles como encontraron los españoles en Méjico y en otras tierras más al sur. Nunca pueblo alguno llevó a cabo en ninguna parte tan estupenda labor como la que realizaron en América los misioneros españoles. Para empezar a comprender las dificultades de aquella conversión, debemos primero leer una horripilante página de la historia.

Muchos indios y pueblos salvajes profesan religiones tan distintas de la nuestra como son sus organizaciones sociales. Pocas tribus hay que sueñen con un Ser Supremo. La mayoría de ellos adoran muchos dioses; dioses cuyos atributos son muy parecidos a los del mismo adorador; dioses tan ignorantes y crueles y traidores como él. Es una cosa horrenda estudiar esas religiones, y ver qué cualidades tan tenebrosas y repulsivas puede deificar la ignorancia. Los despiadados dioses de la India que se supone que se deleitan aplastando a miles de sus fieles bajo las ruedas del carro Juggernaut, y con el sacrificio de niños al Ganges y de jóvenes viudas a la hoguera, son buena muestra de lo que puede creer una mente descarriada. Pues bien; los horrores de la India tenían su paralelo en América. Las religiones de nuestros indios del norte tenían muchos ritos sorprendentes y terribles; pero eran inocentes y civilizados si se comparan con los monstruosos que se observaban en Méjico y la América del Sur. Para comprender algo de lo que tuvieron que combatir los misioneros españoles en América, aparte del peligro común a todos, echemos una ojeada al estado de cosas en Méjico cuando ellos llegaron.

Los Nahuatles, o Aztecas, y otras tribus indias parecidas del antiguo Méjico, observaban el credo pagano general a todos los indios de América, con algunos horrores que ellos le añadían.

Su idea de un Dios la expresaban gráficamente en los grandes ídolos de piedra que antes abundaban en Méjico, y algunos de los cuales

se conservan en los museos. Son por lo general de tamaño heroico, y
están labrados con mucho esmero en piedra sumamente dura, pero sus
cuerpos y sus caras son indeciblemente horribles. Un ídolo como el
del grotesco Huitzilopochtli era una cosa tan espantosa como no pudo
jamás inventarla el ingenio humano; y la misma repulsiva fealdad se
ve en todos los ídolos mejicanos.

Se atendía a estos ídolos con un cuidado sumamente servil, y se
les vestía con los ornamentos más costosos que podía procurar la riqueza de los indios. Sobre esas grandes pesadillas de piedra se colga-
ban con profusión largos collares de turquesas, que era la joya más
preciada de los aborígenes americanos, y preciosos mantos de brillantes
plumas de pájaros tropicales y conchas de iridiscentes colores. Millares
de hombres dedicaban su vida a cuidar de esas mudas deidades, y se
humillaban y atormentaban de un modo indecible para agradarles.

Pero ni los regalos ni los cuidados eran bastantes. De un dios
como ésos había que temer también que traicionase a los amigos. Había que llevar más lejos el soborno. Todo lo que al indio le parecía
valioso lo ofrecía a su dios para tenerlo propicio, y como la vida humana era la cosa de más valor a los ojos del indio, ésa era su ofrenda
más importante, y llegó a ser la más frecuente. Un indio no consideraba un crimen el sacrificar una vida para agradar a uno de sus dioses.
No tenía idea de recompensa o castigo después de la muerte, y llegó a
considerar el sacrificio humano como una institución legítima, moral y
hasta divina. Con el tiempo llegaron a consumarse casi a diario esos
sacrificios en cada uno de los numerosos templos. Era la forma más
estimada del culto: era tan grande su importancia, que los oficiales o
sacerdotes tenían que pasar por un aprendizaje más oneroso que cualquier ministro de la religión cristiana. Sólo podían llegar a ocupar ese
puesto prometiendo y manteniendo una incesante y terrible práctica
de privaciones y mutilaciones de su cuerpo.

Se ofrecían vidas humanas no tan sólo a uno o dos de los ídolos
principales de cada comunidad, sino que cada población tenía además
fetiches menores, a los que se hacía esta clase de sacrificios en determi-
nadas ocasiones. Tan arraigada estaba la costumbre del sacrificio, y se
consideraba tan corriente, que cuando Cortés llegó a Cempohual, los indígenas no concibieron otro modo de recibirle con bastantes honores, y
muy cordialmente propusieron ofrendarle sacrificios humanos. Excusado
es decir que Cortés rehusó con energía esa muestra de hospitalidad.

Estos ritos se verificaban casi siempre en los teocalis, o montículos para sacrificios, de los cuales había uno o más en cada población india. Eran grandes montones artificiales de tierra en forma de pirámides truncadas y recubiertos de piedra. Tenían de cincuenta a doscientos pies de altura, y algunas veces varios centenares de pies cuadrados en su base. En la parte superior de la pirámide había una pequeña torre, que era la oscura capilla donde se encerraba el ídolo. La grotesca faz de la pétrea deidad miraba una piedra cilíndrica que tenía una cavidad en forma de tazón en la parte superior, y era el altar o piedra del sacrificio. Esa piedra era usualmente labrada, algunas veces con muchos detalles y esmerada mano de obra. El famoso «calendario azteca de piedra» que se halla en el museo nacional de Méjico y que en un tiempo dio pie a tan extrañas conjeturas, es meramente uno de esos altares para sacrificios, de época anterior a Cristóbal Colón. Es un ejemplar notabilísimo de piedra labrada por los indios.

El ídolo, las paredes interiores del templo, el piso y el altar estaban siempre humedecidos con el fluido más precioso de la tierra. En el tazón ardían en rescoldo corazones humanos. Magos vestidos de negro, con sus rostros también ennegrecidos y con círculos blancos pintados alrededor de los ojos y de la boca, con los cabellos empapados en sangre, con las caras cortadas por incesantes mortificaciones, iban continuamente de un lado para otro, vigilando de día y de noche, siempre listos para las víctimas que aquella horrenda superstición llevaba al altar. Solían elegirse las víctimas de entre los prisioneros de guerra y los esclavos que, como tributo, cedían las tribus conquistadas; y el contingente era enorme. A veces en un día señalado se sacrificaban quinientas víctimas en un solo altar. Se les extendía desnudos sobre la piedra de sacrificios y se les descuartizaba de una manera demasiado horrible para describirla aquí. Sus corazones palpitantes se ofrendaban al ídolo, y después se arrojaban al gran tazón de piedra, mientras que los cuerpos eran lanzados a puntapiés, escaleras abajo, hasta que iban a parar al pie de la pirámide, donde eran arrebatados por una ávida muchedumbre. Los mejicanos no eran ordinariamente tan caníbales, ni gustaban de serlo, pero devoraban aquellos cuerpos como parte de su repulsiva religión.

....

Para dar siquiera un bosquejo de la obra realizada por los misioneros españoles en ambas Américas, se necesitaría llenar varios volúmenes. Lo más que podemos hacer aquí es tomar como muestra una hoja de tan fascinador como formidable relato, y para ello describiré brevemente lo que se hizo en una región que nos es particularmente interesante: la provincia de Nuevo Méjico. Hubo muchas otras comarcas en que fue preciso vencer todavía mayores obstáculos, en que perdieron la vida, sin quejarse, muchos más mártires y en que lucharon desesperadamente más generaciones; pero lo mejor será tomar un modesto ejemplo, especialmente uno que tanta relación tiene con nuestra historia nacional.

Nuevo Méjico y Arizona, verdaderos países de maravillas de los Estados Unidos, fueron descubiertos, como es sabido, en 1539, por aquel misionero español a quien todos los jóvenes americanos debieran recordar con veneración: Fray Marcos de Nizza. Hemos bosquejado también las proezas de Fray Ramírez, Fray Padilla y otros misioneros en aquella inhospitalaria tierra, y se habrá podido formar idea de las penalidades que eran comunes a todos sus cofrades; porque las tremendas jornadas, la abnegación en la soledad, el amoroso celo y muy a menudo la muerte cruel de esos hombres, no eran excepciones, sino ejemplos corrientes de lo que tenía que esperar un apóstol en el sudoeste.

En todas partes ha habido misioneros cuyos rebaños fueron tan desagradecidos y crueles; pero a pocos o ninguno que se hallasen en regiones tan apartadas e inaccesibles. Nuevo Méjico fue por espacio de trescientos cincuenta años, y lo es aún hoy día, en su mayor parte un páramo, salpicado de unos pocos pequeños oasis. A la gente de los Estados del Este, un desierto les parece que ha de estar sumamente lejos; pero en nuestra región del Sudoeste hay en la actualidad cientos de miles de millas cuadradas donde el viajero fácilmente muere de sed y donde todos los años hay infelices víctimas de ese horrendo martirio. Aún ahora pueden hallarse penalidades y peligros en Nuevo Méjico; pero hubo un tiempo en que fue uno de los más crueles desiertos imaginables. Apenas han transcurrido diez años desde que se puso fin a las guerras y las hostilidades de los indios, que duraron sin cesar por más de tres siglos. Cuando el colono o el misionero español salía de Nueva España para atravesar un desierto de mil millas y sin caminos, con rumbo a Nuevo Méjico, su vida se hallaba en constante riesgo, y no pasaba un día en que no se hallase en peligro en aquella provincia salvaje. Si conseguía no morir de sed o de hambre durante el camino;

si no perecía a manos de los despiadados apaches, se instalaba en el vasto erial, tan lejos de cualquier otro hogar de gente blanca como Chicago lo está de Boston. Si era misionero, se quedaba por regla general solo con un rebaño de centenares de crueles indios; si era soldado o labrador, tenía de doscientos a mil quinientos amigos en una superficie tan extensa como Nueva Inglaterra, Nueva York, Pensilvania y Ohio juntos, en medio de cien mil cobrizos enemigos, cuyos gritos de guerra era probable que oyese a cada momento, sin llegar nunca a olvidarlos. Vino pobre y pudo hacerse rico en aquel árido suelo. Aun al principio de este siglo XIX, cuando alguien empezó a tener grandes rebaños de carneros, con frecuencia quedaban sin una res por una incursión nocturna de apaches o de navajos.

Ésa era la situación de Nuevo Méjico cuando llegaron los misioneros, y así poco más o menos se mantuvo por más de trescientos años. Si el hombre más ilustrado y optimista del Viejo Mundo hubiese podido ver con los ojos de la inteligencia aquella tierra infecunda, nunca hubiera podido soñar que no tardaría aquel desierto en verse poblado de iglesias, pero no de pequeñas capillas de troncos o de adobe, sino de edificios de piedra de sillería, cuyas ruinas se ven hoy y son las más imponentes de Norte América. Pero así fue; ni el desierto ni los indios pudieron frustrar aquel fervoroso celo.

La primera iglesia alzada en lo que hoy se llama Estados Unidos, fundóla en San Agustín (Florida) Fray Francisco de Pareja, en 1560; pero medio siglo antes había ya muchas otras iglesias españolas en América. Los varios sacerdotes que Coronado llevó consigo a Nuevo Méjico, en 1540, hicieron muy buena labor catequista; pero pronto fueron muertos por los indios. La primera iglesia de Nuevo Méjico, segunda en los Estados Unidos, la fundaron en septiembre de 1598 los diez misioneros que acompañaron al colonizador Juan de Oñate.

....

Una ojeada a la vida de los misioneros que iban a Nuevo Méjico por entonces, antes de que hubiese quien predicase en inglés en todo el hemisferio de occidente, presenta rasgos que fascinan a cuantos admiran el heroísmo solitario, que no necesita ni aplauso ni espectadores para mantenerse vivo. Ser valiente en campo de batalla o en casos de excitación parecida es muy fácil; pero es cosa muy distinta hacer una heroicidad cuando nadie la presencia y en medio, no tan sólo de peligros sino de toda clase de penalidades y obstáculos.

Los misioneros que iban a Nuevo Méjico tenían que salir, naturalmente, del Viejo Méjico, y antes que eso, de España. Algunos de esos hombres tranquilos que vestían el hábito gris, habían hecho ya tan largas jornadas y afrontado peligros tales, como no los han conocido nunca los Stanleys de nuestra época. Tenían que procurarse sus vestiduras y los ornamentos de la iglesia, y pagarse el viaje desde Méjico a Nuevo Méjico, pues desde un principio se había organizado un servicio semianual de expediciones armadas a través del peligroso desierto que los separaba. La tarifa era de doscientos sesenta y seis pesos, desembolso muy duro para un hombre cuyo salario era de ciento cincuenta pesos al año (no pasaron los salarios de esta cifra hasta 1665, en que se aumentaron hasta trescientos treinta pesos, pagaderos cada tres años). No puede compararse este estipendio con el que se da hoy en nuestras iglesias de moda. Con esa mezquina paga, que era todo lo que podía darle el sínodo, tenía que sufragar los gastos de su persona y de la iglesia.

Llegado al Nuevo Méjico después de una peligrosa jornada (y tanto la jornada como el territorio ofrecían todavía peligros en la presente generación), el misionero se dirigía primero a Santa Fe. Allí su superior no tardaba en designarle una parroquia, y volviendo la espalda a la pequeña colonia de sus compatriotas, el buen fraile recorría a pie cincuenta, cien o trescientas millas, según el caso, hasta llegar a su nuevo y desconocido puesto. Algunas veces le acompañaban una escolta de tres o cuatro soldados españoles; pero a menudo tenía que hacer aquel peligroso recorrido enteramente solo. Sus nuevos feligreses lo recibían unas veces con una lluvia de flechas y otras con un hosco silencio. Él no podía hablarles, y tampoco ellos a él, y lo primero que tenía que hacer era aprender de aquellos reacios maestros su extraña lengua; lengua mucho más difícil de adquirir que el latín, el griego, el francés o el alemán. Enteramente solo entre ellos, tenía que depender de sí mismo y de los favores que de mal grado le hacía su rebaño para las necesidades de la vida. Si decidían matarle, le era imposible hacer resistencia. Si rehusaban darle alimento, tenía que morirse de hambre. Si enfermaba o se imposibilitaba, no tenía más enfermeros ni doctores que aquellos traicioneros indios. No creo que la historia presente otro cuadro de tan absoluta soledad, desamparo y desconsuelo como era la vida de aquellos mártires desconocidos, y por lo que toca a peligros, no ha habido hombre alguno que los haya arrostrado mayores.

La manera de atender al mantenimiento de los misioneros era muy sencilla. Además del pequeño salario que le pagaba el sínodo, el pastor debía recibir algún auxilio de su parroquia. Ésa era una necesidad así moral como material. Es un principio, reconocido en todas las iglesias, que el interés que en ellas se toma depende en parte de las dádivas personales. Así, pues, las leyes españolas exigían de los pueblos la misma contribución a la iglesia que la establecida por Moisés. Cada familia india tenía que dar el diezmo y las primicias de los frutos a la iglesia, como los habían siempre dado a sus caciques paganos. Esto no era una carga para los indios y mantenía al misionero con un modesto pasar. Por supuesto que los indios no daban un diezmo; al principio daban lo menos que podían. El alimento que llevaban al padre consistía en maíz, judías y calabazas, con sólo un poquito de carne, que rara vez conseguían en la caza, porque pasó mucho tiempo antes de que hubiese manadas de vacas o rebaños de carneros que se la proporcionasen. También dependía de su insegura congregación para que le ayudase a cultivar su pequeña huerta; para que le suministrase leña con que calentarse en aquellas frías alturas, y hasta para que le diese agua, pues no había allí acueductos ni pozos y era preciso ir a buscar el agua a largas distancias y traerla en grandes jarras. Teniendo que depender por completo, para su subsistencia, de gente tan sospechosa, recelosa y traicionera, el buen hombre con frecuencia debía padecer hambre y frío. Excusado es decir que no había tiendas, y si no podía obtener comestibles de los indios, no tenía más remedio que morirse de hambre. La leña se hallaba en algunos casos a veinte millas de distancia, como lo está hoy de Isleta. Y no eran pocas sus tareas. No tan sólo tenía que convertir aquellos paganos al cristianismo, sino además enseñarles a leer y a escribir, a cultivar mejor sus tierras y, en general, a trocar su barbarie por la civilización.

Cuán difícil era esa labor, apenas puede apreciarlo el estadista moderno; pero lo que costaba en sangre sí lo comprenderá cualquiera. No se reducía todo a que de vez en cuando una ingrata congregación matase a uno de esos hombres abnegados; eso era casi una costumbre; ni tampoco que pecasen de ese modo una o dos poblaciones. Los pueblos de Taos, Picuries, San Ildefonso, Nambé, Pojoaque, Tesuque, Pecos, Galisteo, San Marcos, Santo Domingo, Cochití, San Felipe, Puaray, Jemez, Acoma, Halona, Hauicu, Ahuatui, Mishongenidi y Oraibe —veinte diferentes poblaciones—, tarde o temprano asesinaron a sus respectivos misioneros. Algunos de ellos reincidieron en el crimen varias veces. Hasta el año 1700, *cuarenta* de esos pacíficos héroes grises habían sido inmolados por los indios en Nuevo Méjico; dos de ellos por los apaches, y los demás por sus respectivas congregaciones. De los últimos, uno fue envenenado; los otros sufrieron una muerte horrible y cruenta. Todavía en el siglo pasado algunos misioneros fueron misteriosamente envenenados con tósigos secretos, arte diabólico en que los indios eran y son aún muy duchos; y cuando había muerto el misionero, los indios incendiaban la iglesia.

Conviene no perder de vista un hecho muy importante. No tan sólo llevaron a cabo esos maestros españoles una obra de catequesis como no se ha realizado en parte alguna, sino que, además, contribuyeron grandemente a aumentar los conocimientos humanos. Había entre ellos algunos de los más notables historiadores que América ha tenido, y eran contados entre los hombres más doctos en todos los ramos del saber, especialmente en el estudio de las lenguas. No eran meros cronistas, sino versados en las antigüedades del país, en sus artes y en sus costumbres: realmente historiadores que sólo pueden parangonarse con los grandes clásicos, Herodoto y Estrabón. La larga y notable lista de autores misioneros españoles incluye nombres como Torquemada, Sahagún, Motolinia, Mendieta y muchos otros; y sus voluminosas obras nos sirven de grande e indispensable ayuda para el estudio de la verdadera historia de América.

UNA PEDAGOGÍA ORIGINAL

(Por Constantino Bayle, S. I.) [17]

No debe olvidarse lo que forma el punto de partida de las Leyes de Indias, y lo que a una, sin excepción, declaran cuantos con indios trataron, los curas, los misioneros: que el indígena siempre es niño; niño grande en la irreflexión, en la inconstancia, en el aprender y olvidar, en guiarse por la costumbre o el instinto más que por el entendimiento, en la preponderancia de la vida sensual sobre la racional. Su

---

[17] *La expansión misional de España*, Barcelona, 1932, VI.

educación, pues, habíase de acomodar a su temperamento: las ciencias psicológicas, con sus adminículos de *tests*, fichas, ensayos, brotes de la iniciación privada, estudio del carácter, etc., no habían nacido: quiero decir, no aparecían arreadas con el traje técnico, y, por técnico, encarrilado, quizá no tan natural; mas la sustancia de ellas conocíanla de sobra los misioneros, y la aprovecharon maravillosamente en las comunidades aniñadas que poblaban las doctrinas o reducciones. Sus métodos, que en Europa excitarían burlas o desdenes, nacieron de la experiencia; el catecismo en canto, no para corear gangosamente, como se hace en las escuelas de párvulos, sino para que, a fuerza de oírlo en casa, y en el campo, en la iglesia y en el baile, detrás del arado y al compás del remo, lo embebieran las almas, olvidasen sus tradiciones y sus festividades gentiles, y ni vieran ni oyeran sino la religión reciente. De ahí las fiestas ruidosas, de gran aparato, de músicas resonantes, de esplendor litúrgico, muy por encima de los pueblos cristianos viejos; de ahí la autoridad y las ceremonias con que se revestían los fiscales y alcaldes, las procesiones frecuentes, la extraña forma de salir al trabajo las peonadas del Paraguay, con las andas del santo patrón y la música, etcétera. Empezó, como en otros puntos de civilización cristiana, el lego fray Pedro de Gante [en México], uno de los eminentes pedagogos que ha criado Dios. Va contando a Felipe II las dificultades de primera hora, los miedos o repugnancias con que la gente común repetía la enseñanza evangélica: los señores y principales, ya por ser de entendimiento más despejado, ya por cumplir con la voluntad de Dios, iban abriendo los ojos. El pueblo va a manera de potros cerriles, ni ponerse al alcance ni arrimarse a la iglesia, ni escuchar un sermón; estuvimos más de tres años en éstos, que nunca los pudimos atraer, sino que huían, como salvajes, de los frailes y, mucho más de los españoles. Mas por la gracia de Dios empecélos a conocer y entender sus condiciones y quilates, y cómo me había de haber con ellos; y es que toda su adoración de ellos a sus dioses era cantar y bailar delante dellos; porque cuando habían de sacrificar algunos por alugna cosa... antes que los matasen habían de cantar delante del ídolo; y como yo vi esto, y que todos sus cantares eran dedicados a sus dioses, compuse metros muy solemnes sobre la ley de Dios y de la fe, y cómo Dios se hizo hombre para librar al linaje humano, y cómo nació de la Virgen María, quedando ella pura y sin mácula; y también diles libreas para pintar en ellas sus mantas para bailar con ellas, porque así se usaba entre ellos, conforme a los bailes y a los cantares que ellos cantaban; y así se vestían de alegría o de luto o de victoria. Y luego, cuando se acercaba la Pascua, hice llamar a todos los convidados de toda la tierra de veinte leguas alrededor de México, para que viniesen a la fiesta de la Natividad de Cristo nuestro Redentor, y así vinieron tantos que no cabían en el patio que es de gran cabida, y cada provincia tenía hecha una tienda donde se recogían los principales, y unos venían de diecisiete y dieciocho leguas, en hamacas enfermos, y otros de dieciséis por agua, los cuales solían cantar la misma noche de Navidad, «Hoy nació el Redentor del Mundo»... Multiplicándose los versos píos o doctrinales en todas las lenguas que iban entrando a servir al Evangelio, porque se palpó su virtud pedagógica: la que miraba el primer obispo de Yucatán, fray Francisco de Toral, al prescribir a sus curas:

> La doctrina cristiana sea lo primero que se les dé en escrito para bailar, y sabida y cantada en el baile muchas veces, podrán darles otras cosas santas y devotas en su lengua para bailar, que con ese título las aprenden más presto.

La afición al bullicio, la costumbre de los «areitos» o «bailables» en loor de sus dioses, ayudaba a los religiosos de seguro que los propios indios compondrían cantos, que el doctrinero repasaba, por si se hubiese deslizado error, y dejaba correr, porque tenían el sabor castizo, que a los españoles era casi imposible darles. Para la primera ermita, que en las Indias se levantó a la Santísima Virgen, y para la imagen de Nuestra Señora, que Enciso regaló al cacique Comendador de Cuba, los indígenas por sí compusieron cantares y bailes, repitiendo en ellos muchas veces «Santa María». La condición infantil, bulliciosa de los indios se prendaba de semejantes adminículos, con gran provecho de la enseñanza y de la piedad. Al caer el sol, y cesar los trabajos y las fiestas y los domingos, resonaban los pueblos con los cantares. Oigamos a Grijalva sobre las parroquias de los agustinos en Nueva España:

> La doctrina Christiana se enseña siempre en los patios de la Iglesia, porque como ha de ser tan general para todos, es bien que el lugar sea público. Allí se dividen por ángulos, a una parte de los varones, y a otra las hembras, y unos indios viejos que les enseñan según la necesidad. Solía ser dos horas por la mañana y dos a la tarde: ya pa-

rece que bastan las dos horas de por la mañana. Y con este cuidado salen todos muy bien enseñados en la Doctrina, en la cual los examinan rigurosamente antes de casarlos, y en la Quaresma, quando se llega al tiempo de las confesiones. En el rezar hay en la Provincia más y menos, porque hay muchos pueblos donde, en las encrucijadas de las calles, todas las noches por barrios salen a cantar todos los indios del pueblo no sólo las quatro oraciones, sino mucho hymnos que tienen traducidos en su lengua, y por las mañanas al alva; y los días de fiesta juntos, al pie de una Cruz, que en cada barrio hay, vienen en procesión a la Iglesia los de un barrio cantando estos hymnos y oraciones.

LA PRIMERA LIBERACIÓN DE AMÉRICA

(Por Jean Dumont) [18]

La historia —se ha dicho—, es un instrumento subversivo. Y sobre este punto, más que sobre cualquier otro, la historia ha subvertido el espíritu de nuestros antepasados y nuestros contemporáneos. Desde el siglo XVI esta subversión reinante no cesa de proclamar: la conquista y la evangelización del Nuevo Mundo fueron abominaciones, vergüenza imborrable para los poderes civiles, militares y religiosos españoles. Fue no menos que «la destrucción de las Indias» según el título de la obra de Las Casas, utilizado desde los años 1550 a 1600, como «arma cínica de una guerra psicológica» contra la preponderancia española y católica.

Y los «filósofos» anticristianos del siglo XVIII no han dejado de repetirlo bajo las plumas de Marmontel o de Raynal: esta conquista y evangelización no fueron sino «el fanatismo asentado en montones de muertos y contemplando inmensas ruinas». En definitiva, «la más enorme herida que jamás haya hecho al género humano la espada de sus perseguidores». Y como nuestros actuales docentes oficiales no reciben más que el triste alimento de esos «filósofos» del siglo XVIII, tales imputaciones se perpetúan indefinidamente. Matanza, genocidio, intolerancia, oscurantismo, opresión, esclavitud, desculturización, racismo...

[18] Revista *Verbo*, números 243-244, 1986.

todos los lugares comunes inagotables de la condenación al uso por las potencias dueñas hoy de la opinión se aplican desde entonces sobre las cabezas de los Reyes Católicos y de sus sucesores, de los papas y del clero español de la época.

En época de la Revolución francesa se vio a clérigos abandonando su ministerio y abdicando de sus funciones, apostatar, en fin, para romper definitivamente con esta supuesta ignominia de la Iglesia. Uno de ellos decía haber «sabido por la historia (según los «filósofos») que la manía de extender los principios cristianos inundó los dos hemisferios de torrentes de sangre». Análogamente vemos en nuestros días a los intelectuales católicos predominantes alinearse inconscientemente, sea de buena fe, sea por vía de subversión, con las denuncias de esos «filósofos» del siglo XVIII y llenar las publicaciones «que sientan cátedra» como se dice, de tales contra-verdades. Tal es el caso en Francia de tres recientes publicaciones de historia firmadas por personalidades notables de la Iglesia y la Universidad: *El Evangelio y la fuerza: Bartolomé de las Casas*, de Mariana Mahn-Lot, profesora de universidad, aparecida en las Ediciones dominicas Cert. (1964 y 1977), la *Historia vivida del pueblo cristiano*, publicada bajo la dirección de Juan Delumeau, profesor del Colegio de Francia, en las Ediciones Privat (1979), la *Historia de la Iglesia por ella misma*, publicada en las Ediciones Fayard por el P. Loew, O. P. y Miguel Meslin, profesor de la Sorbona (1978).

Estas tres publicaciones, que no pueden por menos que contar con la adhesión de principio del lector incompetente, especialmente si es católico, afirman y repiten que los indios de América fueron, a través del sistema de la «encomienda» española, «despojados de sus tierras y de su libertad» y «reducidos a la esclavitud». Lo que es radicalmente falso, como yo mismo he demostrado detalladamente en el capítulo III de la primera parte de mi *Iglesia ante la historia (L'Eglise au risque de l'Historie)*. Y en la cual ha convenido también uno de esos autores, la profesora Mahn-Lot, en carta que me ha dirigido tras la lectura de mi rectificación a aquellas afirmaciones.

Aunque sólo sea por conocer la verdad y para no caer en la trampa tendida por tantas autoridades universitarias y eclesiásticas que se hacen eco de los «filósofos», se hace preciso ir a buscar los hechos y sus fuentes allá donde sucedieron, por ejemplo en Méjico. Procurarse allá los trabajos fundamentales sobre la materia, inasequibles en Europa, y haber manejado los archivos directos, los procesos. Es lo que tuve yo la dicha de poder hacer. Así pude adquirir en Méjico una breve obra de Silvio Zavala —*De encomiendas y propiedad territorial*— aparecida allá hace cuarenta y cinco años, en plena guerra (1940), y pasada inadvertida por los historiadores, incluso por mi amigo el *príncipe de los hispanistas* Marcelo Bataillon, administrador general del Colegio de Francia. Este pequeño libro, apoyado en los archivos, establecía claramente:

1. Que los títulos de *encomiendas* no conllevaban ningún derecho de los españoles a la propiedad de los terrenos indios, y que las autoridades españolas reprimían rigurosamente las desposesiones ilegales de los indios.

2. Que la defensa de la propiedad de los indios coincidía con el interés del titular de la *encomienda*, y que éste reconocía de buen grado y protegía el derecho de propiedad indígena.

3. Que en la *encomienda* de América la protección de la propiedad de los indios era más amplia que los derechos reconocidos a los campesinos de Europa en la misma época.

Con todo lo cual vienen por tierra las imputaciones de despojo y de esclavitud. En este aspecto, la conquista determinó un progreso excepcional; los campesinos del Méjico azteca se vieron exactamente liberados. Porque hasta entonces habían sido severamente explotados por el tributo «real» prehispánico sobre las tierras, cualquiera fuera su situación personal, que ahora sería tomada en cuenta. Explotados también por los trabajos impuestos sin límite alguno para el servicio doméstico y el cultivo de las tierras, tierras sobre las cuales aun para habitarlas, no tenían a menudo más que un derecho de ocupación precario. Explotados, en fin, por la requisa del Estado para las guerras incesantes o para los sacrificios humanos masivos.

Se hunde también la encarnizada polémica sostenida en el siglo XVI contra la *encomienda* por Fray Bartolomé de Las Casas, el famoso «protector de los indios», tan grata a los teóricos anticolonialistas y a los ideólogos de los «derechos del hombre» por la enormidad de sus denuncias. Ya en su época, otros «protectores de los indios», más eficaces en concreto que él, como el franciscano Motolinia, el Obispo Vasco de Quiroga y los propios hermanos dominicos de Las Casas en Guatemala, se habían mostrado favorables a la *encomienda*. Motolinia, incluso, había escrito a Carlos V que, como sostiene Zavala, la situación de los indios en Méjico podía compararse favorablemente a la de los campesinos de Castilla.

Sin embargo, todavía hoy siguen apareciendo biografías laudatorias —digamos hagiográficas— de Las Casas que se hacen eco de nuevo de sus denuncias, incluso a veces de las más exageradas. Por ejemplo, el libro —felizmente menos exagerado que otros— de un excelente hermano de orden de Las Casas, el P. André-Vicent, aparecido en 1980, sobre el cual he tenido que hacer fuertes reservas en un anejo a mi capítulo ya citado. Pero he aquí que el azar ha querido que yo diese recientemente una conferencia en Aix-en-Provence donde reside ese excelente religioso, y que el presidente de la Asociación familiar católica de la ciudad, común amigo nuestro, quisiera prepararnos un encuentro. Una entrevista muy relajada en la que el padre biógrafo de Las Casas no tardó en lanzarme: «¡Ah!, sin duda, si usted juzga a Las Casas a partir de la historia concreta, sus denuncias pierden valor»... Según lo cual habría de arrepentirse de esta debilidad: no juzgar más que a partir de la historia concreta. Espero que quienes me entienden querrán seguir perdonándomela.

De esta historia concreta, Silvio Zabala nos brinda, al término de su citado librito, una convincente demostración gráfica. Demostración que permite de un golpe de vista comparar la situación social de la aldea india bajo el imperio de la *encomienda* del siglo XVI y la situación social de la *hacienda* en el siglo XIX. La demostración hace referencia a dos círculos yuxtapuestos que representan la implantación agraria en las dos épocas sucesivas. El primer círculo —el de tiempos de la *encomienda*— muestra a la propiedad india cubriendo la casi totalidad del círculo, apenas interrumpida por el pequeño territorio privado de un español o del titular de la *encomienda*, obtenido por un título diferente de ésta, por ejemplo, mediante compra en regla a los indios. En el centro del círculo dominado así por la propiedad india, se encuentra la aglomeración de la aldea donde residen las autoridades indias: cacique, notables, concejo. En resumen, los indios, a quienes no explotan ya sus antiguos amos, se encuentran todavía en su casa, y mejor aún, con sus tierras y sus instituciones locales. Los titulares de las *encomiendas* viven en la ciudad y se prohíbe rigurosamente a los españoles el instalarse en una aldea india.

Si se contempla ahora el círculo representativo de la época de la *hacienda* en el siglo XIX se descubre que todo ha cambiado. El centro de círculo se ha convertido en la sede de la *hacienda* dominada por la casa del amo y la casa de su intendente. La aglomeración india ha sido expulsada del círculo en el que no ejercerá ya ninguna función institucional propia. La propiedad del dueño de la *hacienda* cubre todo el círculo, del que ha desaparecido totalmente la propiedad india. La implantación india no está ya representada en el círculo más que por algunos jirones de tierras concedidas *temporalmente* a los obreros agrícolas indios para retenerlos al servicio del amo. En fin, los indios no están ya en su territorio: despojados de sus tierras y de sus instituciones, no queda de ellos más que un rebaño humano entregado a la explotación del capitalismo agrario.

¿Qué ha sucedido? Esto: que la independencia de los países de la América española ha liberado a los capitalistas criollos, o recientemente inmigrados, de la antigua autoridad de la Corona de España. Y el laicismo triunfante (con la ayuda protestante norteamericana) ha desmantelado a la Iglesia, inspiradora de la antigua dilección de la ley en favor de los indios. Ahora sí que se trata de un despojo y de una esclavitud (o servidumbre) republicanas y anticristianas que van a sustituir a lo que fue, en el orden social, la magnífica liberación real y cristiana de América.

Yo escribía esto en 1981, dando así difusión internacional a los trabajos de Zavala de 1940. Mi voz se elevaba en soledad, a través del universal murmullo de la historia oficial de eclesiásticos y universitarios calumniando a más y mejor en todas partes a los reyes, a los clérigos y a los cristianos de la antigua España. Mi audacia, sin embargo, no ha sido inútil. Un poco por todas partes se desacreditan hoy aquellas calumnias. Así en el caso de Mariana Mahn-Lot; así en el de André-Vicent. Eminentes hispanistas como Roberto Ricard, antiguo director del Instituto de Estudios Hispánicos de la Sorbona, me otorgan públicamente la razón.

Y este año de 1985 acaba de aparecer en Buenos Aires el gran libro de un autor hispano-americano que se mostró igualmente conforme con mi tesis, a partir de su propia experiencia de América. El título de este libro es: *El fin del Nuevo Mundo*, y es su autor un gran argentino que fue amigo de Ortega y Gasset y embajador de su país principalmente en el Vaticano: Máximo Etchecopar. En él se denuncia vigorosamente la deformación antiespañola y eclesiástica que los políticos y los escritores hispanoamericanos han inferido a la realidad histórica desde comienzos del siglo XIX. En él se señalan con precisión las falsedades acumuladas en este sentido a partir de la independencia y repetidas después por inercia o por espíritu de partido. Los principios abstractos de la democracia y del laicismo han encubierto en realidad una mutación social de consecuencias humanas gravísimas. Como escribía en su época en Méjico José María Luis Mora, «la revolución (de la independencia) que estalló en septiembre de 1810 resultó perniciosa y destructora del país». Esta revolución es hija de las ideas «filosóficas» del siglo XVIII que se ven remachadas, en su asombrosa inconsciencia, por un cierto catolicismo post-conciliar hoy dominante. Lo más cómico es que ese catolicismo cree darnos así lecciones de progreso y de «compromiso» cristiano.

Si de Méjico y Argentina pasamos al Perú, como he hecho en mi última obra *La Revolución Francesa o los prodigios del sacrilegio* (1984), se confirma una situación muy semejante. Incluso más burlesca aún en su burda oposición entre la verdad histórica y las calumnias lanzadas contra la monarquía y la Iglesia españolas a partir del siglo XVI. Calumnias que, en mayor grado aún que en otros casos, se hallan esparcidas en nuestra cultura universitaria de hoy. La monarquía y la Iglesia españolas son culpables, según esas versiones, del atroz genocidio de los indios del Perú por el trabajo forzado durante tres siglos en las minas de plata y de mercurio. Es lo que afirma Pedro Chaunu en *Conquista y explotación de los Nuevos Mundos* (París, 1969); José Pérez en *La España del siglo XVI* (París, 1973); Juan Descola en *La vida cotidiana del Perú en tiempo de los españoles* (París, 1962); Jorge Baudot en *La vida cotidiana en la América de Felipe II* (París, 1981), por no citar más que nombres bien conocidos entre los hispanistas franceses de hoy.

Así se ha impuesto a la opinión el cuadro patético, espantoso, preanuncio de los campos de exterminio hitlerianos o de las «purgas» soviéticas, de millones de *morituri* indios lanzados por la fuerza a las «bocas del infierno» para «morir en dos o tres semanas en las galerías subterráneas»

> Ciertas visiones de las minas peruanas —llega a decir uno de esos autores— con sus negros fantasmas que suben y bajan incesantemente recuerdan el *Juicio final* de Miguel Angel o parecen formar una cadena siniestra de convulsos racismos humanos.

La dificultad, como he mostrado en mi capítulo «Asombrosas complicidades inventan los horrores del Perú», es que estas imágenes de horror son pura y simple excitación dialéctica, desprovistas de fundamento real. Y llegadas a nosotros, también en este caso a través de los «filósofos» del siglo XVIII, especialmente Raynal.

Los testimonios que yo he encontrado hacen ver todo lo contrario de este cuadro siniestro, tal el del padre jesuita José de Acosta, de 1576 y el estudio exhaustivo de los archivos de las minas que yo he sacado a la luz, tal el del especialista Guillermo Lohmann Villena consagrado en 1949 a las minas de Huancavelica. Se trata en realidad de un verdadero código de legislación obrera protectora, con salario legal elevado, duración limitada del trabajo, magistratura específica, responsabilización sistemática a los contratistas en casos de accidentes de trabajo, hospitalización y medicación laboral gratuitas, que el virrey Francisco de Toledo y sus consejeros religiosos procuraron poner en práctica, desde 1574, al servicio de los mineros indios.

> Los españoles en esto, escribe Juan Descola [19] —no demasiado coherente—, estaban por delante respecto a su tiempo, porque en las colonias inglesas e incluso en Europa nada o casi nada se había hecho para reglamentar el trabajo de los mineros y protegerlos contra los accidentes y la enfermedad [20].

Se encuentra aquí —como en la *encomienda*— un progreso excepcional, superior al de Europa, y la misma «Liberación de América». Porque también en esto ninguna protección similar existía bajo la autoridad indígena precedente, esta vez incaica, en la prestación laboral misma, de la que había suministrado el modelo: la *mita*. La sujeción era allá tan rigurosa —precisa Guillermo Lohmann Villena— que

> bastaba la orden de un superior para colgar a un vasallo o para que colocara sumisamente la cabeza sobre una piedra para que otro indio le hiciera saltar el cráneo con cualquier instrumento contundente [21].

Contra lo que persiste en difundir la leyenda negra, los supuestos *morituri* indios eran en todo privilegiados. Es lo que testifica uno de

---

[19] J. Descola, *op. cit.*, p. 242.
[20] *Idem, op. cit.*, p. 56.
[21] *El corregidor de indios*, Madrid, 1957, p. 10.

los grandes amigos de los «filósofos» que fue, en el siglo XVIII, superintendente de las minas de Huencavelica, el célebre científico español Antonio de Ulloa, cuyo informe doy también a la luz pública [22]. Los indios de la prestación de duración limitada (una semana a seis meses), llamados *mitayos*, no trabajaban nunca como mineros en el fondo (se deshace así el cuadro del Juicio final con sus racismos convulsos), sino sólo en el mantenimiento de la mina, generalmente en la superficie. Y recibían un salario doble del de los obreros libres contratados suplementariamente. Ulloa, un buen representante de las Luces, puso fin a ese privilegio que consideraba escandaloso, pagando a los obreros libres el mismo salario que a los pretendidos *morituri*... Los cuales eran, por lo demás, en muy pequeño número: nunca más de 180 en las minas de Huencavelica, número reglamentario fijo. En tanto que la leyenda negra habla en esta época de 17.000 hombres en este lugar (casi mil veces más), y constantemente renovados para reemplazar a los muertos por intoxicación de mercurio. Muertos que son también pura invención en esa época, porque —escribe Ulloa— en todo el tiempo de mis funciones (seis años) no he conocido un solo caso.

Pero la más profunda «primera Liberación de América» no es esa doble liberación social de los campesinos y los mineros que acabamos de mostrar. Es la liberación espiritual, religiosa, de los pueblos indios, de las almas de los indios. Y esta liberación fundamental es aún más desconocida, más silenciada por nuestros medios culturales que la liberación social que viene a ser su consecuencia. Las obras que hemos citado guardan sobre ella un impenetrable silencio.

Incluso historiadores tan serios com Marcelo Bataillon o Vicente Beltrán de Heredia hacen mención de un seudo-bautismo de indios en masa, con el hisopo. En tanto que, como ha mostrado Roberto Ricard en su *Conquista espiritual de Méjico* (París, 1933), y más recientemente Claudio Ceccherelli en el número 35 (1955) de *Missionalia Hispanica*, el bautismo no se administró nunca sin previa instrucción y, salvo excepción rarísima, los indios fueron bautizados uno a uno.

En cuanto a los subversivos deliberados con Sergio Gruzinski y Carlos Antoine en la *Historia vivida del pueblo cristiano*, discípulos co-

---

[22] Manuscrito 2.543 (Colección Ayala) de la Biblioteca del Palacio Real de Madrid. Recensión en la *Revista de Indias*, número 5, 1941, por Vicente Rodríguez Casado.

munes de Juan Delumeau y de Fidel Castro, pretenden no ver en Méjico, por ejemplo, más que «cristianización autoritaria» como medio de explotación bajo la férula de la Inquisición[23]. Es decir, una «agresión cultural[24]», que ha sido preciso esperar hasta hoy para ver sustituida por un «cristianismo crítico» que asocia «evangelización» con «concienciación» marxista. Afirmaciones todas tan falsas como teledirigidas.

Debe, en efecto, precisarse que la Inquisición, establecida sólo en Méjico y Perú en 1571, otorgó confianza de conjunto a los indios, que se vieron formalmente excluidos de su competencia por cédula de Felipe II en 1575. Jamás hubo, por lo tanto, intervención estrecha de la Inquisición sobre la religión de los indios. Nada hubo en América semejante a lo acaecido con los ritos chinos que Roma pretendía proscribir. Al contrario, la Iglesia de América, con profundo discernimiento, tendió a respetar la identidad cultural de los indios, su testamento propio, que hasta nuestros días influye de un modo natural en sus ritos y prácticas.

Y en lo referente a la «cristianización autoritaria», es todo lo contrario lo que muestran los testimonios directos, que se guardan mucho de mencionar, y que me ha sido necesario investigar. Ante todo, si hubo conquista, ésta fue con la participación generalizada de los propios indios, felices de derribar aquí la opresión azteca y allí la incaica. En Méjico se alían con Cortés los pueblos más avanzados e importantes que eran los cempoaltecas, después los tlaxcaltecas, más tarde buena parte de los texcucanos y los otomis, ambos vecinos del Méjico de los aztecas. El conquistador entra así definitivamente en Méjico a la cabeza de algunas decenas de españoles, pero sobre todo de 150.000 indios. Enseguida se le unen otros pueblos indios avanzados e importantes, como los Tarascos de Michoacán, los Zapotecas de Oaxaca, etc.

Las conversiones individuales al cristianismo son en estos pueblos inmediatamente aceptadas. Así, en Tlaxcala, donde Cortés y sus capitanes hacen de padrinos de los jefes indios, sus aliados, al recibir éstos el bautismo. Así con los Tarascos, cuyo último rey indio de Michoacán va a hacerse tan buen cristiano que profesará como jesuita y morirá mártir de la caridad en el transcurso de una epidemia. De he-

[23] *Op. cit.,* pp. 290, 291.
[24] *Idem,* pp. 311 y ss.

cho los indios, desde que la presencia española les abre una alternativa, la aceptan, como tendiendo a un cambio que será, ante todo, religioso.

Es Jacobo Soustelle mismo, historiador tan aztequista, quien lo señala en la revista *Evasiones mejicanas*, 1980: los aztecas estaban moral y físicamente al extremo de sus límites en sus sacrificios humanos masivos (25.000 jóvenes sacrificados para la sola inauguración del gran templo de Méjico).

> Cabe preguntarse —escribe Soustelle— a qué les habría esto llevado si los españoles no hubieran llegado (...). La hecatombe era tal (...) que hubieran tenido que cesar el holocausto para no desaparecer.

Y es sabido que a la llegada de Cortés la civilización-religión maya, en el oriente mejicano, estaba casi enteramente muerta por ella misma.

Todo el mundo indio sabía que un cambio religioso se imponía. Y la incorporación generalizada al conquistador, mensajero declarado de una nueva religión, ponía de manifiesto que la adhesión solidaria a las religiones precolombinas, moribundas de interna senilidad, había dejado de ser para los indios la referencia suprema. Es en este sentido cómo ha de tomarse la afirmación del gran historiador indigenista mejicano Alfredo Chavero cuando, a principios de siglo, escribía: «en rigor, no fue un grupo de soldados europeos quienes hicieron la conquista, sino los indios mismos» [25].

Algo semejante ocurriría en el Perú, donde Pizarro vio unírsele contra el usurpador Atahualpa a los aristócratas incas legitimistas y a la impaciente clase de sus esclavos, los *yans*. Y allá también pueblos enteros recientemente subyugados por el imperio de Cuzco, se sumaron al conquistador: los chachapoyas, los cañaris, que permitieron a los españoles apoderarse de Quito, los huancas que aniquilaron los esfuerzos del nuevo Inca, Manco II, para arrojar al mar a los invasores. En efecto, los huancas cierran a Manco el camino del norte y constituyeron, como destaca el especialista Enrique Favre, «la insuperable muralla a cuyo abrigo los españoles podían matarse entre sí con tranquilidad».

---

[25] Cit. por Jorge Gurría Lacroix *Trabajos sobre historia mejicana*. Méjico, 1964, p. 38.

Desde entonces, tanto en Méjico como en Perú, la liberación política deseada y obtenida va a estallar apasionadamente en liberación espiritual y religiosa, en cascada multitudinaria y alegre de conversión cristiana. En una extraordinaria efusión súbita de la gracia, a escala de un continente.

Nuestros intelectuales y universitarios liberales de *La Historia de la Iglesia por sí misma* ironizaban [26] sobre la prontitud generalizada con que los indios se convierten, tal como la afirma el papa Paulo III en su bula *Sublimis Deus*, de 1537. Es, sin embargo, el papa quien está bien informado, especialmente por el obispo dominico de Tlaxcala, Julián Garcés y su enviado Bernardino de Minaya, igualmente dominico, que fue también misionero de Nicaragua y Perú. Y los demás testigos señalan igualmente esta rapidez. Casi veinte años antes de Paulo III, cuando el imperio azteca existe todavía, Cortés escribe a Carlos V: «En todas mis cartas, señor, os he dado a conocer la tendencia de los indios a convertirse».

Por todo Méjico, afirma Claudio Ceccherelli, «la afluencia tumultosa de indios reclamando el bautismo» es una realidad [27]. Hubo muy pronto que renunciar a las restricciones que se impusieron en 1539 para la administración del bautismo, tratando de volver a las reglas estrictas de los catecumenados de Pascua y Pentecostés vigentes en Europa. Porque «los indios no cesan de importunar (a los religiosos) con sus súplicas, lágrimas e insistencia para no verse privados de un bien tan grande, alegando que, para recibir el bautismo, han caminado largas jornadas, realizando grandes sacrificios y afrontando grandes peligros». Cediendo así los religiosos, fue la gran avalancha: «los indios se presentan en masa compacta reclamando a gritos el bautismo». A esta epopeya de la gracia no le faltaron sus aspectos pintorescos: «los sacerdotes, a menudo, no podían ya levantar el cántaro con el que bautizaban: hasta tal punto tenían fatigado el brazo» [28], como señala el franciscano Torquemada.

Y no se trata de un entusiasmo enseguida olvidado. Veinte años más tarde, en 1558, el franciscano Pedro de Gand (uno de los muchos

---

[26] *Op. cit.*, p. 339.
[27] Artículo citado *Missionalia Hispanica*, número 35 (1955), pp. 247, 263, 264.
[28] *Monarquía indiana*, Méjico, 1943, p. 163.

religiosos de origen francés o flamenco lanzados a la epopeya española) escribía a Felipe II. Le narra lo que sucedía en las escuelas de los monasterios mejicanos (que acogían por todas partes a cientos de jóvenes indios), por la tarde, rezadas las completas:

> A las ocho los muchachos indios se ejercitaban en la predicación para ver quién era más capaz de ir a predicar en las aldeas (...) Y durante toda la semana los más hábiles y más inspirados en las cosas de Dios estudiaban lo que debían predicar y enseñar en las aldeas los domingos o fiestas de precepto; los sábados sus compañeros los enviaban por parejas a predicar [29].

A finales del siglo XVI el franciscano Jerónimo de Mendieta completa la descripción haciéndonos asistir a las predicaciones de estos jóvenes apóstoles indios en las aldeas y los caseríos.

> No sólo exponían lo que los religiosos les habían enseñado, sino que añadían mucho más, refutando con agudos razonamientos que habían ellos elaborado los errores, ritos e idolatrías de sus mayores, declarándoles su fe en un solo Dios y mostrándoles cómo habían vivido engañados por grandes errores y cegueras que les hicieron tomar por dioses los demonios enemigos del género humano [30].

Todo el continente americano se ve arrastrado por el regocijo desbordante de esta conversión espontánea, de esta Nueva Alianza buscada de todo corazón. Porque en el Perú encontramos lo mismo que en Méjico. Las cartas de los primeros misioneros jesuitas, llegados al ex-imperio de los Incas, lo demuestran asimismo de modo impresionante.

> A los sermones —escribía el visitador de las Indias doctor Plaza— acuden los indios con tal fervor y concurso que produce admiración. En la mañana de las fiestas, si hay dos o tres o cuatro sermones en las diferentes parroquias, cuando han oído uno, acuden a otro y a otro, o a cualquier otra predicación (...). Después vienen a nuestra iglesia para aprender en ella la doctrina cristiana. Ésta les es enseñada muy

---

[29] *Códice franciscano*, Méjico, 1982, p. 213.
[30] *Historia eclesiástica indiana*, Méjico, 1966, p. 225.

por extenso, por el método de preguntas y respuestas. Todos, hombres y mujeres, la aprenden con gran facilidad y rapidez debido a la pasión que en ello ponen [31].

Si el diseño que vemos así trazado no es el de una liberación en la alegría, no se sabrá jamás lo que es una liberación... Una liberación tanto más significativa cuanto que tal testimonio se refiere el 18 de octubre de 1576 a Cuzco, la capital hasta poco del culto inca.

Y en el mismo Perú emerge, como en Méjico, la pasión misionera de los jóvenes apóstoles indios. Es también en el año 1576 cuando nos lo muestra, por su parte, el provincial de los jesuitas José de Acosta:

> Los muchachos indios, que son vivaces y hábiles, conocen el catecismo breve y el extenso en su propia lengua. Y van a enseñarlo a pie (de aldea en aldea) a los viejos. Han aprendido también nuevos cánticos, tanto en español como en su propia lengua, de los que gustan mucho, al estar por naturaleza dotados para el canto. Y los cantan noche y día en las casas y en las calles. Oyéndolos, hombres y mujeres hacen otro tanto [32].

¡Qué espectáculo esta liberación, realizada espontáneamente, obra popular! Tras el movimiento de las muchedumbres hacia la palabra de Dios, el resonar, noche y día, en las casas y en las calles, las alabanzas del Señor...

Se comprende así la alegría, la exuberancia del arte religioso indocristiano de esa misma época, que cubre aún hoy millares de monumentos toda la América hispana. Este arte indocristiano cuyas esculturas y pinturas están pobladas por innumerables ángeles juveniles de mirada alegre, semejantes en todo a los jóvenes mensajeros del Dios cristiano que hemos visto recorrer, de carne y hueso, los senderos del país indio. Arte que es un inmenso testimonio, casi totalmente desconocido hoy, ya que la primera obra de conjunto que le fue consagrada data de 1978, en Méjico, en lo referente sólo a este pueblo.

Un enorme testimonio, porque desde el siglo XVI, sólo en Méjico, este arte produjo más de ciento veinte monumentos catalogados, con

---

[31] *Missionalia Hispanica*, número 10 (1947), p. 49.
[32] *Idem*, p. 28.

decenas de millares de metros cuadrados de pinturas. Un enorme testimonio también dado que el autor del libro de 1978, Constantino Reyes Valerio, pudo escribir que «este movimiento artístico es la demostración imborrable del nuevo aspecto y del corazón nuevo que adquiere el indio» [33]. Dicho de otro modo, de su liberación espiritual, que también allá se realizó «mediante una comunicación intensa» [34] «a través de la educación y del fervor». Un inmenso testimonio, en fin, porque los lugares de este arte indocristiano son «los mismos en que se celebraba el gran culto prehispanico» [35], y porque fue «el artista indio el autor de la mayor parte de estas obras» [36].

Es lo que como precursor había visto, en un golpe de luz, el gran historiador anglosajón y protestante Arnoldo Toynbee. Su conocimiento de la historia de las religiones, extendido a cinco continentes y a milenios, le hizo reconocer en seguida de su llegada a Méjico que la civilización indocatólica que nace inmediatamente de la «conquista» es el modelo universal de la fusión feliz de dos civilizaciones. En su libro de síntesis *La Religión vista por un historiador*, nos ha participado su asombro cuando visitó las iglesias indias de las aldeas que rodean a Puebla —tercera ciudad de Méjico—, fundación *ex-nihilo* de los conquistadores. Porque, decía, fue testigo de los «cuidados celosos» que todavía prodigaban los indios a las «obras de arte magníficas», «alegres», de sus antepasados, liberados por el cristianismo del «salvajismo siniestro de la influencia azteca» que «les había sumergido hasta entonces» [37].

La posterior historia proporcionará, por lo demás, muchos otros testimonios de la profundidad de esta «primera Liberación de América». Aquellos que entre mis oyentes tengan la posibilidad de recurrir a mis obras encontrarán mención en ellas de algunos de los más evidentes testimonios complementarios. Así en Perú, en los años 1780, la revuelta de Túpac Amaru, descendiente auténtico de los emperadores incas. Esta sublevación india contra la administración española local, que los marxistas de hoy pretenden reivindicar tomando el nombre de *tupamaros*, se hizo en realidad en nombre de «nuestra sacrosanta religión

---

[33] *Arte indocristiano*, p. 11.
[34] *Idem*, p. 127.
[35] *Idem*, p. 125.
[36] *Idem*, p. 167.
[37] *Op. cit.*, París, 1963, pp. 61, 162 y 163.

católica». Los sacerdotes se encontraron en ella en tal número que se la llamó la «revolución de los curas», y el dominico Rodríguez fue en ella capellán del gran jefe. La revuelta fue finalmente vencida por el hecho de la excomunión de Túpac Amaru lanzada por el obispo de Cuzco, cuyos habitantes, indios en su inmensa mayoría, rehusaron desde ese momento unirse al movimiento.

Otro testimonio de la profundidad de aquella «primera Liberación de América», más cercano aún a nosotros, es esta revuelta de los campesinos indios de Méjico que, entre 1926 y 1929, por propia decisión, obligaron al gobierno mejicano a poner un límite a la descristianización sistemática que había emprendido. Merced a esos campesinos indios, que se dieron el expresivo nombre de *cristeros*, es como podemos ver de nuevo hoy los hábitos blancos de los dominicos en los lugares más ilustres de la primera conversión y del primer arte indocristiano, en San Cristóbal de Chiapas o en Santo Domingo de Oaxaca.

Pero es sobre todo en la gran sede de la primerísima conversión de Méjico, Tlaxcala, donde quiero concluir.

Ejemplo tanto más significativo por cuanto su pueblo era el más libre del Méjico español, dado que, en agradecimiento por su fiel alianza, el rey de España le había reconocido plena autonomía de gobierno, universal hidalguía a sus miembros y excepción de todo tributo que no fuera simbólico. Precisamente a Tlaxcala, liberada ya de las empresas aztecas, se refiere el texto, encontrado por mí allá mismo, y que, citado por primera vez, propongo a nuestra común reflexión. Un texto del mejor especialista actual de la primera evangelización de Méjico, el padre franciscano Fidel Jesús Chauvet, cuyo nombre dice bien su origen francés.

Lo que nos pinta vale todo el oro del mundo, y mucho más que todas las pretensiones de historias «avanzadas», sean liberales o marxistas. Porque esta pintura no es otra cosa que el retrato exacto de ese don de Dios que fue la «primera Liberación de América».

Dice así:

> Se acusa al indio americano en general, y, en particular, a los indios evangelizados por los franciscanos, de no poseer más que una religión puramente exterior. Y, en el fondo, de permanecer tan paganos como antes de recibir el bautismo.

Demuestra la falsedad de tales acusaciones la abnegación con que, particularmente los tlaxcaltecas, recientemente convertidos, practican la religión cristiana. Recordemos, por ejemplo, cómo antes de celebrar la fiesta de Navidad con la representación al aire libre y con gran pompa del auto sacramental *Nuestros primeros padres* (en otra ocasión el auto tenía por tema la conquista de Jerusalén), reunieron importantes limosnas. Y las emplearon íntegramente en el hospital para los indígenas más pobres, fundado desde el comienzo de la cristianización de Tlaxcala.

Motolinia (testigo directo) escribe sobre este asunto:

No contento con lo que donaron a los pobres del hospital, fueron por los caminos en una legua a la redonda para distribuir setenta y cinco camisas de hombre, cincuenta de mujer, muchas mantas y otros abrigos, diez corderos y un cerdo, numerosas cargas de maíz y raciones de carne y maíz.

Otro hecho significativo de la sinceridad de los nuevos conversos tlaxcaltecas era la práctica generalizada de la restitución de bienes mal adquiridos. Las restituciones que hicieron durante la cuaresma, —señala un documento de 1539—, se elevaron a más de doce mil, referentes a bienes adquiridos tanto en época pagana como la posterior a su bautismo. Entre ellas algunas eran de cosas pobres o de valor medio, pero otras, numerosas, constituían bienes de gran valor: joyas de oro o piedras preciosas y propiedades. Todo esto sucedía en Tlaxcala quince años después de que los franciscanos se establecieran allá por vez primera.

Y todo esto sucedía también en el momento mismo en que el gobernador indio Valeriano redactaba en *nahuatl* y alfabeto latino

el primer texto literario azteca que jamás se había escrito: precisamente el relato de la aparición de la Virgen Nuestra Señora al pobre indio Juan Diego, a quien —hecho inaudito— dejó su propia imagen. Dios hizo así lo que no hizo por ninguna otra nación, afirmará el papa Benedicto XIV.

Años éstos que, por tantas coincidencias, signaron sobre el Nuevo Mundo uno de los más altos momentos de la historia de la Salvación: la verdadera Liberación de ese Mundo.

UNA MENTALIDAD RELIGIOSA

(Por Fernando Benítez) [38]

El hombre español en América, a lo largo del siglo XVI descansaba tranquilo en el blando soporte de su fe. Su mundo no era un mundo vacío, a la deriva, como el nuestro, sino un mundo firmemente asentado en las creencias religiosas. Ante todo le preocupaba la salvación de su alma, el destino que le aguardaba después de muerto, su tránsito a un lugar de goces o de dolores infinitos, sin riberas, sin cambios, eterno y perdurable. En su espíritu combatían incesantemente el bien y el mal, la propensión a la carne y a los goces terrenales y el ansia de salvarse, lo que originaba una coincidencia de vivir en pecado, un conflicto desgarrador que sólo apaciguaba la edad madura, porque cuando el hombre era joven prevalecían sus fuerzas demoníacas y sólo al final, cuando las pasiones se aquietaban, dominaban en él las fuerzas celestiales, por lo que la vida del español se nos ofrece claramente dividida entre un ansia de placeres, entre un verdadero frenesí maligno y el deseo inaplazable de arreglar sus cuentas con Dios y de ganarse, mediante sacrificios y oraciones, un lugar en el cielo. Fruto de esta preocupación eran en buena parte los conventos, las iglesias, las fundaciones piadosas y las cuantiosas limosnas que salían de las bolsas de los envejecidos pecadores contribuyendo a robustecer el auge del clero y la fisonomía religiosa de la época. Si en la actualidad nos enfrentamos a un universo alterado, el habitante de la colonia se hallaba sumergido en un medio estático que lo obligaba a reflexionar continuamente sobre un grupo de asuntos invariables. El pecado, la muerte, el infierno, el purgatorio, la pasión de Cristo y la astucia vigilante del diablo constituían sus preocupaciones esenciales. Por lo demás, nadie podía sustraerse a la pasión religiosa que abrasaba a los españoles. Era el tiempo de los grandes santos y de los reyes devotos en que las guerras y las conquistas se hacían en nombre de Dios. Un anhelo de martirios y sacrificios extremos, de redimir a los hombres por el amor divino, de entregarse a la contemplación y al servicio de la divinidad era sentido lo mismo por Colón, Hernán Cortés y San Ignacio de Loyola, que por el marino, el soldado o el fraile más humilde del siglo. El espíritu de

---

[38] *La vida criolla en el siglo* XVI, I.

realizar grandes hazañas y de ganar para su monarca dilatadas regiones sin importar peligro y sacrificios propio de los conquistadores, animaba también a los frailes misioneros. Estas dos milicias, la de Cristo y la del Rey, marchaban paralelas, trabajando juntas sobre una tierra y unos hombres comunes, y las dos respondían de una manera tan orgánica y natural al carácter de España y a su momento histórico, que cuando la mano que blandía la espada principió a flaquear, la mano que empuñaba el crucifijo se debilitó y las dos se contagiaron de corrupción y decadencia. Las hojas de las crónicas conventuales están impregnadas de un fuerte olor a santidad. Los viajes fatigosos, las incursiones a las tribus salvajes, las mayores fatigas y vejaciones se emprendían gozosamente, porque para esos frailes la vida era un atamiento que los privaba del bien divino y el martirio la única manera de quedar libertados. De unos hombres que «morían porque no morían» todo podía esperarse. Su amor a los peligros, su desprecio a las riquezas y su auténtica caridad cristiana les hicieron acometer heroicidades y locuras en una escala desproporcionada a su número y a sus fuerzas humanas. Los indios no vivían al margen de esta corriente. A pesar de que se les impedía entrar en religión, muchos de ellos hicieron voto de castidad y renunciaron a sus esclavos haciendo vida de santo. El viejo tronco a veces adorna con las florecillas de San Francisco. Un joven señor indígena edificado por la vida del Santo de Asís, que leyó en lengua mexicana, dio sus bienes a los pobres, vistió un sayal y pidió el hábito. No le fue concedido, pero alcanzó a vivir devotamente en un rincón del convento grande de San Francisco. La fe de los indios era nueva y conmovedora. En el Diario del Comisario Alonso Ponce se dice:

> Vio tanta devoción en los indios, que dio por bien empleados los trabajos padecidos por mar y por tierra, viendo en aquellos probrecitos la devoción tan inflamada como en los verdaderos cristianos de la primitiva Iglesia, y era cosa para alabar a Dios verles salir en procesión e hincados de rodillas y llorando pedir la bendición, ofreciendo muchos ramilletes y guirnaldas hechas de flores odoríferas, y pan y fruta, huevos y gallinas, conforme a su posibilidad y probreza. En una noche pasada en Tlaxcala, los indígenas corrieron caballos, vestidos de blanco, llevando hachas encendidas en la mano, todo con una devoción y alegría extrañas.

La intensidad de la vida religiosa cargaba el acento sobre el feudalismo del siglo XVI. No era raro encontrar en las calles a los penitenciados del Santo Oficio vestidos con el sambenito implorando limosna a fin de pagar el rescate del hábito, y ver colgados en los muros de la catedral a manera de sombrías advertencias las coronas pintadas con diablos de los herejes que murieron ajusticiados o de los que habían terminado de cumplir su condena. Los contrastes se ofrecen en todos los aspectos de la vida. Buena parte de los metales preciosos extraídos de las minas se volcaban en las iglesias y monasterios de la Colonia. Sólo Santo Domingo, entre otros tesoros, poseía una lámpara de plata de trescientas velas y cien candilejas valuada en cuatrocientos mil ducados; las joyas de que estaban cubiertas las imágenes, los objetos de culto, las vestiduras sacerdotales, componían un mundo esplendoroso que no guardaba ninguna relación con los enfermos y los mendigos que en las porterías esperaban la sopa boba del convento, servida en un gigantesco perol por dos sucios legos, ni con los indios cubiertos de harapos y descalzos, que sentados en el suelo llenaban con sus salmodias dolorosas las naves de los templos. De cualquier modo, la religión era el único lugar de unificación y concordia donde podían asistir, sin herirse, las divorciadas clases sociales. El brillo áureo de los altares y el esplendor del ritual eclesiástico eran compartidos por ricos y pobres, por blancos y por indios. En la puerta de las iglesias, sin importar mucho que el noble tuviera un sitial en el presbiterio, terminaba la desigualdad y los arbitrarios patronos se fundían en un solo anhelo de redención ecuménica. Las riquezas materiales y el poderío espiritual ilimitado de la Iglesia hubieran logrado establecer en la Nueva España la resplandeciente Ciudad de Dios si en el Nuevo Mundo, como en la Europa medieval, no lo hubiera impedido el demonio. Sus muecas llenaban de pesadillas las noches oscuras de la ciudad; sus blandas patas armadas con garras y sus alas de murciélago cubiertas de escamas, frías y ciegas, se movían incesantemente para estrangular al pecador. El hombre sentía su presencia, sabía que lo acompañaba, camarada obligado, a lo largo de su vida; que lo atraía sin cesar hacía abajo, hacia los abismos de turbadoras seducciones, mas la convicción de que su destino estaba en manos de un demonio capaz de atraer las mayores desventuras le daba fuerza para no dejarse arrastrar del perímetro de la luz, del mundo rescatado por la sangre de Cristo.

LA INTEGRACIÓN EN UNA SOLA FE

(Por Julián Juderías) [39]

Hemos hablado ya del descubrimiento y conquista de aquellos territorios y del derroche de energía y de constancia que fue necesario para llevarla a cabo. ¿Qué decir ahora del tacto y de la energía que fueron necesarios para realizar en las recién descubiertas tierras la obra de civilización y de cultura que tres siglos después iba a producir diez y ocho naciones?

> Desde que Adán tuvo hijos —escribía Tomás Bossio— no ha habido nación alguna que haya traído tantos pueblos tan diferentes en sus costumbres y en su culto al conocimiento de la religión verdadera, ni que los haya reducido a la observancia de unas mismas leyes, como lo ha hecho la nación española. Apenas podría ninguno enumerar la variedad de gentes y de costumbres, enteramente opuestas entre sí, que los españoles subyugaron a su imperio, a la religión de Jesucristo y al culto de un solo Dios. (...)

Verdadero asombro causa el leer que los metales se trabajaban en la América española a los pocos años de haber empezado la colonización con más perfección que en la península como lo prueban las fundiciones de Coquimbo, de Lima, de Santa Fe, de Acapulco y otras; que las verjas, fuentes y puentes de aquella parte del mundo sobrepujaban en hermosura a las de Europa; que los altares, templetes, tabernáculos, custodias, lámparas y candelabros de oro, plata, bronce que salían de las manos de artífices hispanoamericanos podían sostener la comparación con las obras de Benvenuto Cellini; que según el inglés Guthrie, eran admirables los aceros de Puebla y otras ciudades de Méjico; que según el mismo autor, las fábricas de algodón, lana y lino producían en Méjico, Perú y Quito tejidos más perfectos que los de las más acreditadas fábricas de Francia e Inglaterra; que los cueros se curtían allí de admirable manera; que las telas, mantas y alfombras del Perú, Quito, Nueva España y Nueva Granada eran estimadísimas y excelentes; que la fabricación de vidrio y loza era muy superior a la de Europa; en una palabra, que tenía razón Humboldt cuando decía que

---

[39] *La leyenda negra*, Barcelona, 1917, XIV.

«los productos de las fábricas de Nueva España podrían venderse con ganancia en los mercados europeos».

¿Dónde está, pues, la tiranía económica de España, ni cómo pueden acusarnos de haberla ejercido los ingleses que hasta fines del siglo XVIII sostuvieron el criterio de que no debía fabricarse nada en sus colonias americanas para no perjudicar los intereses de las industrias de la Metrópoli? ¿No pidieron ya en el siglo XVI las Cortes de Castilla que se reprimiese la exportación a América, puesto que, teniendo aquellas colonias primeras materias abundantes y hábiles artífices, podían bastarse a sí mismas sin necesidad de la madre Patria?

España desarrolló, pues, la industria americana y enseñó a los indios multitud de oficios y de profesiones que desconocían. Y no sólo hizo esto, sino que llevó allá animales de todo género, semillas de toda especie, árboles útiles de todas clases...

Aun siendo muy importante este aspecto de la obra de España en América, aún lo es más el que ofrece desde el punto de vista de la cultura intelectual y política. Dos elementos contribuyeron poderosamente a la organización de aquellas tierras a las cuales fue a parar lo mejor y lo más selecto de la sociedad española de la época: el elemento político representado por las leyes de Indias y el elemento religioso representado por las órdenes monásticas. (...)

Los Reyes de España, bueno es decirlo y afirmarlo frente a tanta ridícula y falsa afirmación como se ha hecho, jamás vieron en América una colonia de explotación, ni desde el punto de vista de las riquezas mineras, ni desde el punto de vista del comercio. Las industrias se desarrollaron en el Nuevo Mundo merced al constante cuidado del Consejo de Indias, que allí enviaba labradores y artesanos, artífices y artistas, semillas y plantas, animales domésticos y aperos de labranza, y en cuanto al comercio, distó mucho de ser un monopolio de los españoles, quienes a lo sumo se convirtieron en agentes del comercio europeo. Pensaron los Reyes, ante todo y sobre todo, en la misión providencial que les incumbía: la de propagar la fe y la civilización en aquellos nuevos dominios que en absoluta propiedad y con entera independencia de todos los demás, incluso de Castilla, les pertenecían. Es cierto que los indios fueron objeto de malos tratos en los primeros tiempos de la Conquista. ¿Pero lo fueron con anuencia de los reyes y de sus representantes como ha ocurrido en fecha reciente en algunas comarcas de África explotadas por naciones cristianas? Evidentemente, no, y es más, los mismos historiadores españoles de Indias achacan la muerte de no pocos conquistadores a un castigo divino de sus fechorías.

> Y así, los que tales fueron, —escribía Cieza de León—, pocos murieron de sus muertes naturales ... que todos los más han muerto miserablemente y con muertes desastradas...

Los Reyes, respondiendo a la misión que les competía, reprimieron severamente los abusos y dictaron la admirable colección de Leyes de Indias.

> En las leyes de Indias, ha dicho el señor Perojo, está todo nuestro sistema colonial y sólo en estas fuentes puede conocerse cumplidamente. El espíritu general de estas leyes, desde la primera hasta la última, es siempre uno y el mismo: el principio de la civilización. Los tres primeros fundamentos en que echa sus raíces sobre el nuevo suelo para extender después su benéfica influencia por todas partes, son: la escuela, el municipio y la iglesia, por los que va ingiriendo en aquellos pueblos todas las corrientes de la civilización. Uno de los primeros cuidados fue tomar el amparo de los indígenas contra la rapacidad de unos y otros y de levantarlos al igual de los españoles ante Dios y ante los hombres. Ponen esas leyes barreras infranqueables a los asaltos contra los intereses del Estado e igualan la condición del indio a la del blanco, en vez de arrojarle de su seno, fundando razas privilegiadas y razas desheredadas... Es muy característico de esas leyes el despego y abandono que manifiestan a toda clase de intereses particulares y lo subordinadas que todas sus determinaciones están al fin superior y elevado que el Estado se propone realizar. El objeto constante de la Corona de Castilla era acelerar, por todos los medios posibles, la educación moral e intelectual de los naturales del Nuevo Mundo. En lugar, pues, de entregarlos, medio bárbaros aún, a la merced de la codicia de los explotadores, tómalos bajo su tutela y declara nulos e inválidos los contratos de que puedan haber sido víctimas y extiende por aquellas comarcas la luz de la instrucción...

Paralelamente a la organización política que comienza con los cabildos y culmina en los Virreyes, se desarrolla la organización de la cultura que comienza en las escuelas de las misiones, fundadas a la raíz casi de la llegada de los españoles y tiene su manifestación más elevada y perfecta en las Universidades de Méjico y Lima, fundadas en 1553 la primera y en 1551 la segunda y dotadas por Carlos V de todos los privilegios de que disfrutaban la Universidad y estudios de Salamanca. A principios del siglo xvii había en la Universidad de Lima cátedras de teología, derecho, medicina, matemáticas, latín, filosofía, y lengua quichua y se conferían los grados con extraordinaria pompa, asistiendo a la ceremonia el virrey rodeado de su corte para dar público testimonio del interés que a la Corona inspiraba aquel establecimiento de enseñanza. En el Perú existían, además, la Universidad de San Antonio Abad del Cuzco, fundada en 1598 y los colegios de San Felipe y San Martín, en Lima, y otros en Arequipa, Trujillo y Guamangua. Antes de terminar el siglo xvi no solamente se imprimían y publicaban libros en el Perú, sino que estaban escritos por nacidos en el virreinato, como Calancha, Cárdenas, Sánchez de Viana y Adrián de Alesio. En Méjico se enseñaba la Medicina, el Derecho, la Teología, pero eran los mejicanos algo más tardos que los peruanos aunque más constantes en el esfuerzo. Multiplicáronse los colegios en aquel virreinato; lo mismo las autoridades que los particulares, que las órdenes monásticas, rivalizaban en celo por la enseñanza y un siglo apenas después del descubrimiento, ya había concursos literarios y científicos en la capital.

REQUISITORIA Y LEYENDA DEL PADRE LAS CASAS

A) *EL DISCURSO DE MONTESINOS*

(Por Lewis Hanke) [40]

No habían pasado veinte años desde que Cristóbal Colón diera gracias por llevar su expedición a buen fin en tierras de América y se ganara la amistad de los naturales ofreciéndoles bonetes colorados y cuentas de vidrio, cuando se alzó el primer clamor de justicia a favor de los indios. La conciencia española se vio atormentada por los acon-

---

[40] L. Hanke, *La lucha por la justicia en la conquista de América*, Buenos Aires, 1949, I.

tecimientos de América tan pronto como se inició la conquista, pues se plantearon cuestiones complejas en cuanto llegaron a España los primeros indios. Colón los paseó por las calles de Sevilla y Barcelona en su primer regreso triunfal a fin de estimular el interés del pueblo por su empresa y de ganarse el apoyo real para nuevas hazañas en el Nuevo Mundo. También envió a España, después de su segundo viaje, un cargamento de indios para venderlos como esclavos, alusión paladina a las posibilidades económicas de la tierra. La corona ordenó al obispo Fonseca el 12 de abril de 1495 que vendiera aquellos indios, pero al día siguiente otra disposición le indicaba que retuviese el dinero recibido de la venta hasta que los teólogos satisficieran la conciencia real respecto a la moralidad de tal acción. A partir de aquel día empezó la batalla. No obstante, la primera protesta en América, que fue lo bastante severa y lo bastante poderosa para dejarse oír a través del mar (en España), se produjo en 1511 cuando fray Antonio de Montesinos atacó audazmente la conducta de los pobladores españoles y declaró que sus compatriotas eran tan crueles con los indios que no podrían salvarse «más que los moros o turcos que carecen y no quieren la fe de Jesucristo»... Las Casas, que vino por primera vez a América con Obando después de licenciarse en leyes en la Universidad de Salamanca, diría más tarde en su *Historia de las Indias* que en aquellos primeros días podía verse cualquier gentuza azotada o desorejada en Castilla señoreando sobre los caciques indígenas. La mayoría de los españoles habían tomado mujeres indias para servirse de ellas como concubinas, y este hecho contribuyó naturalmente a agriar las relaciones entre españoles y naturales. La comida también escaseaba, las crisis se sucedían con rapidez, y cada vez se reclutaban más indios para que buscasen oro o cultivaran la tierra para los españoles. Después de que los españoles llegaron a la fácil conclusión de que la relación adecuada entre pobladores e indios era la de señor y siervo, se dedicaron a crear una institución legal que a la vez regularizase esta relación y reflejase el deseo de la Corona de convertir a los naturales. Esta institución fue conocida con el nombre de «encomienda». La teoría de la encomienda era sencilla. La Corona española entregaba o «encomendaba» indios a los españoles, que se convertían en encomenderos, y esta concesión daba a los españoles derecho a imponer tributo a los indios. A cambio de esto, los encomenderos estaban obligados a dar instrucción religiosa a sus indios y a protegerlos. Los encomenderos también debían un servicio al Rey, el de defender la tierra. Las primeras encomiendas se llamaron en ocasiones repartimientos, aunque este término vino a tener más tarde diversos significados. En la práctica, el sistema de encomiendas fue implantado por Colón después del fracaso de su intento para imponer a los indios un tributo determinado. Repartió los indios de La Española entre los españoles, quienes exigían de ellos servicio de preferencia al tributo. La norma llegó a ser que en las islas, donde había relativamente pocos indios, se exigía servicio antes que tributo, mientras que en la tierra firme los encomenderos disfrutaban a la vez de tributo y servicio de gran número de indios, lo cual les permitía llevar una vida señoril y cómoda en condiciones semifeudales. La encomienda, pues, empezó con Colón, cuando en 1499 repartió trescientos indios a los españoles. Cuando la reina Isabel supo esto, hizo la famosa pregunta:

«¿Con qué autoridad dispone el Almirante de mis vasallos?»

Cuando el gobernador Obando llegó en 1502, traía instrucciones para quitarles los indios a los españoles, ponerlos bajo la Corona y exigirles que pagaran tributo del jornal que ganaran. Este intento fracasó, y por real orden de 20 de mayo de 1503 se permitió a Obando que encomendase indios... La llegada de cuatro frailes dominicos a La Española en 1510, bajo la dirección de Pedro de Córdoba, cambió todo esto... alzó su voz el dominico Fray Antonio de Montesinos en un enérgico sermón predicado en Santo Domingo el domingo antes de Navidad en 1511. Comentando el texto *Ego vox clamantis in deserto*, Montesinos lanzó la primera protesta pública, deliberada y de importancia, contra el trato dado corrientemente a los indios por sus compatriotas. Este primer grito a favor de la libertad en el Nuevo Mundo señaló un viraje decisivo en la historia de América y, como dice Pedro Henríquez Ureña, fue uno de los más grandes acontecimientos en la historia espiritual de la humanidad. El sermón, predicado en una iglesia con techo de paja, ante «lo mejorcito» de la colonia, especialmente invitada para el efecto, tenía el propósito de horrorizar a sus oyentes. Montesinos fulminaba:

Para os los dar a conocer me he subido aquí, yo que soy voz de Cristo en el desierto desta isla, y por tanto, conviene que con atención no cualquiera, sino con todo vuestro corazón y con todos vuestros sentidos, la oigáis; la cual voz os será la más nueva que nunca oísteis, la más áspera y dura y más espantable y peligrosa que jamás no pensasteis oír... Esta voz, dijo él, que todos estáis en pecado mortal y en él vivís y morís por la crueldad y tiranía que usáis con estas inocentes gentes. Decid, ¿con qué derecho y con qué justicia tenéis en tan cruel y horrible servidumbre aquestos indios? ¿Con qué autoridad habéis hecho tan destestables guerras a estas gentes que estaban en sus tierras mansas y pacíficas, donde tan infinitas dellas, con muertes y estragos nunca oídos, habéis consumido? ¿Cómo los tenéis tan opresos y fatigados, sin dalles de comer ni curallos en sus enfermedades, que de los excesivos trabajos que les dáis incurren y se os mueren, y por mejor decir los matáis, por sacar y adquirir oro cada día? ¿Y qué cuidado tenéis de quien los doctrine, y conozcan a su Dios y Creador, sean bautizados, oigan misa, guarden las fiestas y los domingos? Éstos, ¿no son hombres? ¿No tienen ánimas racionales? ¿No sois obligados a amallos como a vosotros mismos? ¿Esto no entendéis, esto no sentís? ¿Cómo estáis en tanta profundidad de sueño tan letárgico, dormidos? Tened por cierto que, en el estado en que estáis, no os podéis más salvar que los moros o turcos que carecen y no quieren la fe de Jesucristo.

Montesinos a continuación salió de la iglesia con la cabeza erguida, dejando tras él los murmullos de pobladores y oficiales de la Corona, quienes, según Las Casas, se quedaron estupefactos, aunque ninguno se convirtió. Tan cerca estaba de convertir a sus feligreses de su mala conducta como lo estaría hoy un estudiante de teología que soltara una filípica en Wall Street sobre el texto bíblico: «Vended todo lo que tengáis y dádselo a los pobres, y ganaréis un tesoro en el cielo». Los pobladores se reunieron en la puerta de casa del gobernador, Diego Colón, protestaron contra el sermón como una negación escandalosa de la soberanía del Rey en las Indias, y nombraron una delegación que fue echando chispas al convento para exigir una satisfacción y una desautorización de lo dicho por Montesinos. El vicario, Fray Pedro de Córdoba, sin dejarse impresionar por la amenaza de la delegación de expulsar al fraile ofensor, les aseguró que Montesinos había sido portavoz de los dominicos. Les prometió, sin embargo, que el padre en cuestión volvería a predicar el domingo siguiente sobre el mismo tema. Los comisionados se retiraron, en vista de esto, creyendo ganada la partida. Se corrió con rapidez la voz de la esperada revocación, y el domingo siguiente la mayoría de los españoles de viso llenaban la iglesia. Montesinos subió al púlpito y anunció el inquietante texto: «Espérame un poco, y enseñarte he; porque todavía tengo razones en orden a Dios». En lugar de suavizar su anterior sermón con sutilezas dialécticas, se dedicó de nuevo a atacar a los pobladores, con más pasión todavía, advirtiéndoles que los frailes no les admitirían a confesión ni los absolverían más que si fueran salteadores de caminos. Y que podían escribir a España lo que quisieran y a quien quisieran... Así comenzó la primera gran batalla por la justicia social en América, batalla iniciada, adviértase bien, por un fraile casi desconocido. No ha llegado hasta nosotros ningún escrito de Montesinos, no se ha encontrado ningún retrato suyo, y existen hoy millones de americanos que nunca habrán oído hablar de él. El único testimonio de este momento trascendental en la historia aparece en las reales cédulas y en la *Historia de las Indias* de Las Casas, cuyo relato, escrito hace más de cuatrocientos años, nos da con viveza la pasión y el fuego de esta primera batalla por la libertad humana en América.

B) *FRAY BARTOLOMÉ DE LAS CASAS: EL HOMBRE*

(Por Federico Ibarguren) [41]

Bartolomé de Las Casas había nacido en Sevilla en 1474 y muere en Madrid, el mes de julio de 1566. Se recibió de licenciado en leyes en Salamanca, siendo muchacho. En 1502 embarcó con el visitador Obando, enviado de la reina Isabel rumbo a La Española, pues se habían tenido noticias en la Corte de los malos tratos que se inflingían a los indios, y la Reina Católica quería averiguarlo a fondo para proceder como procedió en defensa de los aborígenes. Las Casas tenía 28 años cuando llegó a La Española como acompañante de aquel visitador real. Fue testigo y actor en esa isla de todo lo hecho por los encomenderos, y oyente del sermón famoso de Montesinos. En 1512, pasó a Cuba. Allí consiguió una encomienda de indios, pero en 1514

---

[41] *Nuestra tradición histórica*, Buenos Aires, 1978, V.

ya le había quedado el impacto producido por fray Antonio —el orador famoso— y era algo que le remordía la conciencia —no podía *vivir constantemente en pecado mortal* como lo había dicho el fraile—; y entonces resolvió de golpe —porque Bartolomé de Las Casas era un hombre apasionado, apasionadísimo—, largar todos sus privelegios, sus encomiendas, devolviéndoselas al gobernador de Cuba, que era Diego de Velázquez. Tuvo como propósito fundamental, durante toda su vida —a la sazón tenía 40 años—, combatir la explotación del hombre por el hombre. Son famosas las polémicas de Bartolomé de Las Casas, ya maduro, que aparte de haber escrito su libro *Brevísima relación de la destrucción de las Indias,* y otras Historias de más mérito pero entonces inéditas, era verdaderamente orador más que escritor. Discutió públicamente sobre la *guerra justa,* en Valladolid, con el obispo Sepúlveda en 1550 —siendo fray Bartolomé dominico y obispo de Chiapa— ante la corte de Carlos V, después de conseguir la modificación de las leyes, en 1542. Pero Las Casas que era un utopista doctrinario, un quijote impaciente, apasionado, e improvisado polemista —furibundo polemista—, exageró las cosas a tal extremo que su obra más conocida sirvió como argumento decisivo para desprestigiar a España en toda la etapa de su conquista y colonización. El panfleto lascasiano fue aprovechado por el enemigo protestante, desde luego. Las Casas, por otra parte, fracasó varias veces como realizador y político. En 1520, a los 46 años de edad, consiguió una concesión real para establecer lo que él llamaba una *reducción de indios* —llevada a cabo con métodos pacíficos y no guerreros—. Trató allí, en 1520, según queda dicho, de organizar la *ciudad de Dios* en la tierra empleando el modelo de San Agustín. En lo que hoy es Venezuela (Cumaná), fue autorizado a concretar esa fundación caritativa, evangélica, paradisíaca, inspirado directamente en la *Utopía* de Tomás Moro, de 1516. Pero demostró sus pocas condiciones de estadista y de organizador, porque a pesar de haber logrado que el rey Carlos V le otorgara ese privilegio, aceptando así el parecer de sus consejeros flamencos de la Corte, y a pesar de conseguir para sus compañeros de empresa el título de *caballeros de la espuela dorada* —todo esto en el papel—, no pudo llevar adelante su proyecto tendente a alcanzar la felicidad de indios y de españoles sin derramar una gota de sangre. Pero, los hombres son hombres. Las Casas —que se hizo fraile en 1523, después de esa aventura— no tenía condiciones de caudillo político ni de estadista, sólo era un doctrinario en acción. Y, entonces, lo que ocurrió es fácil adivinarlo. El alcoholismo, difundido entre los aborígenes para explotarlos mejor, produjo el éxodo definitivo. Las Casas —que era partidario, paradójicamente, de la esclavitud de los negros— quedó, desde ese momento, resentido para siempre —pese a haber sido nombrado, por cédula real de Carlos V, expedida el 1 de marzo de 1543, obispo de Chiapa, México, *ad referendum* del Papa—. Y a partir de aquella fecha, comenzó a desprestigiar la conquista española todo lo que pudo, hasta culminar con la famosa obra *Brevísima relación de la destrucción de las Indias,* escrita en 1542 y publicada diez años más tarde.

Bartolomé de Las Casas fue contemporáneo de fray Jerónimo Savonarola (1472-1498), el dominico que despotricó y se alzó contra la tiranía de Lorenzo de Médicis el Magnífico en la Florencia renacentista de 1491, siendo prior del Covento de San Marcos. Como fray Jerónimo, Las Casas encarnó el espíritu y mentalidad medioevales, ante la ruptura moral de un mundo que nacía pletórico de riquezas y de lujos más o menos lujuriosos, olvidando el bien común de las sociedades en beneficio exclusivo de los Príncipes, adoctrinados por Maquiavelo. Pero la diferencia entre ambos está en que, mientras el *renacentista* Lorenzo de Médicis condenaba a la última pena a Savonarola, ajusticiándolo en plena Piazza de la Signoria de Florencia por sus campañas opositoras; el *oscurantista* Carlos V designaba a Las Casas nada menos que obispo de Chiapa, México, a pesar de la prédica contraria del dominico español contra el comportamiento de los representantes del Monarca en América.

C) *OBRA ESCRITA Y FAMA DEL PADRE DE LAS CASAS*

(Por Rodolfo Jimeno) [42]

Apenas se produce aquella transformación de su vida, que él llama «conversión», Las Casas, clérigo de cuarenta años, de improviso, siente una irresistible necesidad de escribir.

Desde aquella fecha, 1514, hasta la de su muerte, cincuenta y dos años después, sus escritos son incontables. No se aprecia en ellos un

---

[42] *Las leyendas y el padre Las Casas.* Madrid, 1983, XXVII.

ordenado plan; comienza por una escritura epistolar y casi burocrática, memoriales dirigidos a la más altas autoridades, a Fernando el Católico (la Reina había muerto diez años antes), al cardenal Cisneros, a Adriano de Utrech.

En 1516 escribe sus *Catorce remedios para las Indias*, hablando del envío de labradores. Hasta 1519 ofrece planes diversos —en el fondo siempre el mismo— y después de Cumaná hay un largo espacio de recogimiento y silencio. (Aunque, seguramente, durante este tiempo inicia muchos de sus trabajos).

Es de 1531 su nuevo memorial al Consejo de Indias y de 30 de abril de 1534 su carta defendiéndose de las acusaciones de la Audiencia sobre sus coacciones a un moribundo. En 1535 escribe al Rey desde Nicaragua.

De su obra doctrinal *De unico vocationis modo* sólo se conservan los capítulos 6, 7 y 8 del libro primero. A lo largo de toda ella, afirma de mil formas que la religión debe difundirse predicándola con mansedumbre y elocuencia. Que todas las razas pueden ser cristianizadas, por idiotas que sean, y más los indios que tienen superior entendimiento. Las guerras son injustas y no sirven para extender la religión. Todo esto lo demuestra en 36 apartados, con citas de ambos Testamentos, doctores de la Iglesia, sabios griegos y romanos, decretos papales... todo para repetir una y otra vez una evidencia de enseñanza primaria: «que la verdad de Cristo debe enseñarse por convicción».

En 1540 escribe al Emperador justificándose por abandonar Tezulutlán para venir a España. En 1541 escribe la *Brevísima relación de la Destrucción de las Indias* (editada en Sevilla sin autorización, abusando de su condición de religioso). Es obra dictada por un patológico rencor, sin proponer remedio alguno. Sus difamaciones la han hecho universalmente conocida, y dieron al autor todo su renombre, pese a que en nada responde a la verdad. Inmediatamente fue conocida en Flandes y en Francia; aunque la primera edición extranjera que se conoce es de 1567, a partir de esa fecha son tantas que no se pueden contar.

Este reducido libelo, al que unos llaman la «Brevísima» y otros la «Destrucción» lo escribió en Sevilla —por encargo e instigación de alguien que desconocemos, aunque puedan adivinarse sus intenciones— y, precisamente, en el tiempo en que había dejado abandonada su Verapaz, sin razón suficiente. Está lleno de «enormizaciones» y falsedades y hasta el más apasionado de los lascasistas reconoce que «exagera» la bondad de los naturales y la crueldad de los españoles, pero que si no respeta la verdad cuanto debiera es porque su papel es el de un fiscal.

No hay un año ni un día sin crueldades, no hay una isla ni el más pequeño lugar de Tierra firme, donde los más desaforados hechos no tengan lugar. Sin fechas ni precisión geográfica ni aportación de pruebas. La desmelenada palabra de fray Bartolomé es suficiente. A lo largo de cien reiterantes y abrumadoras páginas, todo cuanto la maldad humana pueda imaginar desfila ante los asombrados ojos del lector.

Los cristianos toman las mujeres de los indios para abusar de ellas como más les place, se comen cuantos alimentos almacenan los desdichados y les hacen las más indignas vejaciones «dándoles bofetadas e puñadas e palos, hasta poner mano en los señores de los pueblos». De nada sirve a los indios ponerse en armas «que son harto flacas».

Por cualquier sitio aparece lo difícil de creer. Desea desprestigiar a los conquistadores hasta en lo que atañe a superar dificultades; Las Casas quiere arruinar hasta la fama de sus proezas conquistando imperios en asombrosas condiciones de inferioridad.

¿Por qué tanto odio en un fraile, contra los que durante más de doce años fueron sus compañeros y camaradas?

Los «cristianos» alancean, ahorcan y mutilan, y simplemente porque se aburren se dedican a matar indios y a quemarlos vivos.

> Son muertas en los dichos cuarenta años por las dichas tiranías e infernales obras de los cristianos injustos y tiránicamente más de doce cuentos (millones) de ánimas, hombres y mujeres y niños, y en verdad creo, sin pensar engañarme que son más de quince cuentos.

Sumando muertos resultan más de veinticinco millones. Hasta el más crédulo advierte

> la imposibilidad física de que aquellos reducidos grupos de españoles que se mueven en la conquista cumplan con el imposible trabajo de matar más de mil indios diarios, durante cuarenta años, sin descansar ni los festivos.

Las Casas miente, como es su costumbre, aunque sea por anormalidad mental.

Nadie negará los excesos de la guerra, los propios de la proporción de malvados que ofrece toda colectividad. Existe, sobre todo, la asombrosa mortandad de los naturales de las islas. Pero los hechos de guerra, los trabajos excesivos o los crueles abusos no son las causas sino en muy mínima parte. Han sido desoladoras las epidemias. Aquellos hombres del siglo xvi no sabían demasiado de defensas orgánicas, y se asombran de que las pestilencias maten a los indios y no a los españoles (sarampión, viruela, etc.).

Los frailes que viven apostolando y «no intrigando en la corte y moviendo papeles y denuncias», hablan del celo de los religiosos y los que levantan actas de malos tratamientos dan pelos y señales, nunca llenando de monstruos el universo indiano.

Fray Bartolomé no sólo deforma la historia, sino que hace mangas y capirotes de la geografía.

> Había en esta isla Española cinco reinos muy principales y cinco reyes muy poderosos... el un reino llamaba Magua, reino de la Vega. Esta vega es de las más insignes y admirables cosas del mundo, entran en ella sobre *treinta mil ríos y arroyos, entre los cuales son los doce tan grandes como Ebro, Duero y Guadalquivir.* Y todos los ríos que vienen de una sierra que está a poniente que son los veinte y veinticinco mil, son riquísimos en oro.

(Esta fantasía, que deja pequeñita a las de *Las mil y una noches*, es la geografía de un pequeño valle en la isla de Santo Domingo, antes la Española.)

Los fieles lascasistas desolados por estas descripciones, hablan de hipérboles andaluzas; se olvidan de que las exageraciones del sur de España son simples adornos del lenguaje, que no engañan porque están previamente convenidas; son una divertida complicidad entre el que habla y el que escucha, de forma que al final todo queda en su sitio. Algo muy distinto de una lección escrita de geografía, como la de Las Casas, que es simplemente una deformación de la realidad por defecto intelectual.

> Y sé por *cierta e infalible ciencia* que los indios tuvieron siempre justísima guerra contra los cristianos; e los cristianos una ni ninguna tuvieron justas contra los indios.

Esa «infalible ciencia» y sus juramentos sobre las intenciones de los españoles, asombran al que lee, que espera mayor discreción en un religioso. Más de un autor se detiene en las dos más señaladas y concretas matanzas de indios que relata, la de Caonao y la de Cholula.

Sobre la matanza de Cholula, al contrario de lo que ocurre con la de Caonao, hay abundantes testimonios, por lo que pueden contrastarse con el falso y tendencioso del libelo.

Las Casas cuenta que en Cholula los señores de la tierra habían recibido con afecto y reverencia a los cristianos, y que éstos, sin motivo alguno, para darles temor, acordaron hacer una matanza. Para hacerla bien cumplida citaron a nobles y señores y a cinco o seis mil indios y metiéronlos en un patio.

> Ver a estos indios, cuando se aparejaban para llevar las cargas de los españoles, es haber dellos gran compasión y lástima. (¿Qué clase de equipaje era el de los cuatrocientos españoles para que necesitasen seis mil cargadores?) Porque vienen desnudos, solamente cubiertas sus vergüenzas, e con unas redecillas en el hombro con su pobre comida; pónense todos en cuclilla como unos corderos muy mansos... pónense a las puertas del patio españoles armados que guardasen, y todos los demás echan manos a sus espadas y meten a espadas y lanzadas todas aquellas ovejas que ni uno ninguno pudo escaparse que no fuese trucidado. Al cabo de dos o tres días salían muchos indios vivos llenos de sangre que se habían escondido y amparado debajo de los muertos (como eran tantos) iban llorando ante los españoles pidiendo misericordia que no los matasen. De los cuales ninguna misericordia ni compasión hubieron; antes así como salían los hacían pedazos. A todos los señores, que eran más de ciento, y que tenían atados, mandó el capitán (Cortés) quemar e sacar vivos en palos incados en la tierra.

No puede ofrecerse peor intencionada relación ni es fácil mentir con más bellaquería.

Se trata de la más estúpida difamación; es calumnia a palo seco contar así una historia que fray Bartolomé conocía muy bien, por relación verbal y escrita de los testigos presenciales.

¿Qué indios describe desnudos y mansos? En sus cartas, escritas con anterioridad, cuenta Cortés:

> La gente desta ciudad (Cholula) es más vestida que los de Tascaltecal, todos traen albornoces de la otra ropa, aunque son diferenciados de los de África, porque tienen maneras; pero en la hechura, tela y los rapacejos son muy semejables.

Y son indios de una gran bravura, «e muy denodados guerreros», les califica Bernal Díaz.

Cortés cuenta la misma historia sin ofender a la lógica, coincidiendo con Bernal y con todos los testigos, y sobre todo con la certificación de los religiosos franciscanos que hicieron comprobación de los hechos.

> Otro día por la mañana, —refiere Cortés— salieron de la ciudad a me recibir al camino con muchas trompetas y atabales... E con esta solemnidad nos llevaron hasta entrar en la ciudad (Cholula) y nos metieron en una aposento muy bueno, adonde toda la gente de mi compañía se aposentó a su placer.

(Ya había notado en el camino real unos hoyos extraños y algunas calles de la ciudad tapiadas y muchas piedras en las azoteas, en confirmación de los muchos avisos que les daban sus aliados los indios de Tlascala.) En efecto, «allí fallé ciertos mensajeros de Muctezuma que venían a hablar con los que conmigo estaban».

Los de Cholula comenzaban a tener una conducta sospechosa.

> En tres días que allí estuve proveyeron muy mal y cada día peor, y muy pocas veces me venían a ver ni hablar los señores y personas principales de la ciudad. Y estando algo perplejo en esto, a la lengua (la india doña Marina, la intérprete) le dijo otro, natural desta ciudad, cómo muy cerquita de allí estaba mucha gente de Muctezuma junta y que los de la ciudad tenían fuera sus mejores e hijos y toda su ropa y que habían de dar sobre nosotros para nos matar a todos; e que si ella se quería salvar que fuese con ella que ella la guarecería.

Sabido esto, la celada en que habían caído se iba confirmando por varios conductos, por lo que Cortés decidió no perder tiempo. Hizo llamar a alguno de los señores de la ciudad diciendo que les quería hablar y metilos en una sala en tanto fice que la gente de los nuestros estuviese apercibida y que en soltando una escopeta diesen en mucha cantidad de indios que había junto al aposento y muchos dentro de él. E así se hizo, que después que tuve los señores dentro de aquella sala, dejelos atados y cabalgué e hice soltar el escopeta, y dímosle tal mano que en dos horas murieron más de tres mil hombres. Y porque vuestra Majestad vea cuán aprecibidos estaban, *antes de que yo saliese de nuestro aposento tenían todas las calles tomadas y toda la gente a punto*, aunque como los tomamos de sobresalto, fueron buenos de desbaratar, *mayormente que les faltaban los caudillos* porque los tenía ya presos; e hice poner fuego a algunas torres y casas fuertes donde se defendían y nos ofendían. E así anduve peleando hasta que eché toda la gente fuera de la ciudad por muchas partes dellas, porque me ayudaban bien *cinco mil indios de Tascaltecal y otros cuatrocientos de Cempoal*.

(Pequeñísimo detalle del que, «como todos los indios son buenísimos», se olvidó fray Bartolomé.)

E vuelto al aposento, hablé con aquellos señores que tenía presos, y les pregunté qué era la causa que me querían matar a traición. E me respondieron que ellos no tenían la culpa porque los de Culúa, que son los vasallos de Muctezuma, los habían puesto en ello, y que el dicho Muctezuma tenía allí, en tal parte, que después según pareció sería legua y media, cincuenta mil hombres de guarnición para lo hacer. Pero ya que conocían cómo habían sido engañados; que soltase uno o dos dellos que harían recoger toda la gente de la ciudad y tornar a ella todas las mujeres y niños y ropa que tenían fuera; y que me rogaban que aquel yerro les perdonase, que ellos me certificaban que de allí en adelante nadie los engañaría y serían muy ciertos y leales vasallos de vuestra Alteza y mis amigos. Y después de haber hablado muchas cosas de su yerro solté dos dellos; y al otro día estaba toda la ciudad poblada y llena de mujeres y niños, muy seguros, como si cosa alguna de lo pasado no hubiera acaecido; e luego solté todos los otros señores que tenía presos... .

(El impenitente calumniador hablaba de más de cien señores quemados y empalados.)

Dejemos aquí el desnudo relato de Hernán Cortés. El cronista-soldado Bernal Díaz nos cuenta lo mismo, coincidiendo en lo sustancial, pero con más riqueza de detalles, por lo que escogimos el relato más breve. Bernal se deleita en la descripción.

> hoyos en las calles, encubiertos con madera y tierra encima, llenos de estacas muy agudas para matar los caballos... e que las azoteas tienen llenas de piedras, albarradas de maderos gruesos en otra calle.

Y nos avisaron tres indios de Cempoal y luego varios tlascaltecas

> questa noche han sacrificado a su ídolo, qués el de la guerra, siete personas y los cinco dellos son niños, porque les den la victoria contra vosotros, e también hemos visto que sacan todo el fardaje e mujeres e niños... .

Y cuando Cortés pidió a los suyos lo que convenía hacer en tan apretada situación «cogidos en la trampa de una ciudad enemiga», alguno hubo que opinó que convenía volverse a Tlascala como bien se pudiese, pero la mayoría dijo

> que si aquellas traiciones dejábamos pasar sin castigo, que en cualquiera parte nos tratarían otras peores, que les diésemos guerra...

Bernal, sencillo soldado, es un buen observador.

> Y desque amaneció era cosa de ver la priesa que traían los caciques y papas (sacerdotes) con los indios de guerra, con muchas risadas y muy contentos, como si ya nos tuvieran metidos en el garlito e redes.
> Y trujeron más indios de guerra que les demandamos, que no cupieron en los patios... y nuestro capitán también estaba a caballo, y desque vio tan de mañana habían venido los caciques y papas y gentes de guerra, dijo: ¡Qué voluntad tienen estos traidores de vernos entre las barrancas, para se hartar de nuestras carnes, mejor lo hará Nuestro Señor!

Y termina Bernal su larga relación:

> Dejemos de hablar desta ciudad y de todo lo acaescido en ella y digamos que los escuadrones que había enviado el Gran Moctezuma (para explotar el éxito de la celada) questaban ya puestos en los arca-

buesos questaban cabe Cholula e tenían hechos los mamparos e callejones para que no pudiesen correr los caballos, como lo tenían concertado, desque supieron lo acaescido se vuelven más que de paso para Méjico y dan relación a su Moctezuma... que sintió gran dolor y enojo.

El castigo de Cholula fue sabido en todas las provincias de la Nueva España. Si antes teníamos fama de esforzados, desde ahí en adelante nos tenían por adivinos y decían que no se nos podía encubrir ninguna cosa mala que contra nosotros tentasen...

También trae a la memoria (de ellas no tiene noticias Las Casas), las jaulas de redes y madera llenas de indios jóvenes y muchachos, puestos a cebar en engordadero

> para sacrificar y comer sus carnes, las cuales redes quebramos y a los indios que en ellas estaban presos les mandó Cortés que fuesen a donde eran naturales,

prohibiendo a los demás para lo sucesivo comer carne humana.

Antes de acabar con Bernal Díaz debemos citar sus más rotundas palabras, su mentís al Obispo de Chiapa, poniendo la firma debajo. Hay que conocer la semiteocrática sociedad española del siglo XVI para valorar debidamente la gallardía de su gesto, y su seguridad en la verdad que defendía:

> Digamos que aquestas afueron las grandes crueldades que escribe y nunca acaba de decir el Obispo de Chiapa, fray Bartolomé de Las Casas, porque afirma que sin causa alguna, sino por nuestro pasatiempo y porque se nos antojó se hizo aquel castigo y aún dícelo de arte en su libro a quien no lo vio ni lo sabe, que les hará creer qués ansí aquello y otras crueldades que escribe, *siendo todo al revés, que no pasó como lo escribe.* Miren los religiosos de Santo Domingo lo que leen en el libro y lo que ha escrito y hallarán ser muy contrario lo uno de lo otro.

Y comunica que los franciscanos apóstoles de Méjico, hicieron pesquisas de cuanto ocurrió, preguntando a sacerdotes y gente de la ciudad y hallaron ser como cuenta Bernal y no como miente Las Casas.

Las traducciones del opúsculo no pueden contarse. Hasta los bucaneros, piratas y perros del mar lo llevaban con una biblia y leyéndolo, tras incendiar una pacífica ciudad de la costa, sentíanse inocentes como corderitos, justiciero brazo armado de un ángel exterminador. Matar españoles convirtióse en una obra de misericordia, y no hubo acción contra España sin que el «simpatiquísimo» libelo, como una especie de fuelle venteado incrementara las llamas que habían de devorarla.

Otros escritos:

— *Remedios de don fray Bartolomé, obispo de Chiapa*. (El octavo se refiere a la abolición de la encomienda.)

— *Memorial* de 1543, de Las Casas y Labrada, protestando ante el Consejo de Indias de las Leyes Nuevas.

— Otras cartas y escritos sin demasiado interés.

— El *Confesionario* (1546), avisos y reglas para confesores. Sepúlveda lo califica de escandaloso y diabólico y dice que «el fiscal pidió fuese quemado el libro y castigado el autor y como al Consejo pareciese cosa que no se debía disimular, después de haber llamado al dicho obispo al Consejo echóle una buena represión», y termina lamentándose de que con hombres como el obispo de Chiapa de «natura factiosus et turbulentus», sólo se consigue que «con ficciones y arte escurezcan la verdad».

— 1549; *Apología* y *Apolologética Historia*. (Escritas durante años, sin prisas.) Ambos escritos, el primro en latín y el segundo en romance, constituyeron su leído discurso ante la junta de Valladolid.

La *Apología* (inédita hasta ser dada a conocer por don Ángel Losada, recientemente en un amplio resumen), es imposible de sintetizar en pocas líneas; se trata de la completa doctrina lascasiana. Los indios deben ser atraídos por la palabra; son dóciles y peritos en artes liberales. Sostiene que, aunque los indios matasen a los predicadores, ello no daba jurisdicción sobre los indios a los príncipes cristianos. Defiende los sacrificios humanos en el sentido de que son la mayor ofrenda a quien consideran Dios verdadero.

Los habituales elogiadores de fray Bartolomé le califican de antropólogo; es una calificación excesiva pues nunca precisa de qué raza india está hablando. Igual le dan los mansos tainos de La Española que los caníbales del Caribe, o los mayas, chibchas, aztecas, guaraníes, incas y araucanos. Sabido es cuán distintas razas y pueblos constituían la población del Nuevo Mundo y de cuán diferentes costumbres; todo era distinto en ellos, piel, ritos, religiones; unos eran dominadores y otros vivían esclavizados; aquéllos perezosos y éstos activos y guerreros.

Las Casas defendía a los indios como un todo homogéneo, como a una sola y única nación. Es decir, algo bien distinto y mucho menos científico de lo que en aquella misma hora del mundo estaban haciendo unos ilustres coetáneos suyos, como Diego de Landa, Bernardino de Sahagún (verdadero creador de la *Etnografía*, auténtico antropólogo), y el mismo fray Toribio Motolinia que, ofreciendo su historia y sus costumbres, distinguía perfectamente los distintos pueblos de la Nueva España.

— Una disputa y controversia entre Bartolomé de Las Casas o Casaus y el doctor Ginés de Sepúlveda, cronista del Emperador. (Se trata de su propia versión de la Junta de Valladolid. Contra ella escribió Sepúlveda un opúsculo acusándole, con pruebas, de haber falseado sin escrúpulo su doctrina para rebatirla más fácilmente. «El arte y las mañas que el obispo de Chiapa siempre ha usado contra mí»).

— En 1561 termina su obra más importante: *Historia General de las Indias*. Fue empezada en 1527, y posiblemente utilizada por el cronista Herrera en 1615. Pese a haber sido escrita de cerca y entorno a los muchos hechos, siendo el autor testigo ocular de algunos, está tremendamente afectada por su tendencioso punto de vista y por indisimulable anormalidad. No obstante, aunque retuerce la realidad al servicio de sus ideas, sus deformaciones y faltas a la verdad son menores que en otros de sus escritos.

Respecto a la ocultación de su *Historia* hasta 1600, durante cuarenta años, pedida por Las Casas a sus hermanos dominicos de Colegio de San Gregorio, debió de ser a causa de su afición o presunción de profetismo y muy en relación con su vaticinio de que España sería destruida. Cecil Jane opina que lo deseó así, porque de publicarse antes, su falta de veracidad y de exactitud sería evidente para los que habían vivido los hechos. Menéndez Pidal rebate la sospecha ya que, en su opinión, Las Casas no falseaba intencionadamente, sino por su enfermedad mental «y no podía ocurrírsele ocultar lo que no pensaba haber hecho». Es difícil creer que su ceguera llegase hasta ese punto.

Sus últimos trabajos (de 1561 a 1566), son:

—*De Thesauris* (1563), escrito en latín y *Respuestas a doce dudas* (1564), en castellano, ambos referentes a los problemas morales de la conquista del Perú.

Las preocupaciones éticas que el rápido enriquecimiento de los conquistadores del Perú traían consigo —tesoros sacados de los sepulcros, etc.—, hicieron que algún confesor las expusiera a Las Casas por su fama de hombre riguroso. Él respondió a las dudas con su doctrina sempiterna: Todas las guerras fueron injustísimas, las encomiendas eran iniquísimas, todo lo adquirido allí era robado, puesto que se tomaba sin consentimiento de los reyes indios..., etc. Y resumía según su principio octavo que

> hasta 1564 no ha habido ni hay ahora, *ningún hombre de todas las Indias que haya tenido, ni tenga, buena fe.*

¿Cómo, con plena consciencia, puede hacerse afirmación semejante sobre la buena o la mala fe del prójimo? Y menos de todos los hombres que fueron a Indias durante tantos años.

— En 1564 dictó su Testamento (del que ya hemos hablado), y en 1566 escribe su impertinente carta al papa San Pío V, haciendo profecías sobre la destrucción de la propia Iglesia y pidiendo excomuniones y anatemas para los que hagan guerra a los indios.

....

Los apasionados por el mito lascasiano no dudan del beneficioso efecto de su ácida crítica. Sin ella, España no hubiera corregido abusos ni otorgado la admirables leyes de Indias que hoy sorprenden a cuantos las estudian.

Son afirmaciones muy discutibles. Fueron muchos los críticos que le precedieron, desde aquel simple marinero enraizado en los indios Taínos que llegó hasta el rey Fernando con exigencias de justicia, hasta el famoso sermoneador, fray Antonio Montesinos. Nunca faltaron denuncias de abusos, cartas de protesta, peticiones de equidad, tanto de religiosos, como de autoridades o de simples vecinos.

Ningún imperio, antes o después, se autocriticó tan sañudamente.

Entre las razones para ello, la primera, tal vez, fuera la conciencia católica, que exigía la conversión y la salvación tanto física como espiritual de los naturales, y también, ¿cómo no?, el sentimiento de posible culpa por la incomprensible extinción de los indios antillanos.

España pretendió fundar una buena moral y en sólidos cimientos jurídicos aquellos nacientes reinos del otro lado del océano. Lo vimos desde las primeras palabras de Isabel reprendiendo a Colón y obligándole a liberar los esclavos indios.

¿Qué otro pueblo se preguntó sobre la legitimidad de sus dominios?

Siglos después los puritanos anglosajones decían que los indios, como hijos del diablo, podían ser exterminados, y sus tierras ocupadas por los hombres escogidos por Dios. Y se proclamaba sin rubor que el único indio bueno era el indio muerto (*Dead indian, good indian*).

Las Casas nunca tuvo potestad legislativa, aunque influyera —mucho menos de lo que sus partidarios y sus enemigos creían— en la redacción de las Leyes Nuevas de 1542. Pero nadie debe olvidar las Leyes de Burgos de 1512 y las de Valladolid de 1513, en las que se rigen las relaciones entre el indio, trabajador libre, y el colono que le emplea.

> Primer esbozo de derecho laboral de los tiempos modernos, sentado sobre las bases internacionales; se refiere al trabajador como tal, prescindiendo de su nacionalidad.

Hanke comenta con admiración:

> Durante los años de 1511 a 1513 (en España) las preguntas capitales que cualquier nación colonizadora puede hacerse fueron formuladas y respondidas.

Y aún Las Casas era un simple encomendero.

Es difícil valorar cuanto de positivo pudo haber en la fogosa actividad del dominico «candela que todo encendía», que sobrecogía a conciencias excesivamente escrupulosas o en trance de morir, y que agitaba con eficacia el ultrarrigorismo de los religiosos jóvenes.

¿En qué quedó la aplicación de sus teorías en Cumaná, en Chiapa, en la Verapaz e, incluso, en el triste intento de Florida? ¿Para qué otra cosa que escándalos y desasosiegos sirvió el «Confesionario»?

Los positivos resultados conseguidos en el mundo indiano —dice Menéndez Pidal— se deben todos a los grandes obispos, misioneros, virreyes y gobernadores; TODA LA INDIOFILIA EFICIENTE Y POSITIVA FUE SIEMPRE ANTILASCASIANA en cuanto admitió la encomienda y trabajó para depurarla en justicia.

Y añade estas tremendas palabras, sin replica posible:

Las Casas es principalísimo y único en la resonancia que alcanzó, en el eco estruendoso que fuera de España tuvieron las infinitas enormidades con que vituperó a sus prójimos y en las continuas alabanzas que él se prodigó.

Nadie puede negarlo puesto que todo está escrito de puño y letra del mismo fray Bartolomé, y su fama y eco es bien conocido y visible.

¿Y de negativo? ¿Qué hubo de negativo en la acción de Las Casas y en el efecto que produjeron sus escritos?

Dejemos a un lado lo que ya, de por sí, supone la difamación. Son muchos los hombres que prefieren su buena fama a la propia vida. El daño producido a unos compatriotas, la mayoría de los cuales se sacrificaban y esforzaban por enaltecer sus nombres, no tiene medida.

El perjuicio ocasionado a un pueblo al dañarle en su prestigio, tampoco (como iremos viendo).

Ya hemos citado el estorbo que fue a la expansión española su acción en Cumaná, retrasando la entrada de auténticos exploradores, y poniendo en lenguas de la corte el territorio, que acabó siendo cedido por le Emperador a unos banqueros alemanes.

Hemos comentado también el desastroso resultado de su utopía de Verapaz, que por las leyes que la protegían desguarneció su costa atlántica, con instalación fácil de piratas y filibusteros y a continuación de los ingleses, creando éstos en 1636 la Honduras Británica, el Bélice, cuyos problemas llegan hasta hoy. Sin contar lo que supuso para Guatemala privarla de aquella Nueva Castilla, puerto atlántico, en obsequio al obispo de Chiapa.

D) *FRAY BARTOLOMÉ DE LAS CASAS: EL FUSTIGADOR*

(Por Marcel Bataillon) [43]

El progreso de los estudios lascasianos, más florecientes que nunca, muestra cada vez más que Las Casas no fue una figura aislada, sino el dirigente de una minoría muy activa, gloria más auténtica de España que sus conquistadores. En la propia América colonial, después que él se retiró, se perciben, con la inevitable reacción antilascasiana, más huellas de la influencia positiva del que el historiador Ramón Carande llamó tan acertadamente «el fraile agua-fiestas» y de su temible arte de persuadir.

Crítica y admiración pueden cohabitar en los propios españoles arraigados allá. Típico es el caso de Juan de Castellanos, aquel clérigo de las Indias que, convertido en párroco de Tunja (Colombia), versifica sus *Elegías sobre los ilustres hombres de Indias* (1589), una interesante crónica versificada de episodios de la conquista y de la colonización. Habla de la expedición fallida del clérigo a la costa de Cumaná. (...) Pero exalta el papel de legislador del personaje transformado en dominico: fue él quien reclamó «para las nuevas Indias, nuevas leyes», beneficio por el cual pueden bendecirle no solamente los inocentes —el sencillo—, sino los perversos —el protervo— (a quien defiende contra sí mismo).

La revelación más asombrosa de estos últimos años es la recolección de documentos peruanos aportado por G. Lohmann-Villena en 1966 al *Coloquio* lascasiano de Sevilla. El erudito puede desvalorizar sin pesar al falso conquistador arrepentido Mancio Sierra de Leguizamo que había usurpado el derecho a la edificante imagen de Epinal. Porque aquí están atestados ante notario una serie de actos de restitución de bienes tomados a los indios por conquistadores y encomenderos conocidos del Perú, no donaciones piadosas más o menos expiatorias, sino restituciones hechas «para tranquilizar su conciencia» conforme a la exigencia del terrible *Confesionario*: restituir el bien mal adquirido. Esos actos no son todos hechos *in articulo mortis*; no todos reparan viejas rapiñas pasadas en la historia. Se pueden imaginar otras tranquilizaciones de conciencia más secretas y más cotidianas que pudieron provocar los confesores do-

---

[43] *El padre Las Casas y la defensa de los indios* (En colaboración con André Saint-Lu), Madrid, 1985, Introducción.

minicos armados de las delgadas cartillas impresas en Sevilla en 1552. En esta fase que Demetrio Ramos llama «la etapa lascasiana de presión sobre las conciencias», Las Casas no había calculado mal la influencia sobre sus compatriontas del miedo al infierno.

En 1555 Las Casas es denunciado a Carlos V con extrema severidad por fray Toribio de Benavente, llamado Motolinia (*el pobre*, en nahuatl), un veterano de las misiones franciscanas en México. Su larga carta, desde que fue encontrada (1867), ha sido apasionadamente discutida. Es desconocer la significación histórica poner en primer plano (o rechazar por principio) las acusaciones personales.

Por supuesto un misionero auténtico, que vive en contacto con los indios, que habla su lengua, ataca aquí a un fraile que no ha perseverado en la evangelización militante, que ha elegido ayudar a los indios haciendo el proceso de sus opresores, un fraile al que se vio traer con él, sin pagarles, varias docenas de porteadores cargados de paquetes llenos de pesados legajos, mientras que se dedicaba a clamar contra las atrocidades de la carga, un obispo, finalmente, que no sabiendo ejercer una presión eficaz sobre sus fieles, ha dejado su obispado sin tener permiso. Pongamos el acento, más que sobre las incompatibilidades de carácter y de ética, sobre el antagonismo de dos experiencias que han divergido diametralmente en el seno mismo de ese mundo colonial en vías de organización.

Hay también, ya que se trata de un practicante de la evangelización irritado por un teórico excesivamente orgulloso de su única experiencia sobre el terreno, que señalar la diferencia de sus sentimientos sobre la duración de ese proceso, que reviste tanto para uno como para el otro una significación escatológica. Las Casas acepta que la conversión según la «única manera» digna de Cristo dure mucho tiempo. Motolinia, heredero de las impaciencias de los primeros misioneros franciscanos de la Nueva España que bautizaban a los indios por decenas de millares sin catequización previa, porque sentían aproximarse el final de los tiempos, está persuadido de que «hay que ir aprisa para que el evangelio sea predicado antes de la consumación del mundo». Por ello admite, como otro gran amigo de los indios, don Vasco de Quiroga, la necesidad de conquistarlos mediante la guerra para evangelizarlos, sin «poner el carro antes que los bueyes». Pide que la Florida sea conquistada por las armas, como lo había sido México, en lugar de repetir un envío a la matanza de misioneros sin escolta de soldados.

La ocasión inmediata de la carta de Motolinia es el encuentro con los tratados de Las Casas impresos en Sevilla en 1552. El franciscano se siente herido de estupor y de indignación leyendo en letras de molde el *Confesionario*, del cual hace poco las copias manuscritas habían sido severamente prohibidas en México. Su protesta es reactivada cuando cae entre sus manos un ejemplar del *Tratado sobre los indios que se han hecho esclavos*. Se da muy bien cuenta que se trata de una literatura impresa sin control y embarcada incluso a última hora en un envío a punto de salir. Pero toda la argumentación que despliega contra esos temibles escritos muestra que los juzga como otras tantas provocaciones contra los religiosos que, como él, admiten a los conquistadores, encomenderos o colonos, en el sacramento de la penitencia. Si Las Casas tuviera razón, ello significaría la condenación de todos los gobernantes temporales y espirituales enviados por el emperador a México. El rigorismo de Las Casas es el de un hombre que reprueba globalmente esa sociedad sin conocerla desde dentro. ¿Cómo puede amenazar con el infierno a penitentes y confesores en nombre de axiomas como:

> Todo lo que acá tienen los españoles, todo es mal ganado —o también— que en todas las Indias nunca ovo causa justa para hacer uno ni ninguno esclavo?

¡Pero el extremismo lascasiano llega hasta a querer que se prohíba a los penitentes participar en el porvenir en una guerra de conquista cualquiera contra los indios, porque «no han tenido los españoles contra los indios jamás justa guerra en ninguna parte de las Indias hasta hoy»! El grito de alarma lanzado por Motolinia contra Las Casas es tanto más notable en su fecha (1555), puesto que quince años antes, escribiendo *Historia de los indios de la Nueva España*, el franciscano daba un testimonio apenas menos acusador que el de Las Casas, con acentos más horrorizados, en verdad, cuando hablaba del Perú. Después de diez años, ¡ay!, muchos indios mexicanos han muerto, llevados por espantosas epidemias que mataban aquí los 2/3, allá lo 4/5, y que hacen pensar en las destrucciones de los idólatras por las cuales Moisés y Josué conquistaron la tierra prometida. Pero las relaciones de los colonos con los supervivientes se han regularizado, normalizado. El Indio de México no está más oprimido que el campesino de Castilla. Sabe defenderse cuando la magnitud de su tributo aumenta ilegalmente.

E) *CARTA AL EMPERADOR CARLOS V SOBRE EL PADRE LAS CASAS*

(Por fray Toribio de Benavente [Motolinia]) [44]

Sepa V. M., que cuando el Marqués del Valle (Cortés) entró en esta tierra, Dios nuestro Señor era muy ofendido, y los hombres padescían muy cruelísimas muertes, y el demonio nuestro adversario era muy servido con las mayores idolatrías y homecidios más crueles que jamás fueron: porque el antecesor de Moctezuma señor de México, llamado Ahuitzoci, ofresció a los indios en un solo templo y en un sacrificio, que duró tres o cuatro días, ochenta mil y cuatrocientos hombres, los cuales traían a sacrificar por cuatro calles en cuatro hileras hasta llegar delante de los ídolos al sacrificadero. Y cuando los cristianos entraron en esta Nueva España, por todos los pueblos y provincias de ella había muchos sacrificios de hombres muertos, más que nunca, que mataban y sacrificaban delante de los soldados; y cada día y cada hora ofrescían a los demonios sangre humana por todas partes y pueblos de toda esta tierra, sin otros muchos sacrificios y servicios que a los demonios siempre y públicamente hacían, no solamente en los templos de los demonios, que casi toda la tierra estaba llena de ellos, mas por todos los caminos y en todas las casas y toda la gente vacaba al servicio de los demonios y de los ídolos; pues impedir y quitar estas y otras abominaciones y pecados y ofensas que a Dios y al prójimo públicamente eran hechas, y plantar nuestra santa Fe católica, levantar por todas partes la cruz de Jesucristo y la confesión de su santo nombre, y haber Dios plantado una tan grande conversión de gentes, donde tantas almas se han salvado y cada día se salvan, y edificar tantas iglesias y monasterios, que de solos frailes menores hay más de cincuenta monasterios habitados de frailes, sin los monasterios de Guatemala y Yucatán, y toda esta tierra puesta en paz y en justicia, que si V. M., viese cómo por toda esta Nueva España se celebran los oficios de la semana santa y todos los domingos y fiestas, daría mil veces alabanzas y gracias a Dios.

[44] Transcrita por Ramón Xirau en *Idea y querella de la Nueva España*. Madrid, 1973, p. 67 y ss.

No tiene razón el de Las Casas de decir lo que dice y escribe y emprime, y adelante, porque será menester, yo diré sus celos y sus obras hasta dónde allegan y en qué paran, si acá ayudó a los indios o los fatigó. Y a V. M., homildemente soplico por amor de Dios, que agora que el Señor ha descubierto tan cerca de aquí la tierra de la Florida, que desde el río de Pánuco, que es de esta gobernación de México, hasta el río grande de la Florida, donde se paseó el capitán Soto más de cinco años, no hay más de ochenta leguas, que en estos nuestros tiempos y especialmente en esta tierra es como ocho leguas; y antes del río de la Florida hay también muchos pueblos, de manera que aún la distancia es mucho menos. Por amor de Dios V. M., se compadezca de aquellas ánimas, y se compadezca y duela de las ofensas que allí se hacen a Dios, e impida los sacrificios e idolatrías que allí se hacen a los demonios, y mande con la más brevedad y por el mejor medio que según hombre y ungido de Dios y capitán de su Santa Iglesia, dar orden de manera que aquellos indios infieles se les predique el santo Evangelio. Y no por la manera que el de Las Casas ordenó, que no se ganó más que de echar en costa a V. M., de dos o tres mil pesos de aparejar y proveer un navío, en el cual fueron unos padres dominicos a predicar a los indios de la Florida con la instrucción que les dio, y en saltando en tierra sin llegar a pueblo, en el puerto luego mataron la mitad de ellos, y los otros volvieron huyendo a se meter en el navío, y acá tenían que contar cómo se habían escapado. Y no tiene V. M., mucho que gastar ni mucho que enviar de allá de España, mas de mandarlo, y confío en nuestro Señor que muy en breve se siga una grande ganancia espiritual y temporal. Y acá en esta Nueva España hay mucho caudal para lo que se requiere, porque hay religiosos ya experimentados, que mandándoselo la obediencia irán y se pondrán a todo riesgo para ayudar a la salvación de aquellas ánimas. Asimismo hay mucha gente de españoles y ganados y caballos; y todos los que acá aportaron que escaparon de la compañía de Soto, que no son pocos, desean volver allá por la bondad de la tierra, porque se le de una puerta para la mucha gente que hay ociosa, cuyo oficio es pensar y hacer mal. Y ésta es la segunda cosa que yo, pobre, de parte de Dios a V. M., suplico.

La tercera cosa es rogar por amor de Dios a V. M., que mande ver y mirar a los letrados, así de vuestros Consejos como a los de las Universidades, si los conquistadores, encomenderos y mercaderes de esta Nueva España están en estado de rescibir el sacramento de la penitencia y los otros sacramentos, sin hacer instrumento público por escritura y dar caución jurada: porque afirma el de Las Casas que, sin éstas y otras diligencias, no pueden ser absueltos; y a los confesores ponen tantos escrúpulos, que no falta sino ponellos en el infierno. Y así, es menester esto se consulte con el Sumo Pontífice, porque qué nos aprovecharía a algunos que hemos bautizado más de cada [uno] trescientas mil ánimas y desposado y velado otras tantas y confesado otra grandísima multitud, si por haber confesado diez o doce conquistadores, ellos y nos nos hemos de ir al infierno.

Dice el de Las Casas que todo lo que acá tienen los españoles, todo es mal ganado, aunque lo hayan habido por granjerías: y acá hay muchos labradores y oficiales y otros muchos, que por su industria y sudor tienen de comer. Y para que mejor se entienda cómo lo dice o imprime, sepa V. M., que puede haber cinco o seis años, que por mandato de V. M., y de vuestro Consejo de Indias, me fue mandado que recogiese ciertos confisionarios que el de Las Casas dejaba acá en esta Nueva España, escriptos de mano, entre los frailes, e yo busqué todos los que había entre los frailes menores y los di a don Antonio de Mendoza, vuestro visorrey, y él los quemó, porque en ellos se contenían dichos y sentencias escandalosas. Agora, en los postreros navíos que aportaron a esta Nueva España han venido los ya dichos confisionarios impresos, que no pequeño alboroto y escándalo han puesto en toda esta tierra, porque a los conquistadores y encomenderos y a los mercaderes los llama muchas veces, tiranos, robadores, violentadores, raptores, predones. Dice que siempre e cada día están tiranizando los indios, asimismo dice que todos los tributos de indios son y han sido llevados injusta y tiránicamente. Si así fuese, buena estaba la conciencia de V. M., pues tiene y lleva la mitad o más de todas las provincias y pueblos más principales de toda esta Nueva España, y los encomenderos y conquistadores no tienen más de lo que V. M., les manda dar y que los indios que tuvieren sean tasados moderadamente, y que sean muy bien tratados y mirados, como por la bondad de Dios el día de hoy lo son casi todos, y que les sea administrada doctrina y justicia. Así se hace, y con todo esto el de Las Casas dice lo dicho y más, de manera que la principal injuria o injurias hace a V. M., y condena a los letrados de vuestros Consejos llamándolos muchas veces injustos y tiranos. Y también injuria y condena a todos los letrados que hay y ha habido en toda esta Nueva España, así eclesiásticos como seculares, y a los prelados y Audiencias de V. M., porque ciertamente el Marqués del Valle y don Sebastián Ramírez, obispo, y don Antonio de Mendoza y don Luis de Velasco, que agora gobierna, con los oidores, han regido y gobernado y gobiernan muy bien ambas repúblicas de españoles e indios. Por cierto, para con unos poquillos cánones que el de Las Casas oyó, él se atreve a mucho, y muy grande parece su desorden y poca su humildad. Y piensa que todos yerran y que él sólo acierta, porque también dice estas palabras que se siguen a la letra: «todos los conquistadores han sido robadores, raptores y los más calificados en mal y crueldad que nunca jamás fueron, como es a todo el mundo manifiesto». Todos los conquistadores, dice, sin sacar ninigo. Ya V. M., sabe las instrucciones y mandamientos que llevan y han llevado los que van a nuestras conquistas, y cómo las trabajan de guardar y son de tan buena vida como el de Las Casas, y de más reto y santo celo.

Yo me maravillo cómo V. M., y los de vuestros Consejos han podido sufrir tanto tiempo a un hombre tan pesado, inquieto e importuno y bullicioso y pleitista, en hábito de religioso, tan desasosegado, tan mal criado y tan injuriador y perjudicial y tan sin reposo. Yo, ha que conozco al de Las Casas quince años, primero que a esta tierra viniese, y él iba a la tierra del Perú, y no pudiendo allá pasar, estuvo en Nicaragua, y no sosegó allí mucho tiempo, y de allí vino a Guatemala y menos paró allí, y después estuvo en la nación de Guaxaca, y tan poco reposo tuvo allí como en las otras partes; y después que aportó a México estuvo en el monasterio de Santo Domingo, y en él luego se hartó, y tornó a vaguear y andar en sus bullicios y desasosiegos, y siempre escribiendo procesos y vidas ajenas, buscando los males y delito que por toda esta tierra habían cometido los españoles, para agraviar y encarecer todos los males y pecados que han acontecido. Y en esto parece que tomaba el oficio de nuestro adversario, aunque él pensaba ser más celoso y más justo que los otros cristianos, y más que los religiosos. Y él acá, apenas tuvo cosa de religión.

Una vez estaba él hablando con unos frailes y decíales que era poco lo que hacía, que no había resistido ni derramado su sangre. Como quiera, el menor de ellos era más siervo de Dios y le servían más y velaban más las ánimas y la religión que no él, con muchos quilates; porque todos sus negocios han sido con algunos desasosegados, para que le digan cosas que escriba conforme a su apasionado espíritu contra los españoles, mostrándose que ama mucho a los indios y que él sólo los quiere defender y favorecer más que a nadie. En lo cual, acá, muy poco tiempo se ocupó, sino fue cargándolos y fatigándolos. Vino el de Las Casas siendo fraile simple y aportó a la ciudad de Tlascala, e traía tras de sí, cargados, 27 o 37 indios, que acá se llaman *tamemes*; y en aquel tiempo estaban ciertos obispos y prelados examinando una bula del papa Paulo, que habla de los matrimonios y baptismo, y en este tiempo pusiéronnos silencio que no baptizásemos a los indios adultos, y había venido un indio, de tres o cuatro jornadas, a se baptizar, y había demandado el baptismo muchas veces, y estaba bien aparejado, catequizado y enseñado. Entonces yo, con otros frailes, rogamos mucho al de Las Casas que baptizase aquel indio, porque venía de lejos, y después de muchos ruegos demandó muchas condiciones de aparejos para el baptismo, como si él sólo supiera más que todos, y ciertamente aquel indio estaba bien aparejado. Y ya que dijo que lo baptizaría, vistióse una sobrepelliz con su estola, y fuimos con él tres o cuatro religiosos a la puerta de la iglesia do el indio estaba de rodillas, y no sé qué achaque se tomó, que no quiso bautizar al indio, y dejónos y fuese. Yo entonces dije al de Las Casas: ¿cómo?, padre, ¿todos vuestros celos y amor que decís que tenéis a los indios, se acaba en traerlos cargados y andar escribiendo vidas de españoles y fatigando a los indios, que sólo vuestra caridad traéis cargados más indios que treinta frailes? Y pues un indio no bautizáis ni doctrináis, bien sería que pagásedes a cuantos traéis cargados y fatigados.

Entonces, como está dicho, traía 27 o 37 cargados, que no me recuerdo bien el número, y todo lo más que traía en aquellos indios eran procesos y escripturas contra españoles, y bujerías de nada. Y cuando fue allá a España que volvió obispo, llevaba ciento y veinte indios cargados, sin pagarles nada; y agora procura allá con V. M., y con los del Consejo de Indias, que acá ningún español pueda traer indios cargados pagándolos muy bien, como agora por todas partes se pagan, y los que agora demandan no son sino tres o cuatro para llevar la cama y comida, porque por los caminos no se halla. Después de esto, acá siempre anduvo desasosegado, procurando negocios de personas principales, y lo que allá negoció fue venir obispo de Chiapa; y como no cumplió lo que acá prometió negociar, el padre fray Domingo de Betanzos, que lo tenía bien conoscido, le escribió una carta bien

larga, y fue muy pública, en la cual le declaraba su vida y sus desasosiegos y bullicios, y los perjuicios y daños que con sus informaciones
y celos indiscretos habían causado por doquiera que andaba; especialmente, cómo en la tierra del Perú había sido causa de muchos escándalos y muertes. Y agora no cesa allá do está de hacer lo mismo, mostrándose que lo hace con celo que tiene a los indios. Y por una carta
que de acá alguno le escribe —y no todas veces verdadera— muéstrala
a V. M., o a los de su Consejo; y por una cosa particular que le escriben procura una cédula general; y así, turba y destruye acá la gobernación y la república; y en esto paran sus celos.

Cuando vino obispo y llegó a Chiapa, cabeza de su obispado, los
de aquella ciudad le recibieron, por envialle V. M., con mucho amor
y con toda humildad, y con palio lo metieron en su iglesia, y le prestaron dineros para pagar deudas que de España traía, y dende a muy
pocos días descomúlgalo y póneles 15 o 16 leyes y las condiciones del
confisionario, y déjalos y vase adelante. A esto le escribía el de Betanzos, que las ovejas había vuelto cabrones, y de buen carretero echó el
carro adelante y los bueyes detrás. Entonces fue al reino que llamaban
de Verapaz, del cual allá ha dicho que es grandísima cosa y de gente
infinita. Esta tierra es cerca de Guatemala, e yo he andado visitando y
enseñando por allí, y llegué muy cerca, porque estaba dos jornadas de
ella; y no es de diez partes la una de lo que allá han dicho y signifi-
cado. Monasterio hay acá en lo de México, que dotrina e visita es de
tanta gente, que la que hay en el reino de la Verapaz. Y de esto es
buen testigo el obispo de Guatemala: yo vi la gente, que es de pocos
quilates y menos que otra.

Después, el de Las Casas tornó a sus desasosiegos y vino a México, y pidió licencia al visorrey para volver allá a España, y aunque no
se la dio, no dejó de ir allá sin ella, dejando acá muy desamparadas y
muy sin remedio las ovejas y ánimas a él encomendadas, así españoles
como indios. Fuera razón, si con él bastase razón, de hacerle luego dar
la vuelta para que siquiera perseverara con sus ovejas dos o tres años,
pues como más santo y más sabio es éste que todos cuantos obispos
hay y han habido, y así, los españoles dice que son incorregibles, tra-
bajara con los indios y no lo dejara todo perdido y desamparado.

Habrá cuatro años que pasaron por Chiapa y su tierra dos religiosos, vieron cómo por mandado del de Las Casas, aún en el artículo de
la muerte no absolvían a los españoles que pedían la confesión, ni ha-

bía quién bautizase los niños hijos de los indios que por los pueblos buscaban el bautismo —y estos frailes que digo, bautizaron muy muchos—. Dice en aquel su confisionario, que los encomenderos son obligados a enseñar a los indios que les son encargados, y así es la verdad; mas decir adelante, que nunca, ni por entresueño, lo han hecho, en esto no tiene razón, porque muchos españoles por sí y por sus criados los han enseñado según su posibilidad; y otros muchos, a do no alcanzan frailes, han puesto clérigos en sus pueblos; y casi todos los encomenderos han procurado frailes, ansí para que los vayan a enseñar y a les administrar los santos sacramentos. Tiempo hubo, que algunos españoles ni quisieran ver clérigo ni fraile por sus pueblos; más días ha que muchos españoles procuran frailes, y sus indios han hecho monasterios y los tienen en sus pueblos; y los encomenderos proveen a los frailes de mantenimiento y vestuario y ornamentos, y no es maravilla que el de Las Casas no lo sepa, porque él no procuró de saber sino lo malo y no lo bueno, ni tuvo sosiego en esta Nueva España ni desprendió lengua de indios ni se humilló ni aplicó a les enseñar. Su oficio fue escribir procesos y pecados que por todas partes han hecho los españoles; y esto es lo que mucho encarece, y ciertamente solo este oficio no lo llevará al cielo. Y lo que así escribe no es todo cierto ni muy averiguado. Y (si) se mira y notan bien los pecados y delitos atroces que en sola la ciudad de Sevilla han acontecido, y los que la justicia ha castigado de treinta años a esta parte, se hallarían más delitos y maldades, y más feas, que cuantas han acontecido en toda esta Nueva España después que se conquistó, que son treinta y tres años. Una de las cosas que es de haber compasión en toda esta tierra, es de la ciudad de Chiapa y su subjeto, que después que el de Las Casas allí entró por obispo quedó destruida en lo temporal y espiritual, que todo lo enconó. Y plega a Dios no se diga de él que dejó las ánimas en las manos de los lobos y huyó: *quia mercenarius est et non pastor, et non pertinet ad eum de ovibus* (...)

....

(...) Quisiera yo ver al de Las Casas quince o veinte años perseverar en confesar cada día diez o doce indios enfermos llagados y otros tantos sanos, viejos, que nunca se confesaron, y entender en otras cosas muchas, espirituales, tocantes a los indios. Y lo bueno es que allá, a V.M., y a los demás sus Consejos, para mostrarse muy celoso dice: Fulano no es amigo de indios, es amigo de españoles, no le deis crédito. Plega a Dios que acierte él a ser amigo de Dios y de su propia ánima: lo que allá cela es de daños que hacen a los indios, o de tierra que los españoles demandan acá en esta Nueva España, o de estancias que están en perjuicio, y de daños a los indios. Ya no es el tiempo que solía, porque el que hace daño de dos pesos, paga cuatro; y el que hace daño de cinco, paga ocho. Cuanto al dar de las tierras podría V. M. dar de las sobradas, valdíos y tierras eriales para los españoles avecindados, que se quieren aplicar a labrar la tierra, y otros acá nascidos, que algo han de tener: y esto, de lo que está sin perjuicio. Y como de diez años a esta parte entre los indios ha habido mucha mortandad y pestilencias grandes, falta muy mucha gente, que donde menos gente falta, de tres partes faltan las dos; y en otros lugares, de cinco partes faltan las cuatro, y en otros de ocho partes faltan las siete; y a esta causa sobran por todas partes muchas tierras, de más de los valdíos y tierras de guerra, que no sembraban. Y habiendo de dar, si V. M., mandare, [sea] de los valdíos y tierras de guerra, que estos eran unos campos que dejaban entre provincia e provincia y entre señor y señor, adonde salían a darse guerra, que antes que entrase la Fe eran muy continuas, porque casi todos los que sacrificaban a los ídolos eran los que prendían en las guerras, y por eso en más tenían prender uno que matar cinco. Estas tierras que digo, no las labraban; en éstas hay lugar, si los indios no tuviesen ya algunas ocupadas y cultivadas, paresciendo ser lícito, y podríalas V. M., dar con menos perjuicio y sin perjuicio alguno.

....

Asimismo dice de indios esclavos que se hacían en las guerras, y gasta no poco papel en ello. Y en esto, también parece que sabe poco de lo que pasaba en las guerras de estos naturales, porque ningún esclavo se hacía en ellas ni rescataban ninguno de los que en las guerras prendían, mas todos los guardaban para sacrificar, porque era la gente que generalmente se sacrificaba por todas estas tierras. Muy poquitos eran los otros que sacrificaban, sino los tomados en guerra, por lo cual las guerras eran muy continuas, porque, para cumplir con sus crueles dioses y para solenizar sus fiestas y honrar sus templos, andaban por muchas partes haciendo guerra y salteando hombres para sacrificar a los demonios y ofrecerles corazones y sangre humana. Por la cual causa padecían muchos inocentes, y no parece ser pequeña causa de hacer guerra a los que ansí oprimen y matan los inocentes, y éstos con gemidos y clamores demandaban a Dios y a los hombres ser socorridos, pues padescían muerte tan injustamente. Y esto es una de las causas, como V. M. sabe, por la cual se puede hacer guerra.

....

Y algunos que murmuraron del Marqués del Valle, que Dios tiene, y quieren ennegrecer sus obras, yo creo que delante de Dios no son sus obras tan acetas como lo fueron las del Marqués. Aunque, como hombre, fuese pecador, tenía fe y obras de buen cristiano y muy gran deseo de emplear la vida y hacienda por ampliar y aumentar la fe de Jesucristo, y morir por la conversión de estos gentiles. Y en esto hablaba con mucho espíritu, como aquel a quien Dios había dado este don y deseo y le había puesto por singular capitán de esta tierra de Occidente. Confesábase con muchas lágrimas y comulgaba devotamente, y ponía a su ánima y hacienda en manos del confesor para que mandase y dispusiese de ella todo lo que convenía su conciencia. Y así, buscó en España muy grandes confesores y letrados con los cuales ordenó su ánima e hizo grandes restituciones y largas limosnas. Y Dios le visitó con grandes aflicciones, trabajos y enfermedades para purgar sus culpas y limpiar su ánima. Y creo que es hijo de salvación y que tiene mayor corona que otros que lo menosprecian. Desde que entró en esta Nueva España trabajó mucho de dar a entender a los indios el conocimiento de un Dios verdadero y de les hacer predicar el Santo Evangelio. Y les decía cómo era mensajero de V. M. en la conquista de México. Y mientras en esta tierra anduvo, cada día trabajaba de oír misa, ayunaba los ayunos de la Iglesia y otros días por devoción. Deparóle Dios en esta tierra dos intérpretes, un español que se llamaba Aguilar y una india que se llamó Doña Marina. Con éstos predicaba a los indios y les daba a entender quién era Dios y quién eran sus ídolos. Y así, destruía los ídolos y cuanta idolatría podía. Trabajó de decir verdad y de ser hombre de su palabra, lo cual aprovechó mucho con los indios. Traía por bandera una cruz colorada en campo negro, en medio de unos fuegos azules y blancos, y la letra decía: «Amigos, sigamos la cruz de Cristo, que si en nos hubiere fe, en esta señal venceremos».

Doquiera que llegaba, luego levantaba la cruz. Cosa fue maravillosa, el esfuerzo y ánimo y prudencia que Dios le dio en todas las cosas que en esta tierra aprendió, y muy de notar es la osadía y fuerzas que Dios le dio para destruir y derribar los ídolos principales de México, que eran unas estatuas de quince pies en alto. Y armado de mucho peso de armas, tomó una barra de hierro y se levantaba tan alto hasta llegar a dar en los ojos y en la cabeza de los ídolos. Y estando para derriballos, envióle a decir el gran señor de México Moctezuma que no se atreviese a tocar a sus dioses, porque a él y a todos los cristianos mataría luego. Entonces el capitán se volvió a sus compañeros con mucho espíritu y, medio llorando, les dijo:

> hermanos, de cuanto hacemos por nuestras vidas y intereses, agora muramos aquí por la honra de Dios y porque los demonios no sean adorados.

Y respondió a los mensajeros, que deseaba poner la vida, y que no cesaría de lo comenzado, y que viniesen luego. Y no siendo con el gobernador sino 130 cristianos y los indios eran sin número, así los atemorizó Dios y el ánimo que vieron en su capitán, que no se osaron menear. Destruidos los ídolos, puso allí la imagen de Nuestra Señora.

En aquel tiempo faltaba el agua y secábanse los maizales, y trayendo los indios muchas cañas de maíz que se secaban, dijeron al capitán, que, si no llovía, que todos perecerían de hambre. Entonces el Marqués les dio confianza diciendo que ellos rogarían a Dios y a Santa María para que les diese agua, y que a sus compañeros rogó que todos se aparejasen y aquella noche se confesasen a Dios y le demandasen su misericordia y gracia. Y otro día salieron en procesión, y en la misa se comulgó el capitán, y como estuviese el cielo sereno, súbito vino tanta agua, que antes que allegasen a los aposentos, que no estaban muy lejos, ya iban todos hechos agua. Esto fue grande edificación y predicación a los indios, porque desde adelante llovió bien y fue muy buen año.

Siempre que el capitán tenía lugar, después de haber dado a los indios noticias de Dios, les decía que lo tuviesen por amigo, como a mensajero de un gran Rey y en cuyo nombre venía; y que de su parte les prometía serían amados y bien tratados, porque era grande amigo del Dios que les predicaba. ¿Quién así amó y defendió los indios en este mundo nuevo como Cortés? Amonestaba y rogaba mucho a sus compañeros que no tocasen a los indios ni a sus cosas, y estando toda la tierra llena de maizales, apenas había español que osase coger una mazorca. Y porque un español llamado Juan Polanco, cerca del puerto, entró en casa de un indio y tomó cierta ropa, le mandó dar cien azotes. Y a otro llamado Mora, porque tomó una gallina a indios de paz, le mandó ahorcar, y si Pedro de Alvarado no le cortase la soga, allí quedara y acabara su vida. Dos negros suyos, que no tenían cosa de más valor, porque tomaron a unos indios dos mantas y una gallina, los mandó ahorcar. Otro español, porque desgajó un árbol de fruta y los indios se le quejaron, le mandó afrentar.

No quería que nadie tocase a los indios ni los cargarse, so pena de cada [uno] cuarenta pesos. Y el día que yo desembarqué, vinieron del puerto para Medellín, cerca de donde agora está la Veracruz, como viniésemos por un arenal y en tierra caliente y el sol que ardía —había hasta el pueblo tres leguas—, rogué a un español que consigo llevaba dos indios, que el uno me llevase el manto, y no lo osó hacer afirmando que le llevarían cuarenta pesos de pena. Y así, me traje el manto a cuestas todo el camino.

Donde no podía escusar guerra, rogaba Cortés a sus compañeros que se defendiesen cuanto buenamente pudiesen, sin ofender; y que cuanto más no pudiesen, decía que era mejor herir que matar, y que más temor ponía ir un indio herido, que quedar dos muertos en el campo.

F) *FRAY BARTOLOMÉ DE LAS CASAS: EL UTOPISTA*

(Por Ramón Menéndez Pidal) [45]

Por mi parte, me contentaré con decir que de Las Casas padecía una dolencia semejante a la de Don Quijote. A muchos se les ha ocurrido comparar a de Las Casas con el caballero de la Mancha. Todo verdadero español tiene algo de Don Quijote... Don Quijote es un enamorado de la justicia universal; él como caballero andante debe amparar la justicia contra todos los más varios enemigos que halla en su camino. De Las Casas es un apasionado de la justicia en favor del indio, a quien él como procurador debe defender a todo trance; se limita al indio. Don Quijote y de Las Casas se sienten ufanos, orgu-

---

[45] *El padre De las Casas, su doble personalidad*, Madrid, 1963, VIII, 9.

llosos, muy llenos de sí y de su alta misión que proclaman arrogantes; Don Quijote, conversando con el Caballero del Verde Gabán, no puede menos de elogiarse, «puesto que las propias alabanzas envilecen, esme forzoso decir yo tal vez las mías, y esto se entiende cuando no se halla presente quien las diga». De Las Casas es más ingenuo, y se alaba de continuo, sin preámbulo excusatorio. Don Quijote y de Las Casas son arbitristas. Don Quijote quiere dar a Su Majestad un aviso ciertísimo para librar a la Cristiandad del gran peligro turco, y tal aviso no es otro que el de convocar a los caballeros andantes que vagan por España, que sólo media docena bastarían contra los ejércitos turquescos, y quiere convencer a «la depravada edad» en que él vive, y se fatiga por dar a entender al mundo el error en que está en no renovar en sí la orden de la andante caballería. De Las Casas propone al rey someter los innumerables pueblos de las Indias con sólo los predicadores, pues reiteradas veces dice que para aquellas nuevas tierras un fraile hace más que doscientos hombres de armas, y escribe pliegos y pliegos a fin de convencer a toda España de que se halla en «pecado mortal» y no puede salvarse por no encomendar los descubrimientos y civilización del Nuevo Mundo a sólo los frailes; por esto escribe su grande *Historia*, «por librar mi nación española del error y engaño gravísimo en que vive». Don Quijote choca contra la realidad, porque no tiene en cuenta que el mundo en que se mueve ha organizado la justicia y el amparo de los débiles de modo muy distinto que el ideado por la caballería andante. De Las Casas fracasa rompiendo lanzas hasta el final de su vida en defensa del señorío indio, porque no se percata de que el mundo que le rodea, teólogos, juristas y gobernantes habían resuelto en definitiva que el continente recién descubierto no hubiese podido ser incorporado a la paz y a la justicia del Occidente manteniendo el señorío absoluto del indio. Don Quijote, aunque nos hace reír con sus desatinados combates, se dignifica y engrandece por su generoso idealismo frente a las muchas injusticias de la sociedad de su tiempo. De Las Casas, aunque nos repele por el encono y saña que le ciega en sus ataques, nos sentimos inclinados a excusarle por el ardor que le incita contra los atropellos cometidos respecto al indio. Pero todavía una mayor semejanza, Don Quijote y de Las Casas son razonables y discretos en todo, hasta que les tocan el tema esencial de su vida, la caballería andante y el señorío de los caciques; entonces los dos se sobreexcitan y alteran, entonces izquierdean y se despeñan, dando suelta a su imaginación apasionada. Y para el uno los tranquilos mercaderes, los molinos de viento, los títeres, todos se convierten en odiosos enemigos, en maléficos encantadores, en gigantes descomunales, contra los cuales arremete; y para el otro los más mesurados conquistadores, los más bondadosos y caritativos encomenderos se convierten en gigantes de crueldad, monstruos de tiranía, verdugos diabólicos, a quienes él acomete para lanzarlos a los infiernos. De Las Casas es en general un escritor razonable, de buen juicio y circunspección. Admira sobremanera las virtudes de Colón, aprecia la gran habilidad, la prudencia, la moderación de Cortés a la vez que la cultura salmantina de este conquistador, y así de otros muchos; pero en cuanto cualquiera de ellos toca el señorío de los indios, entonces la furia condenatoria del escritor se alborota: Colón merece todos sus infortunios y muchos más, por emplear perros de guerra y otras crueldades contra los salvajes; Cortés es un mentiroso, ladrón usurpador.

Las Casas, un autor a quien gusta tanto hablar de sí mismo, en los miles y miles de páginas que escribió no nos refiere actos suyos de pura caridad o cordial amor a un indio, sólo nos cuenta una y otra vez actos de indignación contra algún atropello español. Siempre acusador, se acusa a sí mismo cuando él era encomendero que echaba a sus indios a las minas a sacarle oro, pero nunca se nos muestra abrazando al indio para consolarle en las miserias de la vida. En los dieciséis años durante los que sus superiores le retuvieron en retiro conventual en América, no parece que ejercitase actos de caridad misional con los indios. En el terreno doctrinal, en el *De Unico Vocationis Modo*, en la *Apologética* historia, hay optimistas y bien sentidos párrafos sobre la dignidad racional de todos los hombres, de cualquier raza o nación por selvática y bárbara que sea, o bien sobre las excelencias de los pueblos indios, pero en el terreno de la acción práctica, Las Casas no tiene otro interés que el de ser atropellado por el español. La inclinación afectiva hacia el desvalido, tal como la esperaríamos en Las Casas, sólo la hallamos escondida bajo la forma de pasión violenta contra los españoles que intervienen en cosas de las Indias. Legisla a palo seco, no ama a los indios, sino en cuanto odia a los conculcadores de la soberanía y de los derechos indianos que él ha formulado en su idea preconcebida.

Él, por su sacerdocio, debía acatar el proverbio de Salomón (X, 12) que manda oponer la caridad al odio; debía meditar los pasajes donde San Pablo advierte que la caridad es benigna y no se irrita, y que sin caridad todas las otras virtudes no son nada (I Corintios, XIII. 5), pero todo esto rebota en la mente poseída de una patalógica pasión acusatoria, y Las Casas se aplica asiduamente a escribir libros de odio exaltado y de irritación contra todo español de Indias.

En esto resalta patente el monoteísmo de Las Casas, con toda su extraordinaria intensidad. No se halla otro caso semejante de un escritor que durante cincuenta años no siente el menor cansancio en escribir miles y miles de folios, todos ellos, sin una excepción siquiera, consagrados a un solo tema, único y apasionante; el vilipendio de los españoles frente a la exaltación de los indios.

ESPÍRITU Y NORMATIVA DE LA COLONIZACIÓN

(Por Zacarías de Vizćarra) [46]

Jamás se ha visto, en toda la Historia de la Iglesia, una actividad misionera comparable con la que desplegaron los españoles en el Nuevo Mundo.

La unidad de miras y la comunidad de acción evangélica entre la Iglesia y el estado católico hizo posible aquel maravilloso esfuerzo, en tiempos y circunstancias tan difíciles, con tan escasos y lentos medios de comunicación desde la metrópoli, con ignorancia completa de la geografía, que se estaba entonces construyendo por los mismos exploradores y misioneros, sin conocimiento previo de las leguas indígenas, sin la experiencia misional de cuatro siglos, que ahora poseen los nuevos evangelizadores de los infieles.

Uno queda admirado, al saber, por ejemplo, que en Méjico, bajo el arrollador impulso impreso a las misiones por su primer Obispo Fray Juan de Zumárraga, se habían instruido en la fe y recibido el bautismo, a los 15 años de la conquista de Hernán Cortés, *más de seis millones de*

---

[46] *La vocación de América*, Buenos Aires, 1933, capítulos 8 a 13.

indígenas. (Marion, *Histoire de l'Eglise,* tomo III, p. 251; Mourret, *Historia General de la Iglesia,* tomo V, p. 715.)

Los biógrafos del P. José de Anchieta, pariente de San Ignacio de Loyola y uno de los misioneros más extraordinarios que ha visto América y el mundo, refieren que él solo bautizó, durante su vida, más de dos millones de indios, y que una vez estuvo bautizando durante 24 horas, sin interrupción, teniendo que ser sostenido por dos hombres que levantaban sus brazos, mientras él derramaba el agua y pronunciaba la fórmula sacramental. Además, pasaron de mil los templos, escuelas y hospitales que se levantaron por su iniciativa en el Brasil, que lo considera como su apóstol.

Nada digamos de Santo Toribio de Mogrovejo, de San Francisco Solano, de San Luis Beltrán, de San Pedro Claver y de los otros famosos misioneros y gloriosos mártires que fecundaron con su sangre, en los primeros tiempos, el suelo de América, mientras lo embalsamaban con sus virtudes almas tan puras como las de Santa Rosa de Lima y la Azucena de Quito, Beata Mariana de Jesús.

A mediados del siglo XVI, apenas pasados cincuenta años del descubrimiento, funcionaban ya, en América, 4 Arzobispados, 24 Obispados, 360 monasterios y un número tan grande de parroquias y capillas que no se pudieron contar. En la primera mitad del siglo XVII, en que escribía su obra Solórzano Pereyra, figuraban en la lista de este jurisconsulto 6 Arzobispados, 32 Obispados, doscientas dignidades, 380 canonicatos, 380 racioneros,

> sin contar —añade Solórzano Pereyra— los capellanes, párrocos, beneficiados y ministros, que difícilmente podríamos catalogar, y otras iglesias menores que dicen que pasan de 70.000.

Por supuesto, en esta estadística, no se incluyen los monasterios, colegios y misiones de las Órdenes Religiosas, que alcanzaban una cifra sorprendente. Los hombres versados en asuntos misioneros quedan estupefactos ante el esfuerzo evangelizador desplegado tan rápidamente en el Nuevo Mundo.

En 1551 podía ya escribir el historiador de las Indias Francisco López de Gómara al emperador Carlos V:

> Todos los indios que son vuestro subjetos, son ya cristianos, por la misericordia y bondad de Dios, y la vuestra merced y de vuestro pa-

dres y abuelos, que habéis procurado su conversión y cristiandad. (Biblioteca Rivadeneyra, tomo 22, p. 156.)

Nada queremos decir acerca del éxito de las Misiones Jesuíticas del Paraguay, porque son de todos conocidas y admiradas, como la flor más brillante de la historia de las misiones de todos los tiempos.

Pero lo más admirable es que, mientras esto sucedía en América, otros innumerables misioneros y teólogos españoles peleaban las batallas del Señor en las principales universidades de Europa, con Maldonado, Toledo, Valencia, los dos Soto, Suárez, Lugo, etc., al mismo tiempo que formaban el nervio teológico del Concilio de Trento los dos teólogos oficiales del Papa, Diego Laínez y Alfonso Salmerón, y difundían la luz evangélica por todo el Oriente apóstoles de la talla de San Francisco Javier y de sus infatigables compañeros, bajo el mando del capitán de Cristo, Ignacio de Loyola.

Consta por la historia del descubrimiento de América que, tanto Colón como los capitanes y tripulantes de su flota, iban convencidos de que su expedición era una verdadera cruzada para dilatar la Cristiandad.

Las banderas especiales que adoptaron para su empresa ostentaban Cruces verdes en fondo blanco, como indicando la esperanza de engrandecer el imperio pacífico de la Cruz.

Para pisar por primera vez la tierra americana, bajaron de sus barcos los dos Pinzón tremolando las banderas de la Cruz verde, mientras el Almirante clavaba en tierra el estandarte real, adornado con la imagen de María Santísima y rematado con el signo de la Cruz.

Todos los expedicionarios se habían preparado para la empresa confesándose, comulgando y haciendo devotas plegarias. Todos ellos terminaban la diaria labor, sobre el Océano desconocido, cantando a coro la Salve a la Virgen, acercándose para ello unas a otras las tres naves y confundiendo sus voces el Almirante, los capitanes y los oficiales, con las de los tripulantes y grumetes.

Del espíritu misionero de Colón, nos dice en particular lo siguiente el Papa León XIII, en la *Epístola* citada [47].

[47] Epístola a los Arzobispos y Obispos de España, Italia y ambas Américas en 1892. Cuarto centenario.

No es que Colón dejase de ser impulsado por el muy legítimo deseo de saber y de hacerse benemérito de la sociedad humana; ni es que despreciase la gloria, ni renunciase a la esperanza de su provecho particular, sino que, por encima de todas estas razones humanas, prevaleció el motivo de la religión de sus mayores; porque ella fue la que le inspiró aquel propósito y voluntad, y la que frecuentemente, en medio de las mayores dificultades, le proporcionó consuelo y constancia. Porque consta que ésta era la mira y designio principal que tenía fijo en el fondo de su espíritu: abrir camino al Evangelio por nuevas tierras y nuevos mares...

En efecto: al dirigirse por primera vez a los reyes de España, Fernando e Isabel, pidiéndoles que tuviesen a bien encargarse de la empresa, les alega como razón que lograrían gloria inmortal si resolviesen llevar el nombre y doctrina de Jesucristo a tan apartadas regiones.

Después, conseguido lo que pretendía, atestigua que eleva a Dios sus plegarias, para que los Reyes, con el auxilio de la Divina Gracia, sigan llevando la luz del Evangelio a nuevas regiones y nuevas playas.

Se apresura a escribir a Alejandro VI, Pontífice Máximo, pidiéndole varones apostólicos, y le dice: que confía poder alguna vez, con la ayuda de Dios, propagar amplísimamente el sacrosanto nombre de Jesucristo y su Evangelio...

Finalmente, al aconsejar a Fernando e Isabel que no permitiesen trasladarse al Nuevo Mundo y comerciar con los indígenas más que a los cristianos católicos, alega por razón que «el fin a que tendía su iniciativa y todo el esfuerzo desplegado en ella era solamente el aumento y gloria de la religión cristiana».

En conformidad con este espíritu misionero, a la primera isla descubierta le llamaron el mismo día 12 de octubre *San Salvador*, para proclamar que venían como mensajeros de la doctrina e Iglesia del Salvador del mundo.

A continuación de las palabras que antes hemos citado, añade León XIII estas otras, sobre el espíritu misionero de la reina Isabel:

Este mismo era cabalmente el propósito que animaba, según está comprobado, a la Reina, mujer piadosísima y dotada al mismo tiempo de ingenio varonil y de alma grande.

Suya fue la afirmación de que Colón se había de lanzar al vasto Océano «para llevar a cabo una empresa magnífica, para gloria de Dios». Y al volver Colón de su segundo viaje, le escribió que habían sido muy bien empleados los gastos que ella había hecho en las dos expediciones a las Indias, y los que pensaba hacer en adelante, porque todo ello había de redundar en aumento de la religión católica.

En efecto: el entusiasmo producido en el primer momento, por el descubrimiento de América, fue decreciendo rápidamente, al comprobarse que no existían en las tierras descubiertas por Colón las riquezas que se imaginaban. El historiador Bernáldez, cura de la Villa de los Palacios, que tuvo hospedado en su casa a Colón, después del segundo viaje, dice:

> Los gastos eran muy muchos; los provechos eran pocos hasta entonces; la sospecha que no había oro era muy grande, ansí allá como acá en Castilla. Ovieron falta de mantenimientos, e llegó la gente a estar en gran necesidad y necesidades. (Bernáldez, *Historia de los Reyes Católicos*.)

Los Reyes habían gastado, inútil o casi inútilmente, las carabelas de la primera expedición, los sueldos abonados a todos los tripulantes, desde el Almirante hasta el último grumete, las 17 naves entregadas para la segunda expedición y muchos otros gastos y sueldos para el establecimiento de la primera colonia americana, que importaban cinco millones de maravedís, adelantados por el duque de Medina Sidonia. «Ovo quien fizo entender al Rey y a la Reina que siempre sería más el gasto que el provecho» añade Bernáldez (libro citado). Pero los Reyes se mostraron generosísimos; perdonaron a Colón todo lo que personalmente les debía, y hasta le ofrecieron el título de Duque, que Colón no se atrevió a aceptar. Encima le dieron seis buques más para la tercera expedición, y la magnánima y piadosa Reina declaró que, aunque no hallaran en las Indias más que peñascos y arenales, habiendo almas que salvar, daba por bien hechos todos los gastos.

Con esa misma generosidad había ofrecido empeñar sus joyas para la primera expedición: «Yo tendré por bien que, sobre joyas de mi recámara, se busquen prestados los dineros que, para hacer la armada, pide Colón». (Carlos Pereyra, *Historia de América Española*). Aunque, felizmente, el recaudador de las rentas de la Iglesia y tesorero de Aragón, Luis de Santángel, se apresuró a proporcionar los dineros necesarios, sin exigir empeño de joyas.

No podemos dejar de citar el testamento de Isabel la Católica, conmovedor documento en que se cristalizó el espíritu misionero que dominó toda su vida a aquella extraordinaria mujer, y que tuvo la virtud de *imprimir* carácter a la acción gubernativa de sus sucesores, lo mismo que a toda la colección de Leyes de Indias.

> Cuando nos fueron concedidas por la Santa Sede Apostólica [dice Isabel en su testamento] las islas y Tierra Firme del mar Océano, descubiertas y por descubrir, nuestra principal intención fue, al tiempo que lo suplicamos al Papa Alejandro VI, de buena memoria, que nos hizo la dicha concesión, de procurar inducir y traer los pueblos de ellas, y los convertir a nuestra Santa Fe Católica, y enviar a las dichas personas doctas y temerosas de Dios, para instruir los vecinos y moradores de ellas a la Fe Católica, y los doctrinar y enseñar buenas costumbres, y poner en ello la diligencia debida, según más largamente en las letras de dicha concesión se contiene. Suplico al Rey mi señor muy afectuosamente, y encargo y mando a la Princesa mi hija, y al Príncipe su marido que así lo hagan y cumplan, y que éste sea su principal fin y en ello pongan mucha diligencia, y no consientan ni den lugar a que los indios, vecinos y moradores de las dichas Indias y Tierra Firme, ganadas y por ganar, reciban agravio alguno en sus personas y bienes; más manden que sean bien y justamente tratados; y, si algún agravio han recibido, lo remedien y provean, de manera que no se exceda alguna cosa de lo que por las Letras Apostólicas de la dicha concesión nos es inyungido y mandado. (*Leyes de Indias*, ley 1ª, título X, 1 VI.)

Esta hermosa cláusula testamentaria pasó al Código de las Leyes de Indias, bajo este encabezamiento

> Que se guarde lo contenido en cláusula de testamento de la Reyna Católica, sobre la enseñanza y buen tratamiento de los indios.

(Es asimismo notable la Real Provisión de la reina Isabel, dada en Medina del Campo el 20 de diciembre de 1503):

> Por quanto el Rey, mi señor e Yo, por la Instrución que mandamos dar a don frey Nicolás de Ovando, comendador mayor de Alcántara, al tiempo que fue por nuestro gobernador a las islas e tierra fir-

me del mar Océano, ovimos mandado que los indios vecinos e moradores de la isla Española fuesen libres e no subjetos a servidumbre, segund mas largamente en la dicha Instrución se conthiene; a e agor soy informada que a causa de la mucha libertad que los dichos indios tienen huyen e se apartan de la conversación e comunicación de los christianos, por manera que, aún queriéndoles pagar sus jornales, non quieren trabajar e andan vagamundos, nin menos los pueden aver para los dotrinar e atraer a que se conviertan a nuestra santa Fee católica; e que a esta causa los christianos que están en la dicha isla biven e moran en ella no hallan quien trabaje en sus granjerías e mantenimientos, nin les ayude a sacar ni coger el oro que ay en la dicha isla, de que a los unos e a los otros viene perjuicio; e porque Nos deseamos que los dichos indios se conviertan a nuestra santa Fee católica e que sean dotrinados en las cosas della; e porqu'esto se podría mejor facer comunicando los dichos indios con los christianos que en la dicha isla están, e andando e tratando con ellos, e ayudando los unos a los otros para que la dicha isla se labre e pueble e aumente [n] los frutos della e se coja el oro que en ella oviere, para que estos mis Reinos e los vecinos dellas sean aprovechados, mandé dar esta mi Carta en la dicha razón, por la qual.

Mando a vos, el dicho nuestro gobernador, que del día que esta mi Carta viéredes en adelante, conpeláis e apremiéis a los dichos indios que traten e conversen con los christianos de la dicha isla e trabajen en sus hedeficios e cojer e sacar oro e otros metales e en hacer granjerías e mantenimientos para los christianos vecinos e moradores de la dicha isla, e fagais pagar cada uno, el día que trabajare, el jornal e mantenimiento que segund la calidad de la tierra e de la persona e del oficio vos paresciere que deviere aver. Mandado a cada cacique que tenga cargo de cierto número de los dichos indios, para que los haga ir a trabajar donde fuere menester, e para que las fiestas e días que paresciere se junten a oir a ser dotrinados en las cosas de la Fee, en los lugares diputados, e para que cada cacique acuda, con el número de indios que vos le señalárdes, a la persona o personas que vos nombrárdes, para que trabajen en lo que las tales personas le mandaren, pagándoles el jornal que por vos fuere tasado. Lo qual hagan e cunplan como personas libres, como lo son, e no como siervos. E faced que sean bien tratados los dichos indios; e los que dellos fueren christianos, mejor que los otros. E non consintais nin deis lugar que ninguna persona les haga mal nin daño nin otro desaguisado alguno.

Participaban también del mismo espíritu, en un grado que hoy nos admira, los mismos capitanes, soldados, gobernadores y colonizadores, por especial Providencia de Dios, que lo ordenaba todo a la conversión y salvación de los habitantes del Nuevo Mundo.

Lo probaremos, por vía de muestra, con los pocos ejemplos que tolera la brevedad de este libro.

La primera de todas las leyes que figuran en el Código de las Leyes de Indias (libro I, título I, ley 1.ª) es una proclama dirigida por el emperador Don Carlos a todos los indígenas del Nuevo Mundo, invitándoles a abrazar la Fe Católica:

> Teniéndonos por más obligados que ningún otro príncipe —dice Carlos V— a procurar su servicio (de Dios) y la gloria de su santo nombre, y emplear todas las fuerzas y poder que nos ha dado, en trabajar que sea conocido y adorado en todo el mundo por verdadero Dios, como lo es, y Creador de todo lo visible e invisible, y deseando esta gloria de Nuestro Dios y Señor, felizmente hemos conseguido traer al gremio de la Santa Iglesia Católica Romana las inmuerables gentes y naciones que habitan las Indias Occidentales, islas y Tierra Firme del mar Océano y otras partes sujetas a nuestro dominio.
>
> Y para que todos universalmente gocen el admirable beneficio de la Redención por la sangre de Cristo nuestro Señor, rogamos y encargamos a los naturales de nuestras Indias que no hubiesen recibido la Santa Fe, pues nuestro fin en prevenir y enviarles maestros y predicadores es el provecho de su conversión y salvación, que los reciban y oigan benignamente, y den entero crédito a su doctrina.

En la Ley 2.ª, se impone a todas las autoridades, incluso a las militares, la obligación de propagar la fe. Copiaremos sólo el encabezamiento:

> Que, en llegando los capitanes del Rey a cualquier provincia y descubrimiento de las Indias, hagan luego declarar la Santa Fe a los indios. (Es también del Emperador, fecha en Granada, 17 de noviembre de 1526.)

En la Real Cédula que el mismo Carlos dio a Hernán Cortés (Valladolid, 26 de junio de 1523) le dice:

... Por estas causas hay en ellos más aparejo para conocer a Nuestro Señor, a ser instruidos e vivir en su Santa Fe Católica, como cristianos, para que se salven, que es nuestro principal deseo e intención; y pues, como veis, todos somos obligados a les ayudar y trabajar con ellos, a este propósito vos encargo y mando, cuanto puedo, que tengáis especial y principal cuidado de la conversión de los tecles e indios de esas partes y provincias que son debajo de vuestra gobernación, e que con todas vuestras fuerzas, sopuestos todos otros intereses y provechos, trabajéis por vuestra parte, cuando en el mundo vos fuere posible, cómo los indios naturales de esa Nueva España sean convertidos a nuestra Santa Fe Católica, e industriados en ella, para que vivan como cristianos e se salven. (R. G. Villoslada, 1. cit, p. 50.)

El hijo del Emperador conservó intacta la herencia misionera de Isabel. Es curioso, y hasta incomprensible y quijotesco para el materialismo contemporáneo, el escrito presentado por Felipe II al Consejo de Indias (12 de agosto de 1581), pidiendo explicaciones sobre ciertas quejas que tenía sobre «cosas de indios».

En el primero de los 26 capítulos de queja dice el Rey:

Adviértase que, en aquellas partes, hay muy gran falta de personas doctas y de conciencia, que traten de descargar la de Su Majestad, en cuyo nombre gobiernan, y piensan que sólo consiste el servicio de Su Majestad en allegar muchos dineros...

El Consejo de Indias contesta:

Sacra Católica Real Majestad: En el Consejo se han visto estos capítulos;... en lo que toca al primer capítulo, siempre el Consejo ha tenido cuidado, y le tiene... y así le tendrá en adelante, para que Dios y Vuestra Majestad sean servidos y se mire por aquella república; y a esto ayudará también mucho que Vuestra Majestad sea servido de favorecer el pasar los religiosos a aquellas partes, porque siempre tienen mucho cuidado, de más de lo que toca a la doctrina de los indios, de procurar que sean bien tratados, y no se les hagan agravios, y, cuando se les hacen, dan noticia de ello, para que se remedie. (J. C. García Santillán, *Legislación sobre indios del Río de la Plata*, Madrid, 1928, pp. 389 y 392, modernizada la ortografía, para facilitar la lectura.)

La preocupación misionera de Felipe II queda patentizada con sólo copiar las primeras palabras con que comienza el nombramiento de Juan Ortiz de Zárate, para el adelantazgo del Río de la Plata.

> El Rey.—Por cuanto deseamos la población, instrucción y conversión de los naturales de las provincias de las Indias a nuestra Santa Fe Católica, teniendo delante el bien y salvación de sus ánimas, como por la Santa Iglesia Romana se nos ha encargado, continuando el celo, trabajo y cuidado que en esto los Católicos Reyes, nuestros progenitores, han tomado; y vos, el capitán Juan Ortiz de Zárate... por el deseo que tenéis del servicio de Dios nuestro Señor y nuestro, etc. (J. C. García Santillán, 1. cit., pp. 177-178.)

En este documento es donde Felipe II ordena la nueva fundación de Buenos Aires, que más tarde llevó a cabo Garay, en cumplimiento de la obligación de su pariente Ortíz de Zárate.

Pero sería justo recordar que Buenos Aires es también, hasta cierto punto, hija de uno de los mayores monarcas de la Historia Universal.

Toda España, en su Siglo de Oro, estaba convencida de que Dios le había confiado la misión de defender en Europa el catolicismo, contra los turcos y herejes, y de propagarlo entre los infieles del mundo recién descubierto. Por eso todos los españoles se sentían, en cierto modo, paladines del catolicismo, aunque fuesen atrevidos capitanes o simple soldados.

Es más: al tratar el tema *América y la Santa Cruz*, veremos que hasta los criminales fugitivos se convertían de repente en misioneros del Evangelio entre los infieles.

Ahora mencionaremos brevemente, por vía de ejemplo, algunas palabras de Hernán Cortés, Cieza de León y Garcilaso.

El conquistador de Méjico, Hernán Cortés, en las Ordenanzas que publicó en 1524 y 1525, decía a su puñado de valientes:

> Exhorto y ruego a todos los españoles que en mi compañía fueren a esta guerra que al presente vamos, y a todas las otras guerras y conquistas que, en nombre de Su Majestad, por mi mando hubieren de ir, que su principal motivo e intención sea apartar y desarraigar de las dichas idolatrías a todos los naturales destas partes, reducillos, o, a lo menos, desear su salvación, y que sean reducidos al conocimiento de Dios y de su Santa Fe Católica; porque, si con otra intención se hi-

ciese la dicha guerra, sería injusta, y todo lo que en ella oviese, obnoxio e obligado a restituir: e Su Majestad no ternía razón de mandar gratificar a los que en ella sirviesen. E sobre ello encargo la conciencia de los dichos españoles: e desde ahora protesto, en nombre de Su Majestad, que mi principal intención e motivo en facer la guerra, e las otras que ficiere, es por traer y reducir a los dichos naturales al dicho conocimiento de nuestra Santa Fe. (R. G. Villoslada, 1. cit., p. 51.)

El soldado Pedro de Cieza de León terminó en Lima, el año 1550, a los 32 años de edad, su ingenua y preciosa obra *La crónica del Perú*, donde palpita el espiritu general de sus compañeros de armas, que, en medio de todos sus defectos, estaban animados de verdadero celo religioso. Después de recordar

cuántos trabajos, hambre y sed, temores, peligros y muertes los españoles pasaron (en la navegación y descubrimiento de tantas tierras); cuánto derramamiento de sangre y vidas suyas costó [añade]. Lo cual todo, así los Reyes Católicos, como la real majestad del invictísimo César don Carlos... han permitido y han tenido por bien, porque la doctrina de Jesucristo y la predicación de su santo Evangelio por todas las partes del mundo se extienda, y la Santa Fe nuestra sea ensalzada. Cuya voluntad, así de los dichos Reyes Católicos como de Su Majestad, ha sido y es que gran cuidado se tuviese de la conversión de las gentes de todas aquellas provincias y reinos, porque éste era su principal intento; y que los gobernadores, capitanes y descubridores, con celo de cristiandad, les hiciesen el tratamiento que, como a prójimos, se debía. (*La Crónica del Perú*, cap. 1.º. Biblioteca Rivadeneyra, tomo 26, p. 354.)

Cuenta luego el soldado los abusos cometidos al principio por algunos cristianos contra los indios; pero añade que, con los castigos impuestos por los reyes, nadie

por muy alto que sea, les osa hacer agravio. Porque, demás de los Obispos, religiosos, clérigos y frailes, que contino (continuamente) Su Majestad provee, muy suficientes para enseñar a los indios la doctrina de la Santa Fe y administración de los santos sacramentos, en estas Audiencias hay varones doctos y de gran cristiandad, que castigan a aquellos que a los indios hacen fuerza y maltratamiento y demasía alguna. Así que ya, en este tiempo (1550), no hay quien ose hacerles enojo; y son, en la mayor parte de aquellos reinos, señores de sus haciendas y personas, como los mismos españoles, y cada pueblo está tasado moderadamente lo que ha de dar de tributo.

Acuérdome que, estando yo en la provincia de Jauja, pocos años ha, me dijeron los indios, con harto contento y alegría: «Éste es tiempo alegre, bueno, semejable al de Tapainga Yupahgue». Este era un rey que ellos tuvieron antiguamente, muy piadoso. *(Op. cit.,* p. 354.)

Finalmente, como muestra de los sentimientos que animaban a estos militares, copiaremos las siguientes palabras del mismo Cieza de León.

Cierto, desto todos los que somos cristianos nos debemos alegrar y dar gracias a nuestro Señor Dios, que... en todas partes hay templos y casas de oración, donde el Todopoderoso Dios es alabado y servido, y el demonio alanzado y vituperado y abatido; y, derribados los lugares que para su culto estaban hechos, tantos tiempos había, agora estar puestas cruces, insignias de nuestra salvación, y los ídolos y simulacros quebrados, y los demonios con temor, huídos y atemorizados; y que el Sacro Evangelio es predicado, y poderosamente va volando, de levante en poniente y de septentrión en mediodía, para que todas las naciones y gentes reconozcan y alaben un Dios y Señor. (Libro citado, pp. 354-355.)

Hasta en el desgraciado período de las guerras civiles de los conquistadores del Perú, cuando los rebeldes Carvajal y Gonzalo Pizarro (hermano de Francisco), formaron el gobierno independiente del Perú, la obra de la evangelización de los indios siguió su curso, como lo dice el Inca Garcilaso, que trató personalmente entonces con Gonzalo:

Dejarlos hemos a ellos —dice hablando de los insurrectos— y todos sus ministros y amigos, particularmente los vecinos de las ciudades de aquel imperio, ocupados en la paz y quietud de los indios y españoles que en él había, y en el aumento de la Santa Fe Católica, en la doctrina y enseñanza de los naturales, y en el aprovechamiento de sus haciendas y del común de los mercaderes y tratantes. (El Inca Garcilaso, *Comentarios Reales*, Antología, Madrid, 1929, p. 467.)

Pudiéramos acumular muchos testimonios semejantes; pero bastan éstos para muestra.

Hemos citado ya, en el capítulo 14, varias disposiciones de carácter misional contenidas en el Código de las Leyes de Indias; pero queremos añadir aquí algunas breves líneas, para demostrar hasta qué pormenores bajaba el Código, en orden al mejor éxito de la obra evangelizadora.

No solamente los sacerdotes, sino todos los colonos y soldados debían estar dispuestos a catequizar a los indios. Por eso las Leyes de Indias señalan para todos ellos preciosas reglas catequísticas, de las cuales daremos aquí una breve indicación.

Recomiendan que primero se atraiga la amistad de los indios, tratándolos «con mucho amor y caricia» (Libro IV, título IV, ley 1.ª); que luego se proceda a «enseñarles con mucha prudencia y discreción», procurando «persuadirles» predicándoles «con la mayor solemnidad y caridad»; que «no comiencen a reprenderles sus vicios e idolatrías»; que usen «de los medios más suaves que parecieran para aficionarlos a que quieran ser enseñados»; que les «persuadan a que de su propia voluntad dejen lo que es contrario a nuestra Santa Fe Católica y doctrina evangélica, procurando los cristianos vivir con tal ejemplo que sea el mejor y más eficaz maestro». (Libro IV, título IV, ley 2.ª); etc. ¿No es éste un código digno de un pueblo apostólico?

Para facilitar la civilización de los indios y su elevación a la misma altura social de los españoles, adoptaron los gobernantes de España un sistema basado en la igualdad y fraternidad de todos los hombres, como hijos del mismo Padre celestial y descendientes de la misma sangre de Adán y Eva.

Otras naciones colonizadoras, fuera de las ibéricas, adoptaron un sistema enteramente contrario, impidiendo en toda forma la mezcla de razas, hasta con severísimos castigos legales, como puede verse comprobado en las modernas Historias de América (Carlos Pereyra, Carlos Bosques, etc.). Con esto se lograba la extinción progresiva de los indígenas, en lugar de su conservación y elevación progresiva.

Para demostrar este espíritu igualitario y católico (es decir, *universal*, según el valor etimológico de la palabra griega *católico*), queremos copiar aquí algunas otras disposiciones del Código de las Leyes de Indias, con las fechas en que fueron promulgadas.

He aquí lo que ordenaron Fernando el Católico y su hija doña Juana, en Valbuena, a 19 de octubre de 1514, y en Valladolid, a 5 de febrero de 1515, y fue confirmado por Felipe II, a 22 de octubre de 1556:

> Es nuestra voluntad que los indios e indias tengan, como deben, entera libertad para casarse con quien quisieren, así con indios como con naturales de estos Reinos, o españoles nacidos en las Indias; y que en esto no se les ponga impedimento.
>
> Y mandamos que ninguna orden Nuestra que se hubiera dado, o por Nos fuere dada, pueda impedir ni impida el matrimonio entre los indios e indias con españoles o españolas, y que todos tengan entera libertad de casarse con quien quisieran, y Nuestras audiencias procuren que así se guarden.

De esta manera quedan de antemano sin efecto, hasta las Reales Órdenes, que por engaño o descuido pudieran darse, en casos particulares, contra esta Ley.

La siguiente Ley, promulgada por Carlos V y confirmada por Felipe II, manda denunciar todos los abusos que se cometan con los indios, para poner inmediato remedio y no impedir su conversión al catolicismo:

> Mandamos a los virreyes, presidentes y oidores de nuestras audiencias reales, que tengan siempre mucho cuidado y se informen de los excesos y malos tratamientos que se hubieran hecho o hicieren a los indios incorporados en nuestra real corona, y encomendados a particulares, y así mismo, a todos los demás naturales de aquellos reinos, islas y provincias, inquiriendo cómo se ha guardado y guarda lo ordenado, y castigando los culpados con todo rigor, y poniendo remedio en ello, procuren que sean instruidos en nuestra santa fe católica, muy bien tratados, amparados, defendidos y mantenidos en justicia y libertad, como súbditos y vasallos nuestros, para que, estando con esto la materia dispuesta, puedan los ministros del Evangelio conseguir más copioso fruto, en beneficio de los naturales, sobre que a todos les encargamos las conciencias.

Por cierto que esta ley tan humanitaria, por la incomprensión o mala voluntad de los detractores de España, ha sido una de las fuentes de denigración que se han aprovechado para combatirla como inhumana, según lo demuestra muy bien el Abate Nuix, en su magnífica obra destinada a probar que la humanidad de los españoles ha sido la causa de su fama de inhumanidad.

En efecto: no había en las Indias un abuso real o imaginado que no provocase inmediatamente denuncias y protestas ante los tribunales y autoridades, con el amparo de la Ley, originando castigos ejemplares, que llegaron a veces a la ejecución en la horca, hasta de virreyes y gobernadores.

Esto daba la sensación de que en las colonias españolas había mayores abusos que en las demás, porque, en las demás, a pesar de haber existido abusos mucho mayores, se tapaban con el silencio de los particulares y la tolerancia de las autoridades, aun en aquellas cosas que prohibían sus propias leyes, mucho menos humanas que las españolas.

Recomendamos a nuestros lectores el libro del Abate Nuix, cuya traducción del italiano, titulada *Reflexiones imparciales sobre la humanidad de los españoles en las Indias*, se publicó en Madrid en 1782.

Otra Ley de Felipe II (la XXI) dictada en Madrid el 19 de diciembre de 1593, ordena que se trate mejor a los indios que a los mismos españoles:

> Ordenamos y mandamos que sean castigados con mayor rigor los españoles que injuriaren u ofendieren o maltrataren a indios, que si los mismos delitos se cometiesen entre españoles, y los declaramos por delitos públicos.

La solicitud humanitaria del Código se extiende hasta a las indias empleadas como amas de leche de los españoles, en la forma que puede verse en esta Ley, dictada por el Emperador Carlos V, el 28 de enero de 1541:

> Habiéndose reconocido, por experiencia, graves inconvenientes de sacar indias de los pueblos para que sean amas de leche: Mandamos que ninguna india que tenga su hijo vivo, pueda salir a criar hijo de español, especialmente de su encomendero, pena de perdimiento de encomienda y 500 pesos en que condenamos al juez que lo mandare; y permitimos que, habiéndosele muerto a la india su criatura, pueda criar la del español.

Para que los indios fueran aprendiendo prácticamente las formas de gobierno municipal, y el sistema electoral, para la designación de sus propias autoridades, el Código dispone que se cumpla esta Ley, dictada por Felipe III, el 10 de octubre de 1618:

> Ordenamos que en cada pueblo y reducción haya un Alcalde Indio de la misma reducción; y si pasare de ochenta casas, dos alcaldes y dos regidores también Indios; y aunque el pueblo sea muy grande no haya más que dos alcaldes y cuatro regidores, y si fuere menos de ochenta indios y llegare a cuarenta, no más de un alcalde y un regidor, los cuales han de elegir por Año Nuevo otros, como se practica en pueblos españoles e indios, en presencia de los Curas.

Los Curas y los Misioneros eran la mejor garantía para asegurar el cumplimiento de las leyes dictadas en favor de los indios; por eso el Código requiere su presencia, para asegurar la seriedad y legalidad de las elecciones.

La admirable obra evangélica de España, nunca vista antes en el mundo, y nunca después repetida, fue debida a la estrecha unión y amistosa colaboración entre la Iglesia y el Estado.

LOS DOS PODERES

(Por Juan Terradas) [48]

Dígase lo que se quiera, la civilización cristiana permanece como un hecho, por paralizada, amenazada o deformada que nos aparezca. Ella nos permite todavía juzgar lo que fue en su esplendor.

Buen número de autores llamados libres o independientes se esfuerzan en disminuir su esplendor. Estiman —empleando su lenguaje— que el fenómeno cristiano fue desencadenado exclusivamente por circunstancias históricas favorables. El desarrollo de la vida ciudadana y de la cultura en el imperio romano le sirvió como de carriles. Incluso las persecuciones sangrientas de Nerón o de Diocleciano y los excesos atroces de los invasores bárbaros le fueron propicios.

---

[48] J. Terradas *Une Chrétienté d'outremer*, París, 1960, Introduction, V y VI.

Tales pretensiones, por extravagantes que parezcan, contienen, sin embargo, algo de verdad. Así, no es contrario a la razón el admitir que el cristianismo vino al mundo, porque Dios lo quiso, en el período de la historia más apto para su difusión. Notemos, sin embargo, de paso, que existe una gran distancia entre un factor ocasional favorable y una causa adecuada.

Pero lo que resultaría interesante y demostrativo —dirá alguien— sería el caso en que uno o varios pueblos, sin ningún antecedente valorable a la asimilación del cristianismo, pasasen rápidamente de la barbarie a la fe y a la civilización. Sería allí donde se vería con luminosa evidencia esa fuerza incomparable que se atribuye al Evangelio para elevar las almas a Dios e, incluso, construir la ciudad terrestre ideal. Pero, ¿existe tal caso? ¿Se ha encontrado alguna vez, sobre todo en nuestra época moderna?

La cuestión así planteada da a entender que, efectivamente, el caso no existe ni ha existido ni puede existir. Si existiera, se sabría y se hablaría de él.

Y, en efecto, se habla poco de él o se habla mal. Manuales y obras de historia humana se limitan a una tradición de origen más que dudoso y a presentar el hecho como un «accidente lamentable» Este «accidente» es, sin embargo, una de las páginas más gloriosas de la historia misional, página que ha ocupado esa historia casi con exclusividad durante más de un siglo. Ella nos narra el nacimiento simultáneo de veinte naciones cristianas, de un continente unido en la fe, hablando una sola lengua: la América española.

Pero lo que resulta extremadamente sugestivo es que este accidente ha tenido la rara propiedad de poner los nervios de punta a numerosos escritores e historiadores que, sin embargo, no son todos enemigos encarnizados de la religión. En efecto, la génesis de ese sentimiento católico se vio rodeada de circunstancias que no dudan en calificar de odiosas.

Dos entre ellas son significativas. Ante todo, esta empresa misionera —que, sin duda por un lapsus, Pío XII calificó un día de «epopeya»— será realizada por la nación menos «progresista», la más tenazmente vinculada a su creencia, la más estrecha y menos liberal en sus concepciones, la más reaccionaria en fin: España, y una España históricamente bien determinada cuya personalidad proviene precisamente de esas mismas cualidades. Otra circunstancia, no menos repulsiva que esta, será que esta empresa misionera será también una empresa de Estado, fruto de la mayor «confusión» entre los dos poderes que quepa imaginar. ¿No es esta confusión la que engendrará esta sociedad colonial extraña, casi «conventual» a causa de su estrecha y total subordinación a lo religioso? Pero dejemos la ironía.

El hecho, sin embargo, permanece y se impone a nuestra atención. La América que descubrió Cristóbal Colón no era sino un conglomerado de pueblos primitivos, si no degenerados —incas y aztecas incluidos— dígase lo que se quiera. Sin embargo, un siglo más tarde, este continente será virtualmente cristiano y civilizado. He aquí el hecho grandioso, realizado a fuerza de santidad y de genio, constitutivo de una de las más bellas glorias de la Iglesia e, incluso, de la humanidad. En efecto, la América española se ha integrado desde hace siglos en el mundo civilizado. A su lado, continentes o grandes pueblos más evolucionados que ella —el África negra, la India— habrán de esperar a la segunda mitad del siglo xx para aparecer en la escena política del mundo, y no precisamente —hoy lo sabemos demasiado— como factores constructivos ni como elementos de paz. ¿Qué sucedió, pues, en América?

Una nación cristiana, caballerosa, constituida toda ella en misionera, va a partir a la conquista del nuevo mundo. No se contentará con enviar predicadores del Evangelio, ni siquiera en gran número, sin comprometerse ella misma. Antes bien, lo tomará en sus manos, lo elevará a su misma altura, tratará de identificarla consigo. Para ello, le hará partícipe, según las exigencias de la caridad, de los bienes que posee: su fe ardiente, sus viejas y sabias instituciones cristianas, su lengua vivaz, llena de colorido, su maravillosa cultura en pleno apogeo, la élite de su pueblo, su misma sangre. Se fundirá así con ese nuevo mundo esforzándose en formar una sola raza y un solo pueblo.

El resultado de tales métodos no se hizo esperar. De un solo impulso, la colonia se va a convertir, unida a la metrópoli, en un floreciente imperio. El nivel humano va a elevarse verticalmente. La asimilación espiritual, sobre todo, rozará con el prodigio. Una espléndida cristiandad colonial habrá nacido. Sobre esta cristiandad, que no tendrá nada de liberal, Cristo va a reinar durante tres siglos en un reinado de paz, de prosperidad y de unidad religiosa.

Puede concluirse fácilmente que la conquista espiritual de América no fue la obra de los solos misioneros y de la Iglesia jerárquica, tal como la vemos realizarse hoy en las misiones modernas. Los conquistadores tuvieron en ella una parte muy importante. Su espada, su genio político y colonial, fueron el valladar invencible de la evangelización. Más aún, ellos mismos se confundieron con ella hasta formar un todo social. Y tal es ciertamente la tesis cristiana que, si distingue dos órdenes, no los separa entre sí.

Misioneros también, los conquistadores no «constriñeron» violentamente a las poblaciones americanas a abrazar la fe. Es una calumnia afirmarlo. Pero tomaron, sí, las medidas más enérgicas para que la obra de evangelización no se viera dificultada, para que los nuevos cristianos fueran eficazmente protegidos, para que la organización cristiana fuera pronto realidad.

¿No cabe pensar que si tales procedimientos hubieran podido emplearse en Japón, en India, en China, en África, estos países serían hoy católicos, al menos en gran parte? En efecto, si es cierto que el asunto de la evangelización no debe confiarse a la fuerza, no lo es menos que tampoco debe abandonarse a merced de las fuerzas enemigas. Esto no vale sólo para los países de misión.

Nosotros afirmamos que si estos métodos no «pudieron» ser empleados fue, no en virtud de una concepción liberal de las misiones, sino por imposibilidades de hecho o por la incuria de los gobernantes. Algunos se gozan en exaltar el apostolado «puro» de un Francisco Javier, en tanto que éste gemía por la inconsciencia de las cortes europeas ante los temerosos problemas que veía para el futuro de Asia. En todo caso, a dos pasos de la China, las Filipinas al convertirse en posesiones españolas fueron evangelizadas según el sistema clásico y se transformaron así en una espléndida cristiandad. Lo que no cabe decir de los países que evangelizó el gran San Francisco Javier a pesar de su santidad sublime y de su incomparable celo. Es sabido que las Filipinas cuentan hoy con diecinueve millones de católicos sobre veinte millones de habitantes, lo que les mereció este elogio de los labios de un augusto pontífice:

> Vuestro catolicismo no data precisamente de ayer, porque, sin contar la visita a algunas de vuestras islas del gran apostol de Oriente San Francisco Javier, bastará recordar el año 1521, fecha de la primera

misa celebrada en vuestro territorio, y el año 1565 en que llegaron los primeros misioneros estables dirigidos por el gran Fray Andrés de Urdaneta. Los hijos de vuestra tierra supieron responder de modo admirable a los esfuerzos apostólicos y al impulso misionero de las dos naciones ibéricas que parecieron unirse de nuevo para abrazar el mundo, y sois hoy así en Extremo Oriente una nación de gran mayoría católica (Discurso de Pío XII al primer embajador de Filipinas en 1951).

El apoyo del poder temporal, no su intromisión, está en el orden natural de las cosas. Los misioneros de todos los tiempos lo han procurado. Si no podían contar con el apoyo de las naciones cristianas, buscaban tal ayuda en los mismos reyes y señores indígenas. Y es un hecho que los reinos o las tribus infieles no han pasado a la fe más que siguiendo a sus jefes. Uno de ellos, en la isla austral de Futuna dijo al padre Chanel: «Ganad ante todo al rey, y toda la isla será vuestra». ¿Acaso el padre Ricci en China no hizo todo lo posible por llegar al emperador y convencerlo?

Así, fue precisamente al único país de mayoría católica que se ganó por la acción combinada de la evangelización y de la colonización cristiana a quien Pio XII pudo dirigir el siguiente mensaje:

El impulso evangelizador y colonizador de la España misionera, uno de cuyos méritos fue el saber fundir los dos aspectos de su acción (evangelización y colonización), no pudiendo contenerse en las inmensidades del Nuevo Mundo, se lanzó a las soledades del Pacífico y llegó a abordar vuestras playas... (Radiomensaje al Congreso Mariano de Filipinas, el 5 de diciembre de 1954).

....

Cuando el Soberano Pontífice reconoció a los reyes de España sus derechos de conquista del Nuevo Mundo, les impuso la evangelización del modo más expreso:

Nos os ordenamos, *en virtud de la Santa Obediencia,* enviar a las dichas tierras e islas a hombres honestos y temerosos de Dios, doctos, instruidos y experimentados, para adoctrinar a los naturales, poniendo en esto cuanta diligencia es debida (Bula *Inter Caetera* de Alejandro VI, en 1493).

¡Semejande mandato! ¡a un rey! Esto parece inconcebible en nuestro mundo secularizado, escéptico, que debe su progreso, todas sus posibilidades de expansión —supone él— a su emancipación de toda tutela eclesiástica...

De tal modo, por esta delegación, los soberanos de España van a ejercer en América una especie de autoridad espiritual tanto como una verdadera misión apostólica entre los indígenas. Hasta tal punto que el célebre franciscano Mendieta, su contemporáneo, les otorgará un día el título de «padres espirítuales de los indios». La expresión está perfectamente encontrada. Era, en efecto, una paternidad que la Iglesia les confería. De ella estarán orgullosos y se mostrarán siempre dignos.

Fernando el Católico prescribía al almirante Diego Colón:

> Ahora, en los comienzos, se debe tener gran cuidado en ordenar las cosas de modo que mejor sean instruidos los indios de esa isla en las cosas de nuestra santa fe católica, ya que tal es el fundamento sobre el que edificamos la conquista de estos territorios será lo que debemos promover principalmente.

Carlos V decía a los obispos de Panamá y de Cartagena: «Considerad que os he encargado de esas almas: considerad que de ello daréis cuenta a Dios, y descargadme de tal cuidado». Y en una instrucción a Cortés en 1526:

> Lo que nos ha principalmente alegrado y hemos dado infinitas gracias a Dios es que los indios habitantes y naturales de esa comarca (Méjico) son más hábiles, capaces y razonables que los otros indios... y que por esta razón hay en ellos una mayor disposición para conocer a Nuestro Señor y ser instruidos y vivir en la santa fe católica como cristianos, para que se salven, lo que es nuestro principal deseo e intención

Felipe II recomienda al Virrey Toledo que ponga el empeño misionero en cabeza de su gobierno

> porque toca de más cerca al servicio de Dios y para descargo de mi conciencia.

Y Felipe III:

> Por el deber en que me encuentro de propagar la ley evangélica en esos dominios... deseando cumplir, en tanto esté en mi poder, una obligación tan justa y precisa... he resuelto... dar la presente por la que encargo a mis Virreyes, audiencias y gobiernos, y a los arzobispos, obispos y prelados de las Órdenes... velar particularmente el mantenimiento y desarrollo de las misiones... comprendiendo bien que este punto es el que, en mi real intención, ocupa un lugar preeminente sobre todos los asuntos e intereses temporales de estos vastos dominios, y que cuento con vuestro celo...; así se verán satisfechos mis impacientes deseos de ver mi reino feliz y señalado por la implantación y la extensión de nuestra santa fe en esas provincias tan extensas y alejadas (Cédula real, junio 1609).

EPÍLOGO

(Por el Cardenal Isidro Gomá) [1]

El hecho está ahí, el más trascendental de la historia; y ésta pide una interpretación y una aplicación legítima del hecho. Porque «la mayor cosa después de la creación del mundo —le día Gómara a Carlos V—, sacando la encarnación y muerte del que lo crió, es el descubrimiento de las Indias». Colón, descubriendo las de occidente, y Vasco de Gama, las del oriente, son los dos brazos que tendió Hispania sobre el mar, con los que ciñó toda la redondez del globo. «El mundo es mío, pudo decir el hombre, con todas sus tierras, sus tesoros y sus misterios; y este mundo que Dios crió y redimió, yo lo he de devolver a Dios». Éste fue el hecho, y éste debió ser el ideal. La grandeza del hecho la contaba Camoens, cuando decía:

> Del Tajo a China el portugués impera
> De un polo a otro el castellano boga
> Y ambos extremos de la terrestre esfera
> Dependen de Sevilla o de Lisboa.

El ideal lo proclamaba la gran Isabel la Católica en su lecho de muerte, cuando dictaba al escribano real su testamento: «Atraer los pueblos de Indias y convertirlos a la Santa Fe Católica». Nuestro gran Lope pondrá más tarde este doble ideal en la boca del conquistador de Méjico:

---

[1] *América, obra de España*, en «Defensa de la Hispanidad» de Ramiro de Maeztu, *cit.* Apéndice.

Al Rey, infinitas tierras,
A Dios, infinitas almas.

Dejemos a los hermanos de Portugal sus legítimas glorias. A España le corresponde la mayor y la mejor, porque Colón fue el Adelantado de los mares, a quien siguió la pléyade de navegantes a él posteriores, y porque les arrancó el más rico de los mundos. Y esta gloria de Colón es la gloria de España, porque España y Colón están como consustanciados en el momento inicial de hallazgo de las Américas, y porque, cuando el genio del gran navegante terminó su misión de descubridor, España siguió, un siglo tras otro, la obra de la conquista material y moral del Nuevo Mundo.

Dios quiso probarla con el hierro y el fuego de la invasión sarracena; ocho siglos fue el baluarte cuya resistencia salvó la cristiandad de Europa; y Dios premió el esfuerzo gigante dando a nuestro pueblo un alma recia, fortalecida en la lucha, fundida en el troquel de un ideal único, con el temple que da al espíritu el sobrenaturalismo cristiano profesado como ley de la vida y de la Historia patria. El mismo año en que terminaba en Granada la reconquista del solar patrio, daba España el gran salto transoceánico y empalmaba la más heroica de las reconquistas con la conquista más trascendental de la historia.

Ningún pueblo mejor preparado que el español. La convivencia con árabes y judíos había llevado las ciencias geodésica y náutica a un esplendor extraordinario, hasta el punto de que las naciones del norte de Europa mandaban sus navegantes a España para aprender en instituciones como el *Colegio de Cómitres* y la *Universidad de los Mareantes*, de Sevilla. Libre España de la pesadilla del sarraceno, sabia en el arte de correr mares, situada en la punta occidental de Europa, con una Reina que encarnaba todas las virtudes de la raza: fe, valor, espíritu de proselitismo cristiano, recibe la visita de Colón, desahuciado en Génova y Portugal. Y España, que podía haber dedicado su esfuerzo a restañar sus heridas y a reconstruir su rota hacienda y a reorganizar los cuadros de sus instituciones civiles y políticas, oye a Colón cree en sus sueños, que otra cosa no eran cuando su primera ruta, fleta sus famosas carabelas y envía sus hombres a que rasguen, con su pecho de bronce, las tinieblas del Atlántico. Y hoy se cumplen cuatrocientos cuarenta y dos años desde que las proas de las naves españolas besaban, en nombre de España, esta tierra virgen de América. Tendido quedaba el puente entre ambos continentes.

América es la obra de España por derecho de invención. Colón, sin España, es genio sin alas. Sólo España pudo incubar y dar vida al pensamiento del gran navegante, que luchó con nosotros en Granada; a quien ampararon los Medinaceli, a quien alentó, en la Rábida, el padre Marchena, a quien dispensó eficaz protección mi insigne predecesor el gran cardenal Mendoza; que halló un corazón como el de Isabel y hombres bravos para saltar de Palos a San Salvador. Sin España no hubiese pasado de sueño de poeta o de renombranza de una vieja tradición la palabra de Séneca:

> Algunos siglos más, y el Océano abrirá sus barreras: una vasta comarca será descubierta, un mundo nuevo aparecerá al otro lado de los mares, y Tule no será ya el límite del Universo.

Al descubrimiento sigue la conquista. Cuando se funda —ha dicho alguien— no se sabe lo que se funda. Cuando España, el día del Pilar de 1492, abordaba en las playas de San Salvador, no sabe que tiene a uno y otro lado de sus naves diez mil kilómetros cuadrados. Ignora que lo pueblan millones de seres humanos, partidos en cien castas, con una manigua de idiomas más distintos entre sí que los más diversos idiomas de Europa. No importa: España es pródiga, no cicatera; tiene el ideal a la altura de su pensamiento cristiano; no mide sus empresas por sus ventajas, y se lanzará con toda su alma, a la conquista del Nuevo Mundo.

Imposible hablar de la conquista y colonización de América. Una epopeya de tres siglos, no cabe en una frase; y la obra de España en América es más que una epopeya: es una creación inmensa, en la que no se sabe qué admirar más, si el genio militar de unos capitanes que, como Cortés, conquistan con un puñado de irregulares un imperio como Europa, o el espíritu de abnegación con que Pizarro, el porquerizo extremeño, vencido por la calentura, traza con un puñal una línea y les dice a sus soldados, que quieren disuadirle de la conquista:

> De ésta raya para arriba, están la comidadad y el Panamá; para abajo, están las hambres y los sufrimientos, pero, al fin, el Perú;

o el valor invicto de aquellos pocos españoles que sojuzgan a los indios del Plata.

> altos como jayanes —dice la historia—, tan ligeros que, yendo a pie,
> cogen un venado, que comen carne humana y viven ciento cincuenta
> años,

fundando la ciudad de Santa María del Buen Aire, hoy los Buenos Aires excelsa; o el celo de obispos y misioneros que abren la dura alma
de aquellos salvajes e inculcan en ella la santa suavidad del Evangelio;
o el genio de la agricultura, que aclimata en estas tierras las plantas
alimenticias de Europa, que llevarán la regeneración fisiológica a aquella razas y que hoy son la mayor riqueza del mundo; o el afán de la
cultura que sembró de escuelas y universidades estos países y que hacía
llenar de libros las bodegas de nuestros buques; o aquel profundo espíritu, saturado de humanidad y caridad cristiana, con que el Consejo
de Indias, año tras año, elaboró ese código inmortal de las llamadas
Leyes de Indias, de las que puede decirse que nunca, en ninguna legislación, rayó tal alto el sentido de justicia, ni se hermanó tan bellamente con el de la utilidad social del pueblo conquistado.

Se ha acusado a España de codicia en la obra de la conquista:
Auri rabida sitis —decía en frase exagerada Pedro Mártir— *a cultura his-
panos avertit*. España, no; muchos españoles sí, vinieron a las Américas
tras el cebo del oro; como acá vinieron muchos extranjeros mezclados
con las expediciones españolas; como muchos otros, piratas, para quienes era mucho más cómodo desvalijar los galeones que regresaban a
España con el botín. Pero el oro vino más tarde; antes tuvieron que
pasar los españoles por la dura prueba de la miseria y del clima tropical que los diezmaba.

¡Que los españoles fueron crueles! Muchos lo fueron, sin duda;
pero ved que la dureza del soldado, lejos de su Patria y ante ingentes
masas de indígenas, había de suplir el número y las armas de que ca-
recía. Y ved que la primera sangre derramada sobre aquella tierra virgen, es la de los treinta y nueve españoles de la *Santa María*, primeros
colonos de América, sacrificados por los indios de La Española.

La obra de España en América está hoy por encima de las exageraciones domésticas de Las Casas y de la cicaterías de la envidia
extranjera. Es inútil, ni cabe en un discurso, reducir a estadísticas lo

que acá se hizo, en poco más de un siglo, en todos los órdenes de la civilización. Al esfuerzo español, surgieron, como por ensalmo, las ciudades, desde Méjico a Tierra del Fuego, con la típica plaza española y el templo, rematado en cruz, que dominaba los poblados. Fundáronse universidades, que llegaron a ser famosas, en Méjico y Perú, en Santa Fe de Bogotá, en Lima y en Córdoba de Tucumán, que atraía a la juventud del Río de la Plata. Con la ciencia florecían las artes; la arquitectura reproduce la forma meridional de nuestras construcciones, pero recibe la impresión del genio de la raza nueva; y el gótico, el mudéjar, el plateresco y el barroco de Castilla, León y Extremadura, logran un aire indígena al trasplantarse a las florecientes ciudades del Nuevo Mundo. La pintura y la escultura florecen en Méjico y Quito, formando escuela; trabajan los pintores españoles para las iglesias de América, y particulares opulentos legan sus colecciones de cuadros a las ciudades americanas. Fomentan la expansión de la cultura la sabia administración de Virreyes y Obispos, las Audiencias, castillo roquero de la justicia cristiana, los Cabildos y encomiendas, que forman paulatinamente un pueblo que es un trasunto del pueblo colonizador.

Porque ésta es la característica de la obra de España en América: darse todo, y darlo todo, haciendo sacrificios inmensos que tal vez trunquen en los siglos futuros su propia historia, para que los pueblos aborígenes se den todos y lo den todo a España; resultando de este sacrificio mutuo una España nueva, con la misma alma de la vieja España, pero con distino sello y matiz en cada una de las grandes demarcaciones territoriales. Yo no sé si os habéis fijado en estas rollizas matronas que nos legó el arte del Renacimiento y que representan la virtud de la caridad: al aire los senos opulentos, de los que cuelgan mofletudos rorros, mientras otros, a los pies de la madre o asomando por encima de sus hombros, aguardan su turno para chupar el dulce néctar. Es España, que hizo más que ninguna madre, porque engendró y nutrió, para la civilización y para Dios, a veinte naciones mellizas, que no la dejaron, ni las dejó hasta que ellas lograron vida opulenta y ella quedó exangüe.

Porque la obra de España ha sido, más que de plasmación, como el artista lo hace con su obra, de verdadera fusión, para que ni España pudiese ya vivir en lo futuro sin sus Américas, ni las naciones americanas pudiesen, aun queriendo, arrancar la huella profunda que la madre las dejó al besarlas, porque fue un beso de tres siglos, con el que la transfundió su propia alma.

Fusión de sangre, porque España hizo con los aborígenes lo que ninguna nación del mundo hiciera con los pueblos conquistados: cohibir el embarque de españolas solteras para que el español casara con mujeres indígenas, naciendo así la raza criolla, en la que como un Garcilaso de la Vega, tipo representativo del nuevo pueblo que surgía en estos países vírgenes, la robustez del alma española levantaba a su nivel a la débil raza india. Y el español, que en su propio solar negó a judíos y árabes la púrpura brillante de su sangre, no tuvo empacho de amasarla con la sangre india, para que la vida nueva de América fuera, con toda la fuerza de la palabra, vida hispanoamericana. Ved la distancia que separa a España de los sajones, y a los indios de Sudamérica de los pieles rojas.

Fusión de lengua en esta labor pacientísima con que los misioneros ponían en el alma y en los labios de los indígenas el habla castellana, y absorbían, al mismo tiempo —sobre todo de labios de los niños de las *Doctrinas*—, el abstruso vocabulario de cerca de doscientas, no lenguas, sino ramas de lenguas que se hablaban en el vastísimo continente. *Gramáticas, Diccionarios, Doctrinas, Confesonarios y Sermonarios*, elaborados con amor de madre y paciencia benedictina, fueron la llave que franqueó a los españoles el secreto de las razas aborígenes y que permitió a éstas entrar en el alma de la madre España. Y paulatinamente se hizo el milagro de una Babel a la inversa, trocándose un pueblo de mil lenguas en una tierra que, veliéndome de la frase bíblica, no tenía más que un labio y una lengua, en la que se entendieron todos. Era la lengua ubérrima, dulce, clara y fuerte de Castilla.

Con la fusión de lengua vino la fusión, mejor, la transfusión de la religión. Porque el español, hasta al aventurero, llevaba a Jesucristo en el fondo de su alma y en la médula de su vida, y era por naturaleza un apóstol de su fe. Se ha dicho que el conquistador español, mostrando al indio con la izquierda un crucifijo y blandiendo en su diestra una espada le decía: «Cree o mueres». ¡Mentira! Esto puede denunciar un abuso, no un sistema. La palabra cálida de los misioneros, su celo encendido y sus trazas divinas, su amor inexhausto a los pobres indios fueron, por la gracia, los que arrancaron el alma india de sus supersticiones horribles y la pusieron a los pies del Dios Crucificado.

Y a todo esto siguió la transfusión del ideal: el ideal personal del hombre libre, que no se ha hecho para ser sacrificado ante ningún hombre ni siquiera ante ningún dios, por la imitación del Hombre-Dios. Y el ideal social, que consiste en armonizarlo todo alrededor de Dios, el *Super Omnia Deus*, para producir en el mundo el orden y el bienestar y ayudar al hombre a la conquista de Dios.

Esto es la suma de la civilización, y esto es lo que hizo España en estas Indias. Hizo más que Roma al conquistar su vasto imperio, porque Roma hizo pueblos esclavos y España les dió la verdadera libertad. Roma dividió el mundo en romanos y bárbaros; España hizo surgir un mundo de hombres a quienes nuestros reyes llamaron hijos y hermanos. Roma levantó un panteón para honrar a los ídolos del imperio; España hizo del panteón horrible de esta América un templo al único Dios verdadero. Si Roma fue el pueblo de las construcciones ingentes, obra de romanos hicieron los españoles en rutas y puentes que, al decir de un inglés hablando de las rutas andinas, compiten con las modernas de San Gotardo; y si Roma pudo concretar en sus Códigos la luz del derecho natural, España dictó este Cuerpo de las seis mil leyes de Indias, monumento de justicia cristiana, en que compite la grandeza del genio con el corazón inmenso del legislador.

Tal es la América que hizo España; una extensión de su propio ser, logrado con el esfuerzo más grande que ha conocido la Historia: Nueva España, Nueva Granada, Nueva Extremadura, Nueva Andalucía, Nueva Toledo, son la réplica, aquende el Atlántico, de la España vieja, su verdadera madre. Y a tal punto llegó el amor de esta madre que, como dice un historiador francés, todo su afán fue modificar sus leyes con el designio de hacer a sus nuevos vasallos más felices que a los propios españoles.

Yo debiera demostraros ahora que la obra de España fue antes que todo, obra del catolicismo. No es necesario. Aquí está el hecho, colosal. Al siglo de empezar la conquista, América era virtualmente cristiana. La Cruz señoreaba, con el pendón de Castilla, las vastísimas regiones que se extienden de Méjico a la Patagonia; cesaban los sacrificios humanos y las supersticiones horrendas; templos magníficos cobijaban bajo sus bóvedas a aquellos pueblos, antes bárbaros, y germinaban en nuevos y dilatados países las virtudes del Evangelio. Jesucristo había triplicado su reino en la tierra.

Porque España fue un Estado misionero antes que conquistador. Si utilizó la espada fue para que, sin violencia, pasara triunfante la Cruz. La tónica de la conquista la daba Isabel la Católica, cuando a la hora de su muerte dictaba al escribano real estas palabras:

> Nuestra principal intención fue de procurar atraer a los pueblos dellas (de las Indias) e los convertir a Nuestra santa fe católica.

La daba Carlos V cuando, al despedir a los prelados de Panamá y Cartagena, les decía:

> Mirad que os he echado aquellas ánimas a cuestas; parad mientes que déis cuenta dellas a Dios, y me descarguéis a mí.

Las dieron todos los Monarcas en frases que suscribiría el más ardoroso misionero de nuestra fe. La daban las leyes de Indias, cuyo pensamiento oscila entre estas dos grandes preocupaciones: la enseñanza del cristianismo y la defensa de los aborígenes.

España mandó a América lo más selecto de sus misioneros. Franciscanos, dominicos, agustinos, jesuitas, acá enviaron hombres de talla y de fama europea. Los nombres de fray Juan de Gaona, una de las primeras glorias de la iglesia americana: de fray Francisco de Bustamante uno de los grandes predicadores de su tiempo; fray Alonso de Veracruz, teológo eminente; todos ellos eran de alto abolengo, o por la sangre o por las letras, y dejaban una Europa que les hubiera levantado sobre las alas de la fama.

Los mismos conquistadores se distinguieron tanto por su genio militar como por su alma de apóstoles. Pizarro, que funda la ciudad de Cuzco «en acrecentamiento de nuestra santa fe católica»; Balboa, que al descubrir el Pacífico, que no habían visto ojos de hombre blanco, desde las alturas andinas, hinca sus rodillas y bendice a Jesucristo y a su Madre y espera para Dios la conquista de aquellas tierras y mares; Menéndez de Avilés, el conquistador de la Florida, que promete emplear todo lo que fuere y tuviere «para meter el Evangelio en aquellas tierras», y otros cien, no hicieron más que seguir el espíritu de Colón al desembarcar, por vez primera, en San Salvador:

> Yo —dice el Almirante—, porque nos tuvieran mucha amistad, porque conocí que era gente que mejor se convertiría a nuestra Santa Fe con

amor que no por fuerza, les di unos bonetes colorados y una cuentas de vidrio, que se ponían al pescuezo.

La misma nomenclatura de ciudades y comarcas, con la que se formaría un extenso santoral; las sumas enormes que al erario español costaron las misiones y que el padre Bayle hace montar, en tres siglos, a seiscientos millones de pesetas; esta devoción profunda de América a la Madre de Dios, en especial bajo la advocación de Guadalupe, trasplantada de la diócesis de Toledo a las Américas por los conquistadores extremeños; y —¿qué más?— esta tenacidad con que la América española, desde Méjico, la mártir, hasta el cabo de Hornos, sostiene la vieja fe contra la tiranía y las sectas, por encima del huracán del laicismo racionalista, ¿qué otra cosa es más que argumento invicto de que la forma sustancial de la obra de España en América, y no digo que nos quedamos sin la llave de nuestra historia, acá y allá, sino que nos falta hasta el secreto del descubrimiento del Nuevo Mundo, que arrancó de los ignotos mares España, misionera antes que conquistadora, en el pensamiento político del Estado?

Y faltará el secreto de la raza, de la hispanidad, que, o es palabra vacía, o es la síntesis de todos los valores espirituales que, con el catolicismo, forman el patrimonio de los pueblos hispanoamericanos.